imaginist

想象另一种可能

理
想
国

imaginist

内衣觉醒记

わたしは驢馬に乗って
下着をうりにゆきたい

［日］鸭居羊子/著

匡匡/译

山西出版传媒集团
山西教育出版社

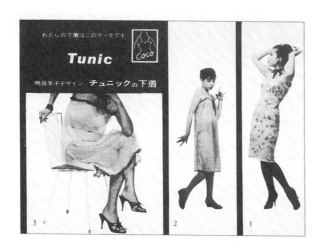

わたしの下着はこのマークです

Tunic

COCO

鴨居羊子デザイン **チュニックの下着**

3　　　　2　　　　1

Tunic

8　　　　6

9　　7　　5　　4

目　录

第一部

第二部

第三部

第一部

初出茅庐的晚报记者

昭和二十六年（1951年）秋天，我从某小型晚报社转岗至一家大型报业公司。这家大报社有晨报也有晚报，而我却只在里面的文艺部里负责一个小小的女性专栏。在还未成为独当一面的新闻记者前，我已开始对记者生活心生厌倦。

在之前那家小报社，我可以随心所欲地四处跑，到了新东家这里却只能像个规规矩矩的上班族，做事束手束脚。

在晚报社那会儿，我甚至能像个政治部的记者，大晌午赶到大阪站，在月台上突击采访当时的外交大臣。记得那阵子，我还在大阪市内某处采访过芦田均首相。

印象中，芦田是位性格开朗、衣着时髦的绅士。他予人更轻松爽快的印象，甚至以"轻浮"来形容也不为过。他身穿浅灰色竖条纹西服，得体而优雅。

这篇留给我的印象不深。而这次采访后不久，芦田便自政界退隐了。

在我"冒充"政治记者的回忆中，也穿插着身为社会记者的种种有趣经历。我混迹在一群年长却拥有顽童心性的摄影师和资深老记者之间，或者说，是假借他们的"虎威"四处行走。

稍早前，我曾任新闻记者的父亲去世，我一个人从金泽来到大阪，使出浑身解数才找到个住处，随后入职了这家小小的晚报社。

这份晚报的发行量小得可怜。但不可思议的是，在我眼中，无论是这里的管理者还是销售层，当然还有记者、摄影师，都身具一股凛然的武士气度。

报社自然不会笨到一上来便派我这个初次进城的乡下妞做外勤采访。我先是被分到了校对组。当时恰逢大规模工人运动频发的时期[1]，晚报亦不例外，经历了数次工会组织的斗争。然而，每经历一次斗争，报社的经营状况便会下滑一截，员工的生活也随之更加困顿，陷入了颇为讽刺的恶性循环。报社老板良太郎被员工私下叫作"恶太郎"。我

1　二战后，日本颁布了《劳动工会法》。20世纪50年代至70年代，广大工人劳动者在日本共产党、社会党等左翼党派带领下掀起了全社会范围的劳工运动，各产业纷纷创立劳动工会同盟，发起大规模游行。下同。——译注

入职的那段时间，距离他"将经营连同员工打包卖给体育报"，才过了不到三个月。

当时，日本职业棒球天下二分，成立了东西两大联盟，体育报界即将迎来黄金时代。将晚报员工及其编制全盘接收的体育报业集团，把晚报的印刷业务连同编辑助手等，一并交给了邻组一份大报的编辑部。于是乎，我们晚报这帮人便绘制了一张有趣的"人物地图"。

首先，是从大报编辑部空降而来的主编、排版部长等，隶属于"精英下凡组"。其次，是集体被"卖身"的晚报记者组，其内部又划分为红组与白组。报道部长则身处红、白两组之间，仿佛运动会拔河比赛的裁判，要时刻注意平衡两边的力量，轮流挥舞手中的红旗与白旗。他本人是一位工会运动的斗士，在东京某大报的骚乱中吃了处分，被流放至边缘部门。至于他手下的成员，早先都由他手把手教导过工作，甚至连闷酒该怎么喝都经过他的调教。他们如今都成了业务前沿的尖兵，拥有过人的能力，成长为一支过硬的记者队伍，经常甩出足以威胁大报的热门新闻。于是，报道部长既要取得公司高层的认可，同时也必须安抚自己一手培养的年轻记者，获得他们的拥戴。

奇妙的是，这帮就读于夜大的"小伙计"，最初只能干些端茶倒水的杂活，不知何时起，在没有人指派的情况下，竟也自己跑起了采访，老练地写起了报道。面对这样的报道，报道部长竟一脸理所当然，提笔润色、修改，再转交给排版部；排版部也一脸理所当然，为报道做出漂亮的排字；而其中一个小伙计同样一脸理所当然，坐在从大报"下凡"来的排版部长身边，斟酌着报道的标题。

我日复一日兢兢业业，出入这样的记者部或排版部，为那些经过排字工序后转到自己手上的报道，尽心尽力完成校对。

校对组共六人。我们抱团合作，在时而有条不紊、时而人仰马翻的两极状态下发挥着出色的工作能力，结成一个不可分割的整体。大家对公司又爱又恨，在抱怨工作的同时也对本职工作怀着无限的热情。而且，他们人人都博学多才，时常让我大开眼界。然而，大家偏偏总是一副吊儿郎当、玩心很重的样子，成天琢磨的似乎也净是"摸鱼"的窍门，或怎样巧妙填写冲账的"发票"，才能叫财务部那帮人闭嘴。

工作中，有时要啃下满篇的太宰治或岩上顺一[1]、井上

1　岩上顺一（1907—1958），文艺评论家，著有评论集《文学的飨宴》《文学的眺望》《阶级艺术论》等。

八千代[1]；有时，我们会从校对的报道中得知宝冢歌剧团有个名叫"有马稻子"的美少女，于是相约去一睹芳容；还有时会历尽万难，从财务部争取到一笔区区五十日元的采访费。

报社的前辈们都是各自领域的专家或高手，而我则懂得怎么给这群"老鸟"分类。在他们的言传身教之下我学到了对待工作的真挚态度。

北君，一个北国出身的年轻摄影师，总是笑眯眯的，嘴里总是唠唠叨叨，长年不分日夜，随时待命。记者团一有什么心血来潮的外采，他便马上飞奔而去。

校对组长，在记忆文字、活字与查错纠错方面的能力堪比电脑。如果办公桌上堆成小山的稿子被全部校对完，无稿可校时，他就会从包里掏出一本岩波书店或中央公论社出版的大部头新书，开始搜寻其中的错别字，是一个醉心于"纠错与勘误"的书虫。

此外，还有近视镜片厚得吓人、人称"校阅之虫"的老编辑"猪先生"。身材胖胖的他，用太太的梳子梳完头后竟然就把这事忘了，头上赫然顶着把红梳子便走出了家门，

---

1 井上八千代，日本传统艺能"京舞"世家"井上流"掌门的称呼，第四代掌门井上爱子（1905—2004）曾获日本艺术学院奖、艺术祭奖等，被授予日本文化勋章，并获封"人间国宝"。

在早高峰的电车里抱着厚厚的《源氏物语》啃得起劲。"猪先生"对我十分疼爱。在他的教导下，我知晓了文字这东西有一种"令人敬畏的活生生的力量"。

编辑局长和编辑总务，这两人不是笑眯眯就是笑咯咯，在我辈职场菜鸟面前，如同隐去真身的剑客，轻易不显山露水。局长是个道德情操理论家，总爱自诩读书人，但据记者们向我透露，他身上有着"托洛茨基式的软弱"。总务则是一个行动派，喜欢在那帮记者面前把"斯文败类"作为名片，还是个典型的"刀子嘴豆腐心"，有着严父般的雷厉风行，同时不乏温情的一面。几乎每天早晨，他一进公司必先灌一瓶弹珠汽水，而每夜恐怕也少不了纵酒狂饮。他是个花花公子，但从不光顾廉价的路边摊或地下街的昏暗酒吧。

报道部长是居酒屋的拥趸。作为曾经劳动运动中的左翼分子，他当然不会成为"泡吧派"的一员。而如今，管他红稿子、白稿子还是黑稿子，任何稿子来了，他都发得不亦乐乎。别看他不是鹤冈一人[1]，但对能够赚钱的报道，有着动物性的本能嗅觉。每当看到记者们急急忙忙回到报社，他就能从对方的脸色、态度，鉴别出他们"是否搞到了有

1　鹤冈一人（1916—2000），日本著名职业棒球教练，生于广岛，曾效力于日本职业棒球联盟南海队等，十分擅长商业经营。

趣的好料"。如有，他就会如秃鹰一般迅速扑上去，勒令记者赶紧把稿子写出来。记者也有记者的算盘，为了在月薪与写稿量之间取得一个平衡，总是吝惜笔墨，不肯老老实实把所有好料尽数吐出。部长看透了这套小九九，总像个渔夫，恨不能把鹈鹕藏在喉囊里的鱼全给挤出来。

我们每天就是这样斗智斗勇的。记者为了有余粮可交，不肯把好料和盘托出。部长拿到这些遮遮掩掩的稿件，总能一眼看出哪些地方被隐去了，并细致地对其走笔润色，方才托付给排版部。而读到当日晚报的记者也会心服口服，再次奔上街头，去寻觅新的素材。

某记者曾道：

"老子就是个靠捡烟头吃饭的人[1]。"

"啥意思？"

"成天在大街小巷晃悠，走来走去踅摸素材。有的日子，走一个钟头就能弄到可以满足部长一星期的好料；有的日子，连续跑三天，搞到的那点东西还不够写一行报道。所以啊，人手里要有存货。为了保证库存充足，随便谁都能到手的素材绝对不够，必须是不可多得的、能让报道部

1　日本在战后物资匮乏的年代有一种专靠捡烟头和回收香烟滤嘴谋生的职业。

长和排版部长尝到新鲜的尖儿货。这才是咱们奔走街头的目的。

"新闻这东西，整个大阪要多少有多少，但也别指望在大街上走两步就能踢到。人家大报社都是团队作战，可是团队的数目一共就那么几个。假设整个大阪共有五十名左右的记者散在各处，咱们社这些跑腿的，走狗屎运的概率其实并不会稀释多少。所以可以说咱们和大报的采访门槛基本是相同的。唯一的不同之处是，他们净是关注一些尽人皆知的大事件，为了给大报挣一点颜面。而我们，唯有挖到稀罕的素材才算谢天谢地。大报社想要的是热门新闻。那我们想要什么呢？具有生活感的报道。所谓'具有生活感的报道'，就是对今后的生活做出预判的报道。大报记者追踪火灾事故，要搞清楚是何时、何地着了火，烧了多久，造成了多大的损失，事实情节绝不可有所马虎，因为新闻即历史，会成为对既往事实的记录。而报道，必须围绕社会影响进行创作，同时也借此塑造新的社会现实。报道的着眼点在于问题背后的体系及理论。火灾为什么发生？如果不改善现状，今年大阪还将发生多少起这样的事故？该如何预防灾难的发生？这个问题如今有谁在研究？这些才是我们需要去深挖的主题。"

他正是抱着这样的理念撰写每日的头条的——政治、

经济、丑闻、时尚、饮食、民生、演剧、劳资纠纷、艺术、文物考古……内容无所不包。他不去嗅闻刺探事件里所谓的"猛料",而是专心创作报道。他教会我如何将体系化的理论与个人感觉两者有机地整合。从性格上说,他严谨如清教徒,而生活上却又放浪不羁。

我们这份晚报,每日也会刊载另一个出色的帅哥记者撰写的古典文艺类报道。

最开始那段日子,我几乎每天都要和日本的古典文艺术语打交道——常磐津、清元流、新内流[1]……仿佛在一丝不苟地校对自己死后牌位上的名号。经由一枚枚活字,我体验了古代社会中程式化、样式化的美,也神奇地领略到,他笔下描述的世界与那位传授我"必须将报道当成一种创作"的社会记者之间存在多么巨大的反差。尽管如此,文艺记者反倒是个激进分子。二人交情不浅,一有闲工夫就会展开激烈的辩论,还不时夹杂着自己和女人交往的八卦。

还有个好玩的电影记者,他连那些无关紧要的十八线小艺人的年龄、爱好、电话号码等都一一熟记于心。闲暇时,

---

1 常磐津、清元流、新内流,都是日本传统歌舞伎中"净琉璃"(三味线伴奏的说唱曲艺)的流派。

大家会半寻开心地向他提问，他总能对答如流，从不出错，让人心悦诚服。

此外，还有个记者，长年撰写枯燥乏味的市政新闻，专门跟大阪市政部门打交道，一提到哪个片区哪个科的哪位组长，就如数家珍，仿佛在编纂一部钜细靡遗的《私家大阪市政史》。我觉得，每个月面不改色给他发工资的晚报领导才真是了不起。不过话说回来，每每几杯酒下肚，他瞬间便会化身口才过人的雄辩家，激情四射地讨论起天下国家等政治大事，令我目瞪口呆。

这样一个"散漫的团伙"，仿佛临时搭建的草台班子，但下班后却亲如兄弟。

报社位于大阪北部，当时北边一带尚不繁华，南边的千日前、岩井周边才是闹市，但大家素爱光顾的玩乐场所倒是南北都有。

几乎每天一下班，我便屁颠屁颠跟在男记者后面，出入梅田的酒馆街或环境好一点点的地下酒吧，要么便是北野剧场附近的清酒屋。

在酒馆街，把脱下的鞋子夹在腋下，登上一段木梯子来到二楼，会看到一群群酒客，围着装满了米酒的铁壶在对饮。这条酒馆街的活动领队，正是前面提到的那位文艺记者。

在这里，我们邂逅了形形色色的知名话剧人。他们个个身形瘦削、两眼放光，但眼前却有广阔的天地与无尽的热情，不过他们似乎也被什么烦恼困扰着。他们的年龄，往往是我和我们领队的两倍。有热情，有技艺，唯独缺钱。对这样一群人，我们始终怀着敬意。

在这里，总是美滋滋啜着小酒的，是一帮漫画家。在那个年代，漫画家大概是最无忧无虑的人，毕竟世间充斥着荒诞不经的怪现状，他们只要卖出了画稿便万事大吉。而话剧人却必须操心耗资巨大的公演，为了筹措经费不得不想方设法卖掉每一张票。

地下酒吧的"活动小分队"，由精神与经济状况都更为稳定的成员组成。

所谓的地下酒吧，其实和无坐席的"立饮居酒屋"无甚区别，只不过来这里的客人精神生活要稳定那么一点。他们仿佛在做着幼儿游戏"看不见我，看不见我"，过路人只能望见一幅酒吧的染花暖帘和客人下半身构成的图景。在这样的小店里，很少见到客人高谈阔论，话题多半围绕为人处世的道理或个人的处事心得等。

我在酒馆街结识了形形色色的人。他们当中，某些人拥有战时沉重的过往；某些人今日仍怀抱沉甸甸的梦想，与昏天黑地的热情。而在地下酒吧里，我则聆听到男人们意气风发的谈笑，也偷学到不少狡猾的处世技巧。

抵抗、希望与热情

清酒屋的趣事，少不得也要写一写。率领大家光顾此店的，是一个年龄比我大两倍的赛马记者。在我眼中这是个奇怪的职业。传说中，他有着辉煌的过往。至于为何要用"传说中"这个修饰语，是因为不知何故，他拥有一种对自己的经历讳莫如深的"反侦察"能力。听说他曾在一流的海运公司担任国外航线的事务长。无一例外的是，他所管辖的商船，在战争中要么被政府征用了，要么恐怕已沉于大海。但总之他肯定在船上生活过一段时间。我还听说，他曾多次往返于舞鹤与苏联的纳霍德卡港之间，运送稽留的日本战俘。

这样的他，为何竟成了赛马记者？为何从"驾船"换成了"驾马"？

"这是份没有船也能驾船的工作……"他解释道，"对我来说，吃饭的家伙不管是什么，能赚钱就好。如果说'千金在手，不如一技在身'，那听来太过狂妄。但当年在海外学会的赛马技能，确实成了我如今的饭碗。我若自诩'大隐于市'，或许太装腔作势，但我真是这样打算的。"

国家战败后，如同沉没了的巨轮。他手中剩下的，只有一直疏于照顾的家庭——一幢位于西宫市、雅致但年久失修的老屋以及与现任太太结婚之前就有的两个美丽女儿。

有天，他招待大伙去家里做客。在那里，我们尝到了一种美味无比的饮料。据他介绍，那叫"香槟"。当时我便心下暗忖，"怪不得"。不禁感慨："欧洲人日常饮用的东西，原来这么美味！和我们每天喝的米酒、烧酒比起来，真不一样啊！"见状，赛马记者道：

"味道不错吧？实际上，这就是烧酒兑汽水。过不了多久，别说你们，不管是谁都能识破吧……"

每当他洒脱超然的身影，自赛马场或赛车场归来，便会走笔如飞，两三下写好一栏赛事预测的分析报道，文笔优美、格调大气，在赛马记者圈中逐渐博出了名气。他署名的文章，开始陆续出现在其他晚报、杂志、体育刊物的版面上。每当攒下一笔稿费，他就会带大家去清酒屋爽上一把。

酒席上，他从不拿大道理来对年轻记者絮絮说教，只教给大家怎样痛痛快快喝酒，毫不客气地开怀畅饮。这恐怕才是他真正想要传授的东西吧。而他自己，也是位酒量过人、酒风豪爽的善饮之士。如今社会崇尚的"家庭至上主义"，在这里找不到生根的土壤，就算有如此自我标榜的人打眼前经过，我们也绝不会搭理。尽管如此，这位赛马记者，却有着富足而美满的家庭生活，两个女儿也对这位"酒鬼父亲"流露出令旁人称羡的敬爱之情。

此外，我们这帮人也每天混迹于千日前一带，一到掌灯时分，便三三两两聚在大阪剧场稍稍往南、绕过"马戏小巷"的街角，那是一家门口挂着盏红灯笼，上写"红牡丹"字样的小酒馆。在这里，即便不点菜不喝酒，也不会遭到店家的驱赶。

店主是一对从北京归国的夫妇，品格优雅、气度从容，为了谋个暂时的居所与生计才经营起这家小店，提供一些面团汤、水饺、煎饺之类的家常饭菜，和品质一般的清酒、威士忌、烧酒等。原本是一摊临时生意，却因好心肠的店主夫妇再三犹豫不决而迟迟无法结束，拖拖拉拉一年、两年、三年……这全都拜我们所赐。到头来，赊账越积越多，直到拖垮了小店，也是我们这帮人的"功劳"。

这里，是年轻记者、画家、文人、演剧家消愁解闷的地方。大家怀抱对工作、恋爱的热情，夜夜上演各种或师出有名或不明所以的观点争论。旁边，另一组人则在商讨工会斗争的事项。再旁边，年轻姑娘在向能乐演员表白内心的爱慕。再旁边，有人正围绕太宰治的作品发表高见。还有的夜晚，大家会停下争论，一脸新奇地静静聆听某人宣讲小野十三郎[1]枯燥无味的诗歌理论。

角落里，年迈的画家安静地向年轻的美术记者讲述自己当年与夏加尔在巴黎交游的经历。而他们身边，一名醉汉"啪嗒啪嗒"扇动着双臂，大声叫唤：

"黑色的蝴蝶，飞越鞑靼海峡。"

不经意地一瞥，原来安西冬卫[2]本人正笑眯眯坐在一边。对这位醉汉来说，方才的举动大约是对诗人安西的由衷致敬吧。每个人都在为了什么而激情燃烧，也都羞涩地表达着热爱。

另外一帮热衷交际的文化人，原本流连于谎言维系的社交场，长期出入更高级、奢华、由美丽老板娘坐镇的酒吧"曼陀罗"（原意为"聚集"，花语亦有"欺骗"之意），此时见状也纷纷跑到"红牡丹"里来一窥究竟。这群人尤以腋下夹着 Life、VOGUE 等图片杂志的平面设计师最惹眼。早川良雄、山城隆一[3]等，都是这组人当中的"酒仙"或"酒徒"。

距"红牡丹"约三百米远，另一处文化人聚集地——

---

1 小野十三郎（1903—1996），日本诗人，生于大阪，曾加入反世俗、反权威的无政府主义诗歌运动，创办了诗刊《弹道》。

2 安西冬卫（1898—1965），日本诗人，生于奈良。他倡导新诗精神运动，创办了《亚》诗刊，著有诗集《军舰茉莉》，其中收录了他最著名的短诗《春》，"一只蝴蝶飞越鞑靼海峡"便是其中的名句。

3 早川良雄、山城隆一，都是日本战后第一代著名设计师。

创元茶社的客人，时不时也会醉醺醺地晃过来坐坐。常露面的有织田作之助、藤泽桓夫、笕一夫、石浜恒夫等十几位作家。而道顿堀左岸神鹰酒吧里日渐壮大的一伙人，没多久便也将阵地转移到了创元茶社。据我所知，织田、笕一夫两位先生如今已经作古，藤泽先生则潜心书斋，深居简出。尽管如此，"创元帮"内仍有小野十三郎、安西冬卫、石浜恒夫等人压阵。除此之外，常客里还潜伏着不少武艺高强的大侠，可谓一幅大阪文坛的"群英图"。

与之相比，"红牡丹"这帮人既非某一行的大师，也非谁人的弟子，更无响当当的名气，鱼龙混杂，活脱脱一群响马盗贼。

这样的我们，从思想、行动、梦想、恋爱，到坏点子、恶作剧，都不免洋溢着廉价的气息，但廉价终究不是免费。每当"红牡丹"的老板娘到报社来收账，大家便喊喊喳喳交头接耳，盘算着如何逃账；为了掩饰窘态，嘴上说着言不由衷的牢骚话。明明也就五百、一千日元的账，他们竟还敢厚脸皮到想用一张市营电车票抵账。别看一个个穷酸到连酒钱都付不起，诸位兄台当晚依旧会死性不改地直奔红灯笼而去。

而老板娘也欣然迎接了我们，仿佛迎接自己夜游归来的儿子或兄弟。大家都在心中暗暗抱歉："对不住啦，老板娘。

等我升了官发了财，一定还您酒钱。"此时，老板娘端出的酒和鱼肉再怎么难以入口，也顿时成了无与伦比的美味。

某晚，那场突如其来的眼泪，也发生在"红牡丹"的火盆旁。没错，想起来了。破旧的桌子与长凳之间有一片未铺的泥地，中央摆着一个硕大的火盆。到了冬天，炭火烧得通红，时常冒起浓烟，熏得众人眼泪汪汪。夏日里，盆中也积满干燥的白灰，长长的铁制火筷子依旧像冬天时那样插在当中。

青春的眼泪不需要理由，却满含反抗、希望、热情与悲伤。还记得面对少年般默默无言、低头垂泪的我，男记者怎样小心翼翼地柔声安慰，那轻风细雨、润物无声的模样至今依然历历在目。仔细回想，那晚的眼泪是为了工作。我的周围清一色是男性，对女性伙伴的友情，我体会甚少，但深知男人的友情比女人更细腻，也更有温度。

有时，我不经意地环视一眼身边这群男士，虽然明知他们是与女人截然不同的另一种生物，但一想到我这个女子说出来的话，他们竟也理解无碍并给予回应，心中会忽而涌起一股不可思议的感受。他们真的懂我在说什么吗？又或许，是我的个人想象，自以为他们与我所见略同？

男同事们一有空便聚在空地上玩投球游戏，一方抛，另一方接。简单重复的动作，一群大男人却玩得你来我往，分外专注。在我这个女人眼中，就仿佛几头雄狮磨尖利爪，锻炼自己的战斗力。女人们会这样磨炼自身吗？充其量只会沉迷于镜中的自己，精心地摆弄那张脸吧？

我从这群记者的生活、报道以及晚报的编辑事务中学到了形形色色的知识与技能，也领悟到了社会的人情百态、诸般现象皆以极高的纯度流动着、发生着，同时也与其他领域的事物发生着微妙的关联，彼此影响、纠缠，共同构成了一个有机体。

某天，风雨大作，疯狂摇撼着位于堂岛的报社小楼。我们缩身在屋内，担心着去港区淹水地带采访而四个小时仍迟迟没有发来联络的摄影师北君的安危。那是台风"简"[1]来袭的日子。

关于风停之后该如何展开采访，板着脸、呆坐在我身旁的记者这样提议道：

"风继续刮下去，卖桶的就赚翻了。"

"……"

---

1 台风"简"（Jane），1951年9月袭击大阪，使整个关西地区损失惨重，死亡336人，受灾50万人，约15000户房屋倒塌。

"这种台风天气，即使缠着胜山大道的气象台挖消息，也没什么意义。事已至此，采访瓦店、木材店这种事，交给中之岛附近那些大报记者就行了。我们首先该去的地方是'积水化学'。"

那阵子，民间用的铁皮水桶，正在向积水化学公司生产的塑料桶过渡。

风雨停歇。未过一小时，摄影师和记者浑身湿淋淋地回来了。自从"室户"台风以来，这是受灾最惨重的一次。台风摧毁房屋，多地淹水，据说记者连车一起被狂风掀起，落入长堀川。当日，北君与帅哥文艺记者一同前往某日本传统舞蹈的"夏日浴衣会"采访，得知台风来袭，立即直奔港区，接着水灾发生，回途中连人带车落入河里。

但两人拿到的一手素材，将其他报社远远甩在身后。他们不仅以仰角拍下了数米高的巨浪如瀑布般砸下的场景，报道的文字也发出了与受灾者同样惊恐的呼号。

被主任抓着不放的记者A得出结论：借此机会，塑料桶将取代铁皮桶。另一位则断言：本次台风会给美术界的秋季作品带来巨大影响，尤其是奉行大作主义[1]的美术团体

---

1 大作主义，来自电影工业的名词，最早是指20世纪50—60年代好莱坞出品的一系列历史题材电影，以《埃及艳后》《罗马帝国的灭亡》为代表，往往有着几个共同特征，包括耗资巨大、大量启用著名影星、长期上映等。

"二科会"[1]的那些关西画家，必定受害最为严重。理由呢？因为他们的大作，基本上都是在破旧的库房或谷仓里制作的，一定连同棚屋一起被狂风卷上了天。

"'二科会'的巨作，如章鱼凌空狂舞。"

翌日晚报上，刊登着他华丽的报道。旁边的文字则是：

"采访车落水，本报记者奋泳长堀川。"

两篇的标题都硕大、醒目。

正在读报的我，身边坐着昨日曾"戏水"长堀川的文艺记者。只见他悄悄把寄送到手的一卷《全国新闻工会报》（简称《全新报》）收进了抽屉。

定期寄送上门的《全新报》，对他来说，已成为一份难以消受的困扰。而他对内心坚持的"信仰"，也有些难以消除的困惑。况且，如今组织内部一盘散沙，自身难保、却偏偏还想在日本全国搞什么"星星之火，可以燎原"式的运动，连区区一家小晚报社都难以幸免。对《全新报》这种施压的做法，他逐渐生出一丝抵触。而且，其他记者伙伴近来都不怎么积极阅读《全新报》了。

1　二科会，日本美术家团体。1914 年由石井柏亭、梅原龙三郎等画家创办。第二次世界大战期间曾暂时解散，战后的 1945 年由东乡青儿重组，每年举办"二科展"，分绘画、雕刻、设计、漫画、摄影等单元。

喂，你动真格的？

新的离别时刻忽而降临在众人头上。当东京某大报开始进军大阪，在太融寺町创立分社时，素来"独狼作风"的记者们迎来了巨大的人事震动，我也被纳入该大报旗下。本次收编成了日后我个人独立（创办内衣公司）的动机。刚转调至这家大报不出半年，我便满心烦恼。

我成了被大报社"选中"的人，一个成功将自己"推销"出去的人。而剩下的伙伴却一派阑珊，纷纷被调往其他晚报。他们腾出的坑位，又被别家晚报调来的人填上。那场面犹如职业棒球联盟在赛季结束后，各俱乐部间的大换血。虽没有"职棒"转会期那样如火如荼，但同是秋天，具体是昭和二十六年（1951 年）秋。

我们晚报也有数人调职到了太融寺的大报社，这光景着实讽刺。原因是，该大报在东京"流放"了几位参与社会运动的社员，将之发配至大阪。而这帮人手下锻炼出来的一支生力军，在本次人事动荡中却又回归东京本部。

然而，该大报在我供职期间，却并未展露出东京本部的野性能量。占据了大多数的"土著军团"上边，还坐镇着一批高层。他们的做派如今想来也未尝不可理解，但行动与他们嘴上鼓吹的宗旨并不匹配，显得温吞且官僚气。同时，在对待大阪本土的大报社及社会机构时，也很难想象他们敢拿出在东京的派头，挑起激烈的新闻竞争。

由东京派驻来的"支边组"，自课长以上的领导层，以及从其他各报收编入伍的、各部各课的"独狼"，连同远超他们数倍的普通记者，组成了一支形似晚报社的"杂牌军"，但也仅是徒有其表，实际行动恰恰相反。受制于最高层的官僚作风，再加上被崇尚安稳的"青年居家派"左右围困，"独狼"们作为新闻人每日战斗，并不能瓦解数倍于自己的"上班族"大军，击碎弥漫在周遭的保守气质，更无力将内部打散重组。他们的力量与"利牙"，只能在提供采访技巧上发挥有限的作用。也唯有他们提倡的采访技巧，在上班族之间得到了传承。对浑身官僚气的高层来说，这正中其下怀。大部分"独狼"的反抗力量，被分散在各部各课，仅凭个体单打独斗根本形不成势力。早早看穿这一点之后，部分"独狼"也开始牵手"支边组"，试图向对方投诚。

对没有反抗经验的人，无法向他们传授斗争的愤怒。对安心打卡的上班族，无法往他们身上注入记者的灵魂；即使腹中空空，也没有饥饿自觉的上班族们，让"独狼"的抗争沦为每日徒劳的空转。

从旁目睹这一切的我深刻领悟到：无论群众运动、社会运动还是启蒙运动，都必须首先教授大众"痛时喊痛，要时喊要"的勇气，不，应该说是自觉。尚未得到教化的大众，不，尚未被启蒙的大众，在痛苦中缄口，在饥饿中沉默，不会愤怒，不言反对，甚至不知还有抵抗这回事。而眼下我身边这群人，当真接受过大学教育吗？在那年月，"懂得愤怒的年轻人"尚未出世。

我从开始制作内衣，不，开始考虑制作内衣的时候起，就一直在思索该如何利用、发挥以往这些个人体验。只要我不开口，消费者就会默不作声。尚未被启蒙的消费者，也仍处于即使空腹也不自觉的无知状态。她们还未能实现"内衣自由"，但对这份不自由却毫不自知。必须有人来指出这一点。不，即便你乐意为大家指出，恐怕也有持反对态度的人冒出来，骂你多管闲事。

我转行卖内衣的契机，并非萌芽于女性同伴之间热衷打扮和外貌攀比的"脂粉之交"。恰恰相反，这念头孵化于和男性同侪的日常交往，造型则诞生于由表及里的抗争精神。

不过，话说回来，记者生涯中，我不曾一次冒出过卖内衣的念头，但从未认真考虑过这个可能。

从事创作的一方，与批判、推荐的一方，两者有着势均力敌的精彩。比如，在我看来，真正的评论家本身便是一股引领社会跃往新方向的力量。正如俄罗斯艺术评论家谢尔盖·迪亚吉列夫[1]那样，邀请毕加索为芭蕾舞剧制作舞台布景和装饰，委托迪奥操刀服装设计，让优秀的足尖舞伶如繁星般翩翩舞动，筑起一座古典芭蕾的圣殿……

而我，只想成为一个"做东西的人"。管他是锤子还是铁锅，做什么都行。批判、评议他人创作的东西，这种事我早就干够了。况且，调职到大报社，一年三百六十五日，天天为妇女杂志撰写剪剪贴贴、东拼西凑的报道，我也厌倦了。在我看来，眼下这个时代，大报社已不再要求记者写出"走脑子"的报道。我们已沦为纯粹的"耍笔杆子"的工具人。而身为我们前辈的采访部主任，也成了字面意义上的"案头"人士，仅凭僵化教条的"办公桌方案"来差遣记者，并以此套用于世间万事。在我们的采访现场，从来找不到符合他们期待的素材。

我时常迎头撞上这套"八股"，文字被撕成碎片丢进垃圾桶，事实被埋没在废纸堆里，不予采用。无法套进条条框框的世间真相，与高层设置的报道标准从来相去甚远。

1　谢尔盖·迪亚吉列夫（1872—1929），俄国芭蕾舞团创始人，《艺术世界》杂志创刊人及主编，艺术评论家。曾一手促成俄国芭蕾舞团的欧洲巡演，以及与毕加索、马蒂斯、德彪西、可可·香奈儿等画家、作曲家、设计师的跨界合作。

在"独狼"们的胸中，这样的郁愤开始如沉渣堆积，一位记者率先拂袖而去。彼时，司马辽太郎先生正在某竞争对手的报社里担任文化版主编，他这样对我说：

"他是这个时代最后一名记者。"

记者生活首先教会了我浪漫与热情，其次是社会主义，并使我在为之抗争的路途上，体验到物质困顿但心灵富足的每一日。但正是这同一份记者生活，也令我极不情愿地领略到，盘踞在社会、组织或团体内部的人如何罗织谎言，有着怎样腐败的妥协与背叛。

所以，我虽人微言轻，也愿尽一己之力去创造自己心目中的理想社会。那段日子，说到我的朋友，只有路边流浪的猫猫狗狗。我不由得想到，作为我与自身的一种真实对话，这些体验也应当得到记录，遂写起了日记，将自己与流浪猫狗的交友经历，悉数化成了文字。

"我受够啦！"某天，我终于对工作彻底断绝了念想，来到摄影部的暗房，一边请教写法，一边拟辞呈。

平日里一起干活的摄影师纷纷聚到我身旁。

"不干了？喂，你动真格的？喂！"

话语间虽带有几分玩笑的口吻，但身为记者，他们也怀抱同样的忧虑，深知不可能劝得住我。

从报社辞职，犹如自一座高台纵身跃下，毕竟媒体圈也是个特权社会，只需自报家门"我是某某报的"，就能在几乎任何地方畅行无阻。

然而，跳下高台的一刹那，我便一屁股摔进了突如其来的自由世界。

当然，我是瞒着母亲辞职的。一直以来，母亲的生活费用是由我承担的。曾任新闻记者的父亲早早离世，家里还有个画家弟弟，就算未来可期，此刻却籍籍无名且一贫如洗。

流浪狗的呼唤

原本极为怕生的我，自打有了从报社辞职的念头，就更不愿与人打交道了，像一头无法亲近人类的独狼。我与生人从初次见面到逐渐熟悉，往往要花费很久的时间；走进一个众人群聚的派对，心情如同自草原流落到都市的鬣狗一般凄惶。

偏偏我干的工作还不得不面对各方人士，导致我的神经比他人更疲累三倍。单是前去采访市政府的某某课长，都要在他的办公室门口再三徘徊，理顺呼吸，否则便没有勇气踏进门去。我也曾努力保持对事物的好奇心，以及对初次谋面之人的探究欲。但我非得竭力把自己逼到极限不可吗？那些从不怕生的人，他们的心脏肯定像猪心一样，裹着厚厚一层肥油。见面三分熟，跟人亲亲热热攀谈的本事，我学不来。我记不住别人的脸，也猜不透别人的心思，写不出吊人胃口、赚人眼球的文章，用别人的话来说，我"只会随心所欲写自己爱写的东西"。

短暂的记者生涯，曾涌动着浪漫与热情，此刻却一点点消逝了光芒。

怀揣着对人的疑惧，我垂着头在城市里四处游荡。是路旁的流浪犬，用同样恍惚、茫然的目光迎接了我。

我瞬间灵魂归位，蹲在路边，呼唤着没有名字的野狗，与之相视而笑，亲密攀谈起来。

我早已丧失的信心，在野狗面前骤然苏醒，鲜活起来，口中急急道出的不是人语，而是动物的语言。别看我参不透人的想法，却如同魔法师，对动物的心思把握十足。我迄今遇到过几百条陌生的野狗，却一次也没被咬过。相比于人类，动物的警惕心更强，对陌生个体也更防备。与动物交往，我有一个方法，那就是避开视线的接触，刻意暴露出自己的要害，任由它们先充分观察我。它们有的疑虑重重，却一点一点接纳了我；有的判定我是个可疑人物，怯怯地向后退缩，仔细揣摩我的性情。每当此时，它们会装得若无其事，用鼻子轻轻掠过我的指尖、手帕，或背包的一角。

如此反复三次，才认定我不具威胁性。它们如同窃贼般小心翼翼地呼吸，切合着目标人物的呼吸频率而采取行动。这，是动物与我之间独有的节奏。

就连那些特别怕人的野猫，我也通晓一种技能，可以勾勾手指便把它们召唤到身边。一旦与它们混成老熟人，在幽暗的回家路上，就往往会有黑色的野猫首领蹲伏在草丛里等我。清晨，会有小猫崽沿着谁家的房檐追赶我，急切地跳下电线杆，轻盈地驻足在我眼前。

上班途中，抄近道穿过市场，原本不知藏身何处的野猫，如同丛林伙伴从四处现身，向我致以特别的问安。离家出走的胖咪，害得修鞋阿嫂连续三天一通好找。某日早间，我气喘吁吁走在街头，它却从后方蹿出来扑我的脚。原来猫时不时也会做出狗的行为。我大吃一惊，抱起胖咪，上气不接下气往鞋店跑，去给阿嫂报喜。

如果可能，哪怕一次也好，我真想和健硕的雄狮、眸光冷峻如冰的狼、呆头呆脑的熊等，一同生活在山野里。这是我从孩童时代起就有的梦想。

小时候，每当被母亲训斥，我便会趁机躲到狗屋里去，希望和狗子睡在一起。狗子懂得一切，会温柔地舔去我的眼泪，身上散发出的干草的气味包裹着我。而这份干草香，也仿佛是狗子自身所怀抱的孤独气息。

毕竟生活中不会有狮子，于是那段日子，街边往来的流浪猫狗暂且成了我的朋友。它们生存独立，虽孤独，但自由。能够与它们平等交往，何其开怀。

　　流浪狗时常会与我并肩走上一程，到某个街角便站住，一动不动目送我走远。这是它们天然的习性。尾随人回家，混一顿好吃好喝，这种卑贱的品性在它们身上很难找得到。即使显示出友好态度，它们也会抱有洞彻一切的达观，对我这个人类与路边的石头一视同仁。野狗会迫不及待回归孤立的自我，哪怕忍饥挨饿，也不放弃自由。

　　望着立在街角目送我的野狗，那孤清、寂寥的眼神，那金字塔形的、瘦伶伶的脚爪，我总会依依不舍，挂虑它们今后能否安好。

　　看到它们脚步疲乏却又闲散地扭身离去，我反而会折回头，再次追上前去，蹲下身来，重新抚摸它们。

　　仔细想来，我才是受尽摧残，应当被怜悯的一方，而野狗们更像自由自在的王子。它们用鼻尖轻轻发送的密语，并非来自我所隶属的人类社会，而是神奇的自然界的沟通语言。从话语到形体，野狗都是异类。尖尖的耳朵，翘起的鼻头，浑身生满绒毛、四足行走的奇妙动物，为何总能猜透我的心思？我又为何总想去拥抱它们的心灵呢？

我时常忘记人的面孔，但对野狗的模样却记得清清楚楚，时而还会遇到流浪狗生着与某某人酷肖的鼻部轮廓，或与某某人神似的眼眸。家养犬早已被驯化，生存上无法独立，不再是纯粹的动物。我不乐意和此类宠物打交道。平日行走的街道里，几乎所有流浪狗都成了我的知己，让我有种在人类社会与动物社会之间穿梭往返的感觉。在人类社会里，我寡言少语；在动物社会里，我侃侃而谈。

然而，和精于算计、唯利是图的人类社会打交道的野狗们，自由归自由，却难逃各种悲惨厄运：被打狗队掳走、饿死、被车轧死……它们依次在我眼前消失了踪影。我徘徊在街角，时喜时忧，时而哭泣，漫无目的地寻找着它们的身影。没有谁会为了野狗的死而伤怀。它们呈现的真相，仍不为任何人所知，就这样从世界的角落寂然销匿。

为了它们，也为了自己，我负有不可推托的书写责任。在这种念头下，我累积记录了三百多页与它们交往的经历。而后，便同野狗一样，从报社隐去了身影。

我持续书写对流浪犬的思慕。那些原稿始终静静沉睡在书架的一隅，直至我开始卖内衣第三年，即昭和三十三年（1958年）岁暮，才以《野狗傻傻》为题，在创元社出版。在此书后记的末尾，我写道：

"此时此刻，无法与傻傻、三太它们一起开心庆祝本书的出版，实乃憾事。它们已死，我仍活着。一九五八年十二月一日。"

身为新闻记者奔波在外的我，心头纵横的裂痕，虽得到了流浪犬的抚慰，却一日日扩大，终于发出了碎裂的声响。

那声音，类似水渗入冬日山岩龟裂的缝隙，经彻夜冰冻，及至晨间，岩石轰然崩落的动静。表面看来，这次离职是为了捍卫自己的自由精神，实则……

或许是流浪犬们向我发出了召唤："喂，快到这边来！"我一直这么想。

报社门前有家小小的咖啡店。文艺部长双手环抱坐在我对面。

"啥？你要辞职做生意？"

"你这种性格的人，居然要去做生意？你真以为自己干得来啊？我觉得，根本就——没戏！"

文艺部长的尾音格外斩钉截铁。他苦口婆心劝说我，做生意这条路有多么难走。我心不在焉却也满怀感激地恭听着。确实，如何做买卖我一窍不通，也心知肚明自己不是什么适合商业的人，甚至连荷包里有多少钱都算不清楚。然而，我却仿佛自始至终都是名天生的商人，仿佛接下来要经营的内衣店，早已在胸中有了蓝图，一派沉着与坦然。

坐在部长面前的我，已不是记者。当我冒出要自己开辟一个自由新世界的念头时，便不再是他人创办的旧组织的一员，而是自己亲手打造的新组织中的统帅。部长的脸，在我眼中显得越发陌生。

"其实啊，我想开一家玩具公司！"

我冲着他的耳朵傻傻地大声答道。

很早以前，我的个人收藏里有几件"格力高"零食的小赠品，铁皮做的袖珍家具套装、两支迷你蜡笔、老气横秋的算盘、廉价戒指……某天，我偶获一枚木头胸针，将它郑重别在胸前，乘上了电车。谁知，竟一连遇到五六个女孩，全都戴着同款胸针。

我脑袋里构想出一幅玩具工厂的图景：一群胡子拉碴的中年大叔，笨拙地制作着比自己指尖还要小的玩具。胖胖的社长背朝大伙正在编制竹蚂蚱，可蚂蚱怎么也飞不起来。当着一群部下的面，今天这蚂蚱非飞不可。最后，蚂蚱没飞成，社长倒是快要气飞了。总之，这是一间傻里傻气的乌托邦工厂。假如，我能成为这家玩具公司的社长，该有多好。而且，专门生产给大人的玩具。

"啥？你要去卖玩具？"

瞧在部长眼里，糊糊涂涂的我，必定愈发像个白痴了。

"不，卖锅也行。"

部长再次惊得从椅子上跳起。其实我还想制造厨房用品，锅、铲子、桶、勺子、盘子……无不洋溢着新鲜的生活气息。

"反正，你啊，今后的日子可不好过，肯定会特别辛苦。难过的时候，随时跟我打招呼吧，我会帮你的。"

总而言之，我渴望做点什么东西。

望见眼前部长充满怜惜的目光，才总算回到了现实。部长人好，又有一副迷人的烟嗓。我不禁鼻头一酸。自己辞职，并不是受了他的刁难。毕竟，他也不过是组织内部的一片齿轮。

可是，口口声声要做生意，我为何竟把资金的事忘到九霄云外呢？仿佛自己是土豪家的小少爷，偷偷挪了老子一笔钱，拿去投资买卖；或者背后有什么腰缠万贯的赞助人，大把大把给我砸票子。居然把钱的问题忘得一干二净，甚至连"没资金就做不成生意"这种常识都不具备！但是话说回来，有资金才做生意，未免太轻而易举、太理所当然了吧？很长一段时间里，我都这么想。

我的退职金才三万日元多一点。

尽管当着部长的面，我一派胡言，一会儿说要卖玩具，一会儿诳他要做锅，其实心里面打定了主意，非开家内衣店不可。

若问我为何信口开河，瞎扯什么做锅，实际上，我这话的意思是：从"做东西"的角度讲，即便不从内衣着手，单以做锅而言，本质也是一样的。当然，我真正该做的，仍旧得是内衣。

我早已洞悉，内衣虽只是薄薄的一片布料，但作为上天赐我的一个命题，却是我能探寻到的最美妙的创作素材。

内衣是紧贴皮肤的一层布料，犹如另一层皮肤。当人类进化到区别于动物，能动手设计、生产工具的阶段时，身穿的最原始衣物就是内衣。在实际生活中，这块布料想必发挥了最不可忽略的效用，也最值得赞美。岂止如此，拥有感性的人类，还期待通过触摸内衣面料时的不同感受，获取实用性以外的各种体验。小小的一块布料，能给一个人带来怎样的影响？仔细琢磨这个问题，会觉得别有意趣。

小小的一件内衣，款式形形色色，时刻摇曳着我的心，不断向我窃窃低语。明日，待我做了内衣商人，它们也依旧会持续不懈地向我"面授机宜"吧？着手这份工作之前，首先，我得把它们传授的心语一一记录下来。

所谓内衣，对我来说，首先是一种表达自己所思所感的绘画作品，其次是观察社会的一枚滤镜。我宛如沙漠里的哲学家，以内衣为思考素材，潜入了一场沉静的修行。

　　我自小便憧憬成为一名画家或雕刻家。内衣，是具有生命的雕刻作品，仅凭一块薄布，即可形塑出女体曼妙的曲线。而鲜活灵动的女体，一旦穿上我以薄布设计的各种美丽内裤，也会流露出不同的神情，时而讶异，时而战栗，时而羞涩，时而微笑，时而陷入神秘的沉默吧？

粉色吊袜带

　　初入行那段日子，我还是个稚嫩的新手记者，每日的工作生活皆是我梦想的一部分。我不大喜欢"梦想"这个词。换句话说，跃跃欲试的计划，如小山一样堆满了胸间。从事记者活动，只是诸多憧憬中的一个，因此，除了记者以外，我总巴望再干点什么——无止境的贪欲，在胸中不安分地蠢蠢欲动。那是一种永恒不变的渴望，"好想做点什么啊！"假如连这点小小的念想也消失了，我必定会满脸了无生趣，嘴里嘟嘟囔囔，哀叹着"好无聊啊"的同时一心等死吧。

　　这"干点什么"的愿望里，也包括做一名芭蕾舞伶。用身体起舞，用身体感知音乐的韵律，对我来说，具有无与伦比的吸引力。

西野皓三[1]的舞蹈学校还在大阪南部那会儿，每晚工作结束，我都会过去玩耍。黑色紧身的练功服，在我眼中格外迷人。每晚我都傻傻张着嘴，痴痴望着身穿黑衣的舞者们排练《天鹅湖》或《吉赛尔》。浸透了汗水的黑色练功服，看在我眼里，却幻动着缤纷华丽的色彩。舞伶们在公演前，都会亲手缝制自己的舞衣。女孩们坐在练功房的地板上，舒展着黑衣包裹的双腿，手法笨拙地缝着五颜六色的蓬蓬裙，犹如一座百花即将绽放的花园。

对啊，我也来学跳舞吧。身为一名女记者，若能精通一身芭蕾舞技，岂不厉害？这一想法，首先获得了我自己的认可。也许是眼馋那件紧身衣吧，我成了一名舞校的学生。谁知，别说精通舞技了，单是在横木边做些基础动作，我已大汗淋漓。更何况混在一群小女娃当中，个子高大的我分外惹眼，总是挨老师叱骂。才练了一个月，我便瘦得脱形，被母亲强行没收了紧身衣。

一日，我把棉质的针织紧身衣，自膝头部位随意裁去，缝上皮筋，改成了一条贴合曲线的衬裤，穿上身试了试，又沿膝盖一圈，缀上了白色闪光的玻璃珠。自此后，穿裙

1　西野皓三（1926—2021），日本西野芭蕾舞团创始人，1953年在大阪地冢山创立了专业培养芭蕾舞者的舞蹈班。

装出门时，我便舍弃了累赘的衬裙，里面改穿起这条紧身裤，不仅暖和，尤其轻便，哪怕是一人走在街上，也步履轻盈，有种芭蕾舞伶的心境。

总一袭黑色装扮，给人印象如一朵黑莲的露德米拉·车娜[1]，是我喜爱的芭蕾舞星之一。而这条紧身衬裤背后，似乎也隐藏着她那抹含蓄淡然的微笑。

有时在采访现场，我故意跷起脚来，膝头的玻璃珠翠，在交错的双腿间熠熠闪亮。我佯作不知，目光一本正经落在草纸与铅笔上。采访对象为我膝头的宝石目眩神迷，不禁"啊"地轻呼出声来，惊讶之下，忘记哪句话已讲，哪句话未讲，瞥一眼我腿上的宝石，再瞧瞧我的面色，惶惑间，定然能把原本不必出口的话也统统吐露出来。这是何等的快意？不将宝石佩戴在指间，而是镶嵌于内里，这才称得上素材的有效利用，才是真正意义的优雅低调——我时常如此自言自语。

不久后，当我成为一名内衣设计者，推出的款式中便包含了诸多古典芭蕾的元素。而这件镶有宝石的黑色衬裤，

---

1 露德米拉·车娜（1924—2004），法国著名芭蕾舞演员。她的父亲是俄罗斯贵族，曾是一名将军。她16岁登台，崭露头角，后升为芭蕾舞团首席舞者，出演过多部好莱坞电影，如《红菱艳》《斯巴达克斯》等。此外，她还出版过两册小说，也曾以画家、雕刻家的身份活跃。

当我在裙子下面穿着它工作的那段日子里，我的双腿大概早已拿定了主意——我想卖内衣！

提到女用贴身内衣裤，在当时那个年代，沙沙作响的人造丝双绉质地的白色内衣尚霸占着大半个市场。至于我自己当时穿的是什么，现在却一点也想不起来了。

男人的驼色棉毛秋衣裤，以及人造丝或绉绸质地的印花大裤衩，如今已逐渐成为与年轻人无缘的老古董，但它们的款式却从明治时代一直保留了下来。女人们一到冬天，也会穿上带纽扣的厚棉毛衫和肥大的长裤衩，上面要么罩一层双绉衬裙，要么是棉毛的无袖长衬袍。层层叠叠的衣物，不仅滑来滑去，还绑得肩膀酸沉，叫人没脾气，只能急不可耐地盼着春天赶紧来，好把外衣连内衣像蝉儿脱壳一样，全部从身上剥下来。这，成了每年冬天例行不变的感受。

当时在公共澡堂里脱去外套后，身上总裹满了一层又一层内衣，简直与洋葱无异。漫长冬日里，每天就这样里三层外三层，在棉毛衫、棉毛衬裙的重重包裹下，连自己爱穿的内衣也失去了用武之地。终于，这些内衣裤被穿得破破烂烂，甚至让人觉得与穿抹布无异。不管是早晨穿衣出门还是夜晚脱衣就寝，它们似乎都象征着人生的千钧重负，黯淡的灰鼠色沉沉地压在肩头。我对冬天深恶痛绝。

男人们亦如是。每日无意识穿上身的内衣，一定也把他们烦得要死。我记得身材肥胖的父亲，不是毛秋衣罩棉秋衣，就是棉布肥裆裤搭配毛衬裤；腰部还有抽绳，系起来烦琐又费时；外面再套上白衬衫、西服裤，一层坎肩加一层外套……方能长吁一口气，喊着号子站起身来："好嘞，就这样吧！"最后，外面还得披上厚厚的大衣。不管谁家的父亲，肯定都一样。冬季，是个不堪重负的季节。

我把同样邋遢松垮的棉毛衫，拿来随意裁几剪刀，细细地窝边儿、收窄，用来搭配那条芭蕾舞服一般缀有宝石且熨熨帖帖的漂亮紧身裤。每当穿上它们，我的身体与双腿，便从切身体验的角度对老式棉毛内衣的不合理展开了批判。

世人多满足于无聊至极、毫无特色的棉毛制品，因此棉毛业界也总将一成不变的款式推向市场后便万事大吉。男人穿棉毛衫时，总爱把袖口卷起一截。如果两三件同时叠穿，袖口往往厚达四至六层；外面再套上白衬衫，愁眉苦脸地扣上闪亮的袖扣，这才勉强将袖口收拾服帖，完成了全套穿衣步骤。一言以蔽之，曰"金玉其外，败絮其中"。纵使袖扣再时髦好看，内里也是乱糟糟的一团。卷袖口的习惯，必是缘于最初引进棉毛制品时，采用的是洋人的尺寸。要不然，大概是当时的棉毛制品缩水得厉害，因而预见性地提前留出了余量。

与此同时，市面也存在极为高档的丝绸女士内衣。棉毛制品以实用性为主，绢丝面料则纯粹为了追求美感。正如老话形容，"要风度不要温度"，为了漂亮，宁愿冻得瑟瑟发抖也决不可穿得臃肿，是当时流行的普遍观念。

我包裹在黑色紧身裤中的双腿有它们自己的思考——难道就不能做到美丽的同时兼顾实用吗？日复一日劳作的身体与双腿，必须在发挥机能的同时也体会舒适，感觉美丽的同时也感觉快乐。一天，我为了出门见客，穿得优雅而轻盈，由此想到平日里不得不被厚重笨拙的衣物束手束脚，屡屡搞得满肚子火，不禁对这样的穿衣方式大感不满。我一向认为，棉毛衣裤徒有"实用品"之名，实际的穿着体验却糟糕透顶，每天弄得人肩膀酸沉。这种毁人心情的货色，从真正意义上来讲，恐怕很难称作"具有实用性"。但消费大众却无意识地沿袭着这样的穿衣模式。

不过话说回来，小时候的内衣究竟是何模样，同对外衣一样，我已彻底没了印象。要么是类似的老式内衣裤，要么是母亲给我的旧衣服，偶尔也有哥哥穿剩下的衬衫等，我都满心珍惜地套在身上。对母亲来说，我这个女儿一定让她特别省心。

某天，仿佛冥冥中被什么吸引，我走进了心斋桥的一家小店。我见到一只箱子，里面塞满了舶来的琳琅杂货。昭和二十年代初，在日本，所有的西洋舶来品都如宝石般熠熠生辉，高高在上地俯视着我等平民，而平民们也怀着一丝莫可名状的罪恶感，仰望着它们。

昭和二十五年至三十年，从美国进口的杂货以东京上野御徒町为起点，逐步亮相到了全日本。因此，这一时代也可称为"御徒町时代"。

一件纯黑色蓬蓬衬裙悬挂在我的头顶。表面缀有三或四层的花边状褶饰，内侧衬有一整面黑色与蔷薇色薄纱，到处点缀着玫瑰红缎带扎成的小花。若将整件衬裙握成一束，看起来犹如夜色里一捧冷艳的玫瑰。价格贵得惊人，记得是将近一万日元。我一声叹息，只能立在下面，渴慕地仰望着它。昭和二十七年（1952年），我的月薪只有一万七。在那个时代，凭这一万元，就能养活母子三人。

这件蓬蓬衬裙的内里，好似一扇展望不同世界的窗口，从中可以窥见我所陌生的、繁华旖旎的外国风景，弗拉明戈舞、康康舞、德加油画中描绘的芭蕾舞伶等，依次呈现在眼前。同时，我又仿佛被拖曳着，抵达了女体深处的一片秘境。

在箱子角落里，我发现了一件小小的粉色吊袜带。粉红的尼龙束腰印着小碎花。吊带上略显老气的皮筋与金属扣也一律是粉色的。腰腹部分全部镶满了细细的蕾丝，仿佛正围绕肚脐展开一场华丽的庆典。这件小小的吊袜带，形态宛如一朵花的花瓣。褪去衣物，露出女体，花瓣便会随之飘落。而这片花瓣价值一千五百日元，我咬牙买了下来，抱在胸前回了家，像炫耀宝物一样，神秘兮兮拿给母亲看。

　　"哎呀，这么漂亮的内衣，先收起来吧，等到正式的场合再穿。嫁人之前要把它藏好啊。这才是姑娘家该有的分寸。"

　　不出我所料，母亲开始了她的碎碎念。这句话是母亲对美丽内衣心怀抗拒发出的第一声非难。自那后，类似的数落又持续了十几年。我对内衣的热爱，和母亲对内衣的抵触，从这一刻起，同时埋下了种子。

　　假若当时，母亲只是简单地赞同一句"哎呀，真漂亮，赶紧穿起来吧"，我对内衣偷偷摸摸的热爱，也许就成了理所当然的常识光明正大地生根发芽。不过，话说回来，也一定会因为得来过于轻易，而变得无关紧要吧。

　　说来，记得母亲总爱念叨我"为了将来好嫁人，如何如何……"，似乎从来就没有停止过。

"瞧你一点规矩都不懂，将来嫁人了怎么办？"

"留着将来嫁人的时候穿吧。这是姑娘家该有的分寸。你啊，总是大手大脚，啥都不知道心疼。"

确实，当我还是个三岁小鬼头，对世界懵懂无知，只会挥着棍子四处乱跑的时候；当我好不容易在学校里获得启蒙，对万事万物萌生出好奇心的时候；当我信手涂鸦、没有心思读书的时候，母亲总要把我做的每件事都归结为一个目标——为了将来好嫁人。

与其说这是旧时日本母亲皆有的习惯，倒不如说这是女性生存道路上最强有力的武器。别说过去如此，想必今天也没什么改变。

我稚嫩的童心，充满了对母亲的质疑，自言自语地嘟哝道：

"那好，只要将来嫁得出去，不懂规矩也没关系咯？"

索性故意用脚去踢开障子门。年幼的我，不服气地想：如果妈妈不唠叨嫁人之类的废话，只告诉我懂礼节守规矩，使自己成为一个更优秀的人，我倒还乐意听从。

孩童时期的叛逆，此刻忽然以一副吊袜带为介质，被再度唤醒。那段日子，我还未开始做内衣生意，只是一名小记者，即所谓的上班族。不过，辞职也绝非结婚之前的一段短暂假期。尽管对结婚本身并不排斥，但我脑子里堆满各种想要尝试的事，根本没有余暇也没有空间留给结婚。

从那时起，我便不断搜寻各种内衣、睡衣，渴望尝试新的穿着体验，却也次次必使母亲反感。日常之中，总交织着快乐与争吵。

我从未向母亲的反感妥协。在我看来，对此事退让，便等于年轻一代向老一辈屈服。在日本，做女儿的通常都会在这种问题上做出让步。大家和母亲像闺蜜一样相处融洽，家庭和睦，母慈子孝。我也爱母亲，却不是个孝顺女儿，否则当年怎会那般争吵不休呢？为了想穿某件红睡袍，甚至不惜大吵一架，离家出走。

我这个人，在物质方面素来毫无执着，也并非执拗于拥有那些内衣或睡袍才与母亲爆发争吵。那些年吵的架，不是对所有权的誓死捍卫，而是为了放弃的争取——哪怕穿上一天再撒手，也不愿将青春收进衣橱。只希望今日纵情狂歌，明日无憾地告别。

母亲却勒令我将青春锁进衣橱。假如遵照母亲的命令去活，我的青春，何时才能自由绽放？

我喜欢父母严厉的教导，也一向认为它们难能可贵，但女儿不可能一辈子躲在母亲的荫庇之下，迟早要独立生活，追逐自由。话虽如此，那之后的十数年，我却一直与母亲相伴度日。

每次争吵，我都更加意识到自己"新生代"的身份，以及对自由的渴求。如今想来，觉醒意识的不断累积促使我成了一名"新生代内衣设计者"。经济独立，随性而活，尽情恋爱——我开始不断向自由的生活方式延展自己的触角。

母亲竭力收拢我的所作所为，让它们只集中于"结婚"这一目的。我却反其道而行，犹如蜘蛛撒网，向着四面八方扩张自己的意图。对"目的"这个词，我深恶痛绝。"为了结婚"，这句妖术般的咒语，导致我总会条件反射地想象眼前有堵高高的石墙，上面挂着"结婚"的木牌。我像一名撑竿跳选手，头上缠着白毛巾，好不容易奋力跃过高墙，"扑通"一声，一屁股跌坐在高墙另一侧。举目四望，荒野中不见人影，孤零零摆着一张床。我扯开喉咙大喊。母亲、朋友、恋人，谁也不应声。所谓的结婚对象，究竟是何尊容，藏身在哪里？我趴在地上，往床下窥看，一只蚱蜢却"嗖"地跳将出来。打算原路返回，方才的撑竿却留在了高墙对面。没有梯子，爬不上去，三两下便跌了下来，终于精疲力竭，唯有浮在墙头的一轮月亮陪伴着凄凉的我。

结婚如高墙。我不愿自己所有的生活、学习、玩耍，皆服从于这一个目的。

世人有一种癖习，除结婚之外，还热衷把许多事情归结于某个目的。为点什么，图点什么，求点什么。

可人生偶尔做点无用之事，也无妨吧？

就像母亲为了将"脱轨"的女儿拉回结婚的正道而数落不停，世人也喜欢教训我们这些左顾右盼、溜号走神的家伙，指责我们背离了一个目的，即"凡事皆有所图"。人人仿佛成了目的的奴隶。恋爱如果是通往结婚的手段，那么，无论父母或世人，便都将这条路视为正统。从前我也有同样的想法，自从对目的论产生怀疑，才逐渐改变了观念。

"我喜欢你。"

当男孩如此告白，女孩脸上瞬间浮现娇羞的神情。

"我也是。不过，我们的交往必须以结婚为前提哦。我不想玩什么恋爱游戏。"

女孩纯情的台词，和母亲那套规训如出一辙。

但其实，再没有比这更精明的等价交换了。这种场合中，爱被利用，成了谋求婚姻的筹码，仿佛天经地义。这套算计，有何纯情可言？可惜，却成了从不更易的习俗。要是连约着一起看场电影都要盘算结婚的可能，你还让男孩怎么敢追女孩？恋爱犹如一纸兑现婚姻的期票，否则便会遭世人指责是居心不纯。然而，在我看来，真正爱上一个人时，会全心全意、无条件地投入感情，甚至忘却一切得失的考量。

这方才叫作纯情。如此思考并笃信的我，因而强烈渴望做出足以改变众人，令其无条件沉迷的东西。

镜前裸体的我，只穿着黑色丝袜与粉色吊袜带。头发乌亮，眸子漆黑，皮肤粉嫩。双臀虽丰满，高挑的体格却宛如瘦骨嶙峋的少年。

从那时起，我开始细细端详自己的身体。跷起脚，衔着香烟，试图想象法国妓女的风情。我的双腿算不上笔直修长。大腿虽圆润肉感，却没有蜜桃形的乳房。乳沟无法用"爱的深谷"来形容，不过俯下身来，苹果状的可爱曲线倒是有的。脖颈线条可算优雅。双肩足够挺拔。身材谈不上出色，却也不算糟糕。这么说来，我忽然意识到，自打出生起，在漫长的岁月里，我从未留意过自己的身体，也从未和男友去过海边，只因内心断定自己身材不美。同时也醒悟到，一直以来自己对身材的理解，都是穿上外衣之后，身体各部的尺寸、比例是否均衡。

换言之，此时镜中被透明黑丝袜与精巧吊袜带包裹的肉体，在我眼中呈现出的并非"尺寸"这种东西，而是整体扑面而来的某种"感觉"，某种魅惑的气息，或活泼的生机。并且，它们也不是通过视觉捕捉到的，而是经由皮肤触觉获得的实感。

在我看来，女人的美，要从整体去领略，而非凭尺寸去把握。比起拥有美式曲线的八头身模特，我猜画家定能从五头身的胖女孩身上发现更多美感。借助内衣而面貌焕然一新的女性，所散发出的魅力与身着洋装时截然不同，一定要从另一种角度去体会，它无法以普通的标尺去衡量。如果要为它制订一种标准，那么这套标准也应当适用于海绵、棉花糖或水母等材质的测量。

日本有种传统的裁缝用尺，名曰"鲸尺"[1]。我想，应该没有"水母尺"这种东西吧？肚皮快乐地偷笑起来，在粉色吊袜带下轻轻颤动。

我违逆母命，没有将这昂贵的吊袜带束之高阁，而是从买回它的翌日起，便穿上了身。尽管外面只是件质地粗糙的黑色毛衣，但我的内里却闪着粉色的柔光。肚皮总兀自偷笑不停。我尤其盼望去洗手间的一刻将裙子"哗"地掀起，粉色的世界迅即展陈眼前，连涓涓细流似乎都染上了一层绯红。

这是被祝福簇拥的肚皮。我并不记得自己当时总穿怎样的文胸、内裤或衬裙，但从未有过一切穿搭必须依照刻板的模式，或严格遵从所谓"常识性的正确顺序"去着装

---

1 鲸尺，日本旧时裁缝专用尺，一尺为38厘米。

的意识。我希望经由一副粉色吊袜带，充分挖掘自身的女性魅力，以及内衣带来的隐秘快乐。

而日本的母亲，居然要求女儿将这份偷尝的欢愉，"在嫁人前收进衣橱"？她们怕不是脑子坏掉了。

TUNIC Laboratory；COCO[1]

从记者生活中解放出来的我，当时脑子里塞满了关于内衣和睡衣的朴素构想，灵感丰富到几乎要溢出来。我用拙劣且质朴的画风，将它们统统描绘了出来。

这些设计稿，并非完成于工作台前，而是在日常生活中，在咖啡店的桌角、酒吧的吧台边，抑或趴在被窝里，一张张画在草纸上，逐渐积攒起来的。

画技烂归烂，但这份拙朴却也有其可贵的价值。换言之，它们是事物诞生前最原初的形态。

在我拥有工作室，正式启动内衣事业前，便在考虑举办一场个人设计展了。为了本次展览，我必须将自己构思的内衣新造型、设计方向等，以完美的形式发表出来。

1　TUNIC Laboratory；COCO，鸭居羊子创立的内衣品牌名，一般简写为TUNIC COCO。

这场个展，必须为我今后五年、十年乃至三十年的设计价值与方向定下基调。有了这场个展，无论我死去或是继续生活工作三十年，我出品的内衣，都必须显示一以贯之的热情与价值。正如画家或雕刻家追求某种至高的理念，我也希望这场个展为整个创作生涯确立一个终极准则。

我设计制作的东西，为何不即刻拿去市面上出售？理由是，我并不急于先赚几个快钱，只希望向世界大声表达一些诉求。假如我确乎在传达某种真理，那么历经繁复过程总算成形的作品，一经售出，便意味着好不容易探索到的真理成了某个人私有的"孤品"，不再被第二人知晓。倘若我手中握有一个真理，我希望尽可能将它展示给世人，使它被更多人得知并拥有，哪怕多一人也好。

创造出一件件商品，旋即将之卖掉换取金钱，这过程对我而言等于将一件内衣就此掩埋，使其沦为不见天日的藏品，再也无法成为人类的珍宝。首先，将我的作品展示给大众；其次，从理解我主张的客户那里接受各种不同的定制要求；而后，再投入量产与销售——这，或许才能实现真理的增殖，是在做乘法。这样的"乘法运算"，与大品牌一直采用的、基于过往市场数据的计划生产有所不同，归根结底是由我开发出新的客户需求，并促使需求裂变，在此基础上，达成一种从质到量的乘积效应。

通常生意人的做法，大概是先找出最好卖的款式或单品，而后再投入量产，使其转化为金钱，由此来启动事业。而我，却决定将个展直接作为一种发布形式，作为我经营的一环及销售的手法，由此迈出第一步。

其后，我也始终保持着这样的经营姿态。这并非一种宣传先行的营销模式，当然也不是以自我表现欲为出发点的"概念品展示"。它与十几年后自美国普及到日本的宣传推广策略有不谋而合之处，如今已被大众广泛认知，但在当时却鲜有人理解。1965年之前，常有人问我：

"你为何总要先干一些不赚钱的事？"

但实际上，我从那时起已经在赚钱了。通过展示世人从未想象过的新型内衣，我当时每周有三十万日元以上的销售业绩。若临时接到特殊订单，营业额甚至可超五十万。半年前辞去记者工作时，我的月薪不过一万九，就连部长也只有五万。

说来，我既未上过西式裁缝学校，也没动过剪刀，更没缝过一针一线。但提起做内衣，我却信心十足。不过话说回来，大学毕业于法律系，后来却当了铁匠的大叔，他们懂不懂金属知识呢？

我不懂裁缝，但学习过造型设计。但我想，只有对纸样、板型一知半解，在超越规则与惯习去挑战不可能时，才能涌起更多勇气吧。对规则了解越深，便越是受其束缚。为了利用这份无知，随心所欲创造灵活的新规则，我有意识地不去学习裁缝技术。

连工作室都还未租下，我已立志要创办一家量产内衣的公司。首先，得考虑一个配得上宏图远景的品牌名。按照世间普遍的做法，我的公司应该取名为"鸭居商店""羊子株式会社""YOKO 内衣工作室""××设计工坊"等。那些出资建造大厦的人，往往会以自己的名字为其冠名。不少大型商社还会采用明治时代的人名，但这并不符合我的品牌宗旨和趣味。我不希望创办的公司带有过于浓郁的个人色彩，或仅仅满足于做个小零售店主。况且我姓名的四字当中，同时杂居着"鸭"和"羊"两种动物，未免太不讲究了。

话虽如此，过于朗朗上口的名字，不仅显得轻浮，还有被人误认为咖啡馆、夜总会的风险。

我开动脑筋，向埃及历史中追溯，看有哪个词用于表达人类初次穿衣时的喜悦，我想拿来命名自己的品牌。最终，偶得了"Tunic"这个名字。尽管当时在日本，人们只听过Tunic Coat（一种女士束腰上衣）这个词。"Tunic"是指古埃及人最早穿着的一种贯头衣[1]，也是各类服装的统称，但从狭义来讲，却仅代表内衣。

Tunic！发音可爱，含义深刻。决定了！我当即自作主张拍板定了下来。

Tunic 作为古人运用直线裁剪的贯头衣，摒弃一切矫饰泛滥的所谓"装饰风"设计，散发出单纯明快的光彩。之所以追求这份简洁洗练的美感，并非出于品牌塑造的目的。在我的理解中，它孕育着实现更高产能的可能。

Tunic，我十分满意这个尚未被习俗濡染的、纯真的名字。

公司只有我一人，就叫"TUNIC 内衣工作室"好了，总有一天它会成长为一家株式会社的。我的新名片上印着一个浮雕 Logo，是我以线描勾勒的女性上半身图形，下方有"COCO"字样。

那阵子，我在读一本有趣的访谈录，内容是画家藤田嗣治在法国巴黎的旅居生活。善于表达的法国人，总爱用各种稀奇古怪的词来称呼自己的恋人。藤田嗣治不无得意地说："我这个日本男人，在法国情人口中又被称作'我的小

---

[1] 贯头衣，人类早期服装形式之一。其形式是在布上挖一个洞，从头上套下，再用带子系住两腋下的布。沈从文《中国服饰史》称贯头衣"大致用整幅织物拼合，不加裁剪而缝成，周身无袖，贯头而着，衣长及膝"。

天子''我的神武天皇''我的大和男儿''我的小武士'……
岂止啊。还有什么'我的小屁橛''我的卷心菜''我的小……'"

简直数之不尽。藤田嗣治一脸正经地把好玩又好笑的事
讲得不动声色。我记得他其中一个爱称，就叫"小COCO"。

COCO在法国俚语中有"荡妇"之意。尽管我把公司
命名为TUNIC，但将来若开了门店，还是打算以COCO命名。
也就是说，那些对新式内衣不理不睬、拒之千里的道学家、
贞洁淑女，并非我的目标客群。观念迂腐古板的人，总爱
将行为大胆主动的女性污名为荡妇，而我却相反，我赞赏
她们的活力与积极的生活态度，她们总希望拉拢更多人一
起，充满了前卫的力量。

后来，之所以未把门店命名为COCO，是考虑到万一
哪天接电话时，我自报家门：

"喂，你好，这里是COCO。"

对方一定会十分困惑：

"呃，哪里？这里是哪里？"

"就是COCO哦。公鸡打鸣声的那个COCO。"[1]

想象将来难免发生这样的对话，我便只把COCO放在

1　日语中的方位代词"这里"，和表示公鸡叫声的象声词，发音都是"COCO"。
　　此处是谐音闹出的乌龙。

了品牌的 Logo 里。

明明公司上下只有自己一人，我却一副了不起的模样，早早把名片做了出来，甚至印上了朱红的镶边。

我嘴上说着我的公司是量产内衣品牌，但暗地里却要把它打造得像《泰晤士报》那样规模虽小却有着举足轻重的地位。别看日本那些大报社发行量多达三四百万，动辄以此夸口，却毫无独立见解，更缺乏社会指导力，只知紧追热点，写些大同小异的报道，无聊至极。而我的内衣公司，为了向市场输送具有权威性、独立见解与领导力的商品，在保持纯粹度这一点上，必须做到小规模经营。内衣的产量一旦上来，公司的体量想必也会随之膨胀，变得大而无用。我的公司应当以小见长，打造具有权威性、领导力与独立见解的商品，这才是它存在的理由。

之后的十年间，我的公司虽渐次增员，产量也逐年攀升，但为了更好地贯彻初心，每一次的员工增加、产量提升，同时也会对自身发言权威性进行确守，会将公司存在的原因贯彻到底。否则，我自己品牌的权威性与独立主张将会淹没在其他企业数百万销量的洪流之中。品质是力量，数量也是力量。消费者很容易被连锁化经营的大企业洗脑，接受它们宣扬的价值观念。为了守护消费者，我也必须具备力量。

为了备齐个展所需的素材，我二话不说把三万元退职金揣在怀里，向东丽公司（旧称：东洋人造丝株式会社）[1]进发。这一次，与前去采访时身份不同，哪怕再怎么野心勃勃，也不过是个没有任何头衔、没做成过一单生意的穷姑娘。以往每逢东丽召开新品发表会，女记者总会收到邀请，列席聆听关于最新化学织品的说明，现场进行采访。在一次偶然当中，诞生了某种新型纤维，而这种纤维经由一道又一道工序，最终才变成了织物或面料。面对这凝聚了心血、劳苦与漫长岁月的产物，女记者也不过发出几句轻描淡写的感叹：

"哎呀，好棒呢。哎呀，好可爱呀。"

做记者的，何其八面威风，却又被娇养在怎样的温室里啊。记者不必是纺织纤维方面的专家，作为大众监督社会的代理人，拥有自己的观察视角即可。而我在记者生涯里，培养出的大概是"大众之眼"。

当时，东丽最厉害的发言人是纺织部长。每天一早，他便正襟危坐，在巨大的桌前开始办公，来面试的人排成了长龙，看得我不由得啧啧称奇，可见此人在东丽的地位

1　东丽集团是日本的一家成立于1926年的跨国化工公司。"东丽"是旧公司名称"东洋人造丝"的缩写，其主要经营事业包括制造、加工和销售纤维纺织品、高性能化学品、碳纤维复合材料，还涉及环境工程、生命医药等领域。

是多么举足轻重。当记者那会儿，我总能直接插进队伍里，此刻却只能甘列队尾，老老实实等候。

不过，当天我一定是满脸挂着独狼般的孤勇，有股浑身是胆的劲头，如醉如痴，向部长讲解着自己的创业计划，还问了一堆购买布料的问题。

如今回想，我手边并未携带自己构思的内衣样品，对方听着我的长篇大论，原应感到兴味索然，也苦于无法理解。但当时，纺织部长却迅速抓住了我内衣事业的重点，给了我毫不吝啬的鼓励，又把一流商社松本产业和蝶理株式会社的渠道介绍给我，立刻办妥了相关手续。自那之后，我的公司便成了向社会推广新型面料——尼龙的最佳推介商和价值挖掘者。

我和东丽公司的那次面谈，也酝酿出了三年后一系列举世瞩目的，由东丽赞助、TUNIC主办的内衣秀。当时，TUNIC工作室的月营业额曾空前飙升，达到了五十万日元。而东丽以赞助金的名义为TUNIC提供了三十万日元的宣传费。

话说回来，区区一名"候补内衣商人"，手无资金，事业尚未启动，却径自越过船厂一带的小批发商，昂首挺胸找到了大纺织企业里最核心的人物，要求采购布料。在旁观者看来，会觉得我的行为匪夷所思，有种漫画般的戏剧性，这人八成是个疯子吧。毕竟，就连船厂、丼池一带的小批发店，也声明拒绝接待外行。

或许在东丽的内部人士看来，我的确有疯子的嫌疑，可接待我的那些位高权重的大叔却几乎个个既耐心又亲切，倾听我的诉求，为了我的首次个展，哪怕我只购买几米或一反[1]布料，也愿意单独给我开设印染工序，向我提供了许多实际的支持。这想必是化纤革命的年代里，各公司从业人员的职业热情使然。

与之对比，反倒是一些小商贩，或船厂、丼池地区的批发店常常对我狮子大开口。

说来，三万元退职金所能买到的各种尼龙面料，总共只有轻飘飘、一张包袱皮就能拎走的重量。不过，布料分量虽轻，我脑子里的灵感却斤两十足。

有时，我会以设计构思为优先，去寻找匹配的素材。各路供应商被我那些"这种皮筋""那样的金属吊扣"等稀奇古怪的要求弄得直挠头。他们一面茫然失措，一面为我这个不赚钱的客户倾尽全力。

1　反，日本传统的布匹丈量单位，约为幅宽37厘米、长12.5米。

做内衣的第三天

从报社辞职的第二天，我瞒着母亲，装作上班的样子，出门去了朋友 akiko 所住的小公寓。akiko 是个约摸三十岁的美女，理想是成为一名建筑师，为此专门从老家秋田县来到东京学习，谁知半道改了主意，开起了酒吧。不过，据说她内心还是渴望换一份发挥自己审美天赋的工作，当个"做东西的人"，于是关掉了酒吧，正在考虑下一步该怎么走。

akiko 的公寓，由两个光线昏暗、面积分别为三叠和六叠的小房间，外加玄关与走廊构成。厨房在走廊里。房间的正当中摆了一张大床。

"好棒啊！"

我赞叹道。

她闻言嘿嘿一笑，卷起被褥给我瞧。整个床体是用苹果箱堆出来的。

枕头旁边，摆了只小橱柜。柜子顶端有一面纹饰优雅的椭圆形镜子。柜子里凌乱陈列着古龙香水、化妆乳液和口红。暗香浮动之中，琳琅的化妆品仿佛齐齐翕动着红唇，正喊喊喳喳、七嘴八舌聊个没完。女人，女人。"女人"二字，杂然散落四下。为何女人的香闺，总如此风情满满呢？此时，我还未拥有属于自己的房间，就连体内，亦不存在这样一个女人味十足的角落，与 akiko 比起来，我浑身上下、所作所为，皆散发着孩子气。

一只曲线玲珑的玻璃杯，宛如莫迪里阿尼[1]笔下的女体，里面插满了雏菊，在昏暗的房间里释放着幽幽香气。

"好美的杯子啊！"

"三十块钱的瑕疵品哦。"

"好新鲜的花呢！"

"嗯，掏钱的时候犹豫了一下，在想，是给晚饭添个菜呢，还是买束花呢？"

对花朵的爱便是如此。对我来说，从旁见证一个女人的独居生活，欣赏她的房间，是一种鲜有的珍贵体验，令我羡慕不已。为自己而买花的 akiko，不免叫人感慨，她活得何其纯粹。我的艳羡之情，化成声声长吁短叹，每开口都禁不住散逸出来，洒满了整个房间。

与她的自由生活比起来，我又如何呢？虽不讨厌母亲，却感觉方方面面备受束缚。父亲去世之后，我出外工作赚钱，每月把薪水上缴给她。母亲对我来说，是令人畏惧的存在。但我也拿不出半分脱离她而独立生活的勇气。用大人们的

1　阿美迪欧·莫迪里阿尼（1884—1920），意大利著名画家、雕塑家，表现主义画派代表艺术家之一，以善画女子肖像而著称。他笔下所绘的女子，皆神情忧郁、脖子歪斜、身体细长、面孔模式化。

话说："这最好啦。在妈妈身边尽情撒娇，好好接受管教。"这已成了长辈们的口头禅，而我却感觉青春仿佛已窒息在母亲的控制之下。

因此我羡慕那些离开父母，悠然自得地独立生活和自由恋爱的女性。她们的日子该有多么惬意啊。从昔日起，我便心存憧憬。akiko 这间公寓，位于福岛西街的四辻电车站前，是大阪市最古老的公寓楼。别看这一带现今面貌杂乱无章，昔日可是大阪最高级的住宅街区。楼前的大道上，据说从前跑的都是轨道马车，是从川口町通往大小公司云集的北滨的主要干线，许多洋人往返其间。

顺便在此处，把当时 akiko 刚歇业的酒吧一并介绍几句好了。

它位于梅田新街南边的小巷里，要侧着身子方能进去，面积六坪 [1]，小得像个地窖。

酒吧内光线昏暗，水泥墙四下环绕，是存在主义者乐意光顾的氛围。仅有一样东西可算镇店之宝，那是一台十九世纪的老式留声机，成日里播着法国香颂。客人必须亲手摇动它的发条。在当时，这古色古香的喇叭花形唱机，自然是珍贵至极，从里面流出的略微沙哑的歌声，反而予人

1　坪，日本的房屋建筑面积计量单位，一坪约为 3.3 平方米，6 坪约合 20 平方米。

一种活色生香的感觉，别有一番风味。摇曳在昏暗室内的，是一向毫无造作、随手插满的鲜花。akiko 并不讲求侍花技巧，却深谙如何将花朵点缀得生趣盎然。

花束下方总放着盛满柠檬的篮筐，还有几颗柠檬滚落出来，给泛着旧意的吧台平添一抹鲜活的色彩。当时店家流行把五颜六色、冒着热气的毛巾盛在篮筐里端给客人。筐底是锥形的，会在客人面前滚来滚去，热气也随之袅袅摇曳。用来装下酒零食的小碟子，自吧台里鱼贯而出，造型也歪歪扭扭、趣致十足，各有各的款式，却并非由精挑细选得来，用她的话说：

"都是在旧餐具店里淘的。嘘……"

当眼睛逐渐适应了室内的昏暗，会看到四周摆着几张小桌，也都铺着五颜六色的桌布，好似从前郊区的小咖啡馆。尽管桌布是由碎布拼成，却如同油画里常见的巴黎老咖啡馆，有种率真而不造作的美感。

这间酒吧的魅力在于，它并不拘泥于模式化的刻板之美，反而总在冲撞框架与规则，散发出没什么名目或章法可言的新鲜感。akiko 无意间显露出的好品位，由此可见一斑。

当然，光顾的客人几乎都是记者、建筑家、画家等，他们经常在雨衣兜里揣着报纸，无所事事地聚集而来，比起以前混迹在南部马戏小巷的我们那群人，平均年龄大十来岁，相对比较成熟，个个衣着光鲜，开心地听着留声机里播放的香颂，快活地饮着酒。

akiko 不知何故，大约醒悟到从来不赚钱吧，某天突然关掉了酒吧。她笑着自嘲，手里没落下什么钱，只剩了一些存酒、冰箱和赊账。

话虽如此，几叠大的公寓小屋里，几十种白兰地、威士忌却一字排开，琳琅满目，再加一台大冰箱，在我眼里宛如国王的寝宫。面对总是独自拼杀、独自流泪的我，她一面斟出好酒，一面"啪"地用力拍拍我肩膀：

"反正，我现在也是事业空窗期。你个展的作品拿到这里来做好了。如果不嫌弃的话，我可以给你搭把手。"

像个为人可靠却态度冰冷的男朋友，她瞧也不瞧我，只淡淡地讲。

于是我在她家安营扎寨下来。最初制作的吊袜带，仅用最少面积的布料、最细的皮筋，和最迷你的金属扣，刚刚够把袜子吊起。

这些作品，面料的部分用市售的各种白布、颜色布、印花布、绣花布便足够了。唯独彩色的细皮筋，跑专门店也没有卖的，必须专门订制。以前的旧款吊袜带，用四根两厘米宽的弹力皮带，从腰部吊着薄薄的丝袜，总给人佩戴铠甲的感觉，实在夸张。我认为幅宽一点五厘米，或者允许的话，零点七厘米的细皮筋应该就足以吊起丝袜了。

如此一来，金属扣也不同以往，结实粗大而单调的白色吊扣是不行的，必须配合皮筋的宽度，专门订制纤细的彩色吊扣。我走访了一家名叫"大阪杂货金属"的公司，从社长、技术员到社长的父亲齐齐出来接待，都歪着脖子，苦苦思索如何满足我的要求。年迈的社长父亲道：

"大家一定要好好协助她。快看这姑娘的指甲颜色，她一定是个开创新事物的人。"

闻言，我不禁低头去瞧自己的手。当时，有红、黄、蓝、黑等五颜六色的指甲油，我傻乎乎给每根手指都涂了不同的颜色，却把这事忘得干干净净。

社长的父亲惊讶地瞪圆了眼睛，望着我充满孩子气的花指甲，给了我老年人独有的理解与关怀。其他人也以技术员特有的精益求精，不遗余力地为我打造了用来吊袜的简易金属扣。我一下子订购了粉、红、黑、蓝等多个品种。

如此订制的金属件，一下子堆满了公寓半坪不到的玄关。然而，我真正急需用到的却不足其中的千分之一。

另外，由于订购数量太少，工厂无法供货，我就自己动手染制了少量紫色、绿色和金色的吊扣，一只只拿棉线吊着，浸入珐琅漆内上色，而后系在筷子上，挂在公寓后院里晾干。

我一边想象着女人穿丝袜时微微撩起裙摆，细皮带的一端——金色或紫色吊扣亮亮地一闪一闪的样子，一边像古时候大杂院里的武士后勤总管，给金属扣涂着颜色。

不一会儿工夫，公寓后院便仿佛火柴或蜡烛工厂一般，乱七八糟地充满了各种颜色。

这份工作相当有趣。可是话说回来，已经存在了几十年的业界，为何连我这个仅干了三天内衣制作的新手要用的皮筋和金属件都找不到现货？为何只生产明治年代以后的几种规格和品类？只是吊吊丝袜，压根用不着这么粗笨的皮筋，或粗硬得好似开罐器、随时会在裙子下面浮出轮廓的金属件。这么简单的道理，怎么就没人明白？身为专业的生产商，备齐粗细不同的皮筋，各种颜色、尺寸的金属件，难道不是一种本分？我在事业初期，便早早撞上了这样的疑问。

仅仅几毫米之差，我的订单就成了"特殊订单"，且规定了最低限度的起订数量。偏偏这个数量，至少是我实际所需的几十倍。顷刻间，皮筋与金属件的库存，便堆满了公寓的抽屉和后院。

到这一步，我又遭遇了新问题。为了区别于其他公司，制作具有先锋性的商品，我不得不单独定制特殊规格的配件。然而，即使供应商愿意接受我的订单，庞大的发货量也远远超出了具有先锋观念的消费者人数。那些被大量制造出来的、具有先锋性的材料，若能物尽其用形成高销量，收益自然不错；但在尚未得到充分利用之前，它们全部是消化不良的库存，占用场地，让资金躺着睡大觉，每日和我大眼瞪小眼。我对自己的事业前景做了一番预测，也进行了深度思考，醒悟到这种状况不仅对我，对任何人的经营都是一道阻碍。

等翻过阻碍的那一天，我会成为经营游戏的胜利者吗？面对矛盾，企图闭上眼睛绕过它继续走，是行不通的。如果这样做，具有新鲜创意和充满匠心的商品，根本不可能走向市场。我要克服先锋性与大众化产量之间的矛盾，解决它，把它反过来变成自己公司的一张王牌。确切来说，我有实现这一点的、接近自负的笃定感。

自那以后，在从事设计的时候，或在公司的经营层面，每当遭遇什么阻碍，我总会悄悄给自己鼓劲儿——"干得漂亮！""成败在此一举啦！"

尽管如此，这个课题至今仍跟随并纠缠着我。无论毛巾布、尼龙弹力针织布，或棉质泡泡纱，当我要给面料印上前卫的独特花纹时，它们最小化的产量限制，也往往使其纯粹性难以落实。毕竟，材料或配件的进货量过于庞大，总令人望之却步，最终妥协于库存的压力，只好以更加大众化的品类取而代之。为了日本服装业的明天，我等从业者应该多多丰富自身商品的类目，研究出一套方法或机制，在合适的产量之内，保证商品的多样化与高级化。

从手工作业到人海战术，从机械化到大规模量产，如果不断推行这种单一的产业模式，人恐怕终将败给机器。

我迫切想拥有一台小小的蕾丝织机，和传统的手工印刷工作台。只要一台便足矣。

十六吨

在举办个展前的九个多月里，为了筹措材料费、生活费以及裁缝的工资，我想到了一个好主意——为美容师画制服设计图，从美容学校和美容院接订单，而后找工场做定制。在本职的内衣制作之外，这也算是我生意的第一步。不过，此事放在如今想来，也让人不由得捏一把汗。

我和akiko抱着绘有若干种美容师制服设计图的大册子，站在美容学校的校长面前，一脸故弄玄虚，极力吹嘘制服之于美容师有何等重要。这世界着实不可思议。我愈是晓之以大道理，校长也愈是有一堆大道理对付我，丝毫找不到做生意的感觉。

大部分时候，校长老太太都不开窍地表示，没必要做什么新制服，现有的旧款式就够用了，间或也会冒出些新理由。最后，到底是被她给拒绝了。

回途中，我和akiko狠狠地说着她的坏话：

"跟这么抠门的老太太，真是谈不了生意！"

"品位这么糟，亏她还是搞美容教育的。"

"先不说别的，这老太太乱糟糟的发型，真让人无语。简直是坏学校的范本嘛。"

啊，一想到日本美容师黯淡的未来，我二人不禁举手仰天长叹，而后接着奔赴下一所学校。

这一次，胖墩墩、性情温厚的东山千荣子校长接待了我们。我第一眼就对她很满意，觉得她好像我妈。她对我也印象不错。我磕磕巴巴讲了一遍自己如何喜欢上制服，以及起念做制服生意的来龙去脉。聊着聊着，也越来越找不到做生意的感觉。最后，"每家店铺独具特色的美容师制服，可以成为店铺本身一种绝佳的形象展示"，这句话终于开花结果。具体怎么说服校长的，我已经忘了，如今想来，一定是我的推销话术足够打动人心吧。校长为自己旗下的学校与美容店挑选了几款制服，并一下订购了几百套。顷刻间，校长的面容在我心目中变得犹如皇后般尊贵。

akiko 二话不说，立即动手量好了标准型和大个子学生的制服的尺寸。我仍激动得两手发颤，就没加入。在那之后，我也从未给客人量过尺寸。

我一直认为，身为内衣设计者，比起卷尺，更该运用海绵那样的测量工具。

走出校长室的那一刻，我和 akiko 便全速奔跑起来，拐过学校大门，抱在一起，口中欢呼："万岁！"不管怎么说，这是我们的第一单生意，尽管过程令人捏一把汗。

我俩十万火急，讨价还价采购回平纹白布，找到白衬衫加工厂，要求临时加单赶做制服。这家服装厂的老板是 akiko 店里的常客，一位千杯不醉的"酒豪"。他莫名被我俩的花言巧语说服，也不问缘由，立即开了工。

我俩天天到人家的工厂里报到，一副毫不见外的模样，在工人大叔身边转来转去、东跑西颠。那时候，寻找缝纫工是个蛮轻松的事，哪像如今，不管棉纺厂、编织厂还是缝纫厂，为了确保自家的生产量都拼死拼活，像我们这种不赚钱的生意，人家肯定理都不理。也才不过十几年光景，今日的环境就变得如此艰难。当年，人人都莫名亲切，总是笑眯眯的，对这种忽然插进来又不赚钱的急单，也愿意接下来做。

这批制服的款式，很像多年后电视上播放的美剧《本·凯西》中主角穿的手术服和修女服的一种混合版。我曾向校长打下包票，若身穿该款制服的美容师环绕在客人左右，定会让客人涌起一种恭敬之意，如同置身于美的宽大与慈爱之中。但如果不能高质量完成，那就麻烦了。

验收日，将制服交由一位学生试穿之后，"皇后"笑眯眯地点头表示满意，随后痛痛快快支付了一笔两万元的巨款。

这天，我平生第一次被要求开发票。在"皇后"的从旁指导下，我学会了如何标记千位区隔符。

"你应当写 20,000 哦。"

"太奇怪了吧。"我心里虽嘀咕，可自那后却养成了一个习惯，每当书写钱款金额时，都会学着"皇后"的口吻，嘴里念念有词。

我和 akiko 尽量不慌不忙收起这笔钱，眼睛并不去瞧它，慢条斯理地道谢，告辞，出门后方才飞跑起来，转过拐角，再次拥抱，高呼："万岁！"

那阵子，失业保险快发下来了，想买的东西一大堆，但我却抽不出时间去排队领取，每日忙于"副业"和内衣制作。

仿佛是老天相助，总会有些化妆品公司的文案工作出其不意地找上门来。我虽深陷于贫困之中，那段日子却活得最充满希望。

手头偶尔剩几个小钱，我们二人便兴高采烈，打扮得漂漂亮亮出门去耍。

为了学 akiko 画眼线，我愣是把双眼描得像果子狸。她就会蘸着唾沫，帮我擦掉重画。我身上穿的是废布头做的红裙子和黑外套。那时，我对女性间的"姐妹情谊"仍是懵懂、不谙其味，可当 akiko 脱下蓝色牛仔装，换上优雅的外出服，我会崇拜地望着她，仿佛仰望一位御姐，并发自内心为之骄傲。当时，"恰恰酒吧"之类的夜店刚开始在日本流行，我和她会挽起手臂去那里跳上几曲，沉醉于靡靡氛围之中，短暂地找回一点"做女人的心情"。在那样的时刻，我会深深感到，明明手里没钱，内心却很富足。

恰恰酒吧，如同戏剧表演中纸糊的道具屋，四壁覆满了天鹅绒，看似华丽，实则简陋。昏暗中，乐手鱼贯而出，卖力地演奏。俊俏的青年，用低沉的嗓音，忧郁地唱着民谣《十六吨》[1]。隔壁房间里弥漫着香烟的烟雾，一群群年轻人仿佛梦游症发作，挤挤搡搡地跳着舞。

---

1 《十六吨》(*Sixteen Tons*)，美国音乐人梅尔·特拉维斯创作的一首关于煤矿工人的民谣，以肯塔基州穆伦贝尔格县矿井中的生活为背景。

那时候，恰恰酒吧总有几位胡子拉碴、体格魁梧的大叔，汗水淋漓地吹奏着小号。不像现在的乐手，大叔们是不插电演出，要使出浑身力气，全凭肺活量吹奏，只要还有一丝体力，便会把小号吹到底，把鼓敲到底。

　　有时，歌手武井义明、贝斯手小野满也会亮相演出。不过，他们在那个年月还籍籍无名。

　　吹小号的乐手中也有原军乐团出身的人，白天装模作样在市政府上班，晚间去酒吧打工演奏。好几次，我在深夜的电车里撞见此君，他手里拎着包袱皮裹起的大便当盒，绷着脸，一副生人勿近的样子，却在末班电车里，像个体力劳动者，竭力向我露出灿烂的笑容。

　　经营恰恰酒吧的业者充满了西部开荒的前沿精神，即使建筑本身简陋而寒酸，也要在这份简陋寒酸中创造出不可思议的梦境与浓浓的哀愁。

　　而乐手们的演奏，也承载着他们自身艰苦生活的分量与希望，向观众汹涌袭来。

　　时不时地，还会有美国驻军士兵光顾。偶然闯入的黑人大兵，举手投足间每一次微小的律动都回荡着节奏感，让我们领略了天赋上的差异。如此说来，恰恰酒吧的演奏曲目，基本都是迪克西兰爵士乐，从中既能捕捉到黑人的气息与哀愁，也能感受到白人的情趣。而近来的所谓"电音小乐队"，演奏的曲子明明聒噪得要命，却又过分颓靡而伤感，我从中听不到任何昂扬的情绪或发自灵魂的哀愁。这十数年间，街上流行的音乐都是装腔作势的，可真是矫情了。

生于明治时代的母亲

在忙于个展筹备期间，我从报社辞职的事也露了馅，被母亲和弟弟得知。

母亲震惊之下对我一顿痛骂，会画画的弟弟也用一种打量疯子的眼神望着我，责备着我的鲁莽。我家日子一向贫寒，两人如此愤怒也在所难免。

不过，我这人的脾气是遇事素来不喜对亲人多费口舌。自己模模糊糊想干的一些工作，终究也没能给母亲解释清楚。家里的气氛始终压抑而凝重，日子便一天天过去了。

在那时候，弟弟每当画得不如意时，便会在隔壁房间抄起菜刀，把画布劈得稀烂，故意弄出巨大的声响，凶狠的举动里满含杀气。若是我冒冒失失出手干涉，感觉他会把我也像画布一样"碎尸万段"。

我在这个家中，熬过一天又一天。每迎来一个清晨，都会不停地祈祷："拜托今天家里人谁也别发脾气，千万保佑这个家平平安安。"于是，遇到外出归来，能一言不发静静钻进被窝的夜晚，我总会长舒口气，心里叹道："啊——好幸福。"在黑暗中，我不禁想到，不幸时期的幸福，其实只要"一句怨愤的话也不讲"便能获得。甚至有时我还会生出奇妙的感慨：一旦抱定不动怒的心态，幸福这东西，竟然随处可得。

画风一向阴郁的弟弟也活在痛苦之中。仔细想来，自打小学时起，弟弟便一心沉迷于绘画。画魔附身，被其所魅惑的人生，仿佛只能沉沦在这份苦恼之中，而别无出路。只是他那狂躁的坏脾气每每发泄在家中，总搞得身边人战战兢兢。

个性强烈的两个成年人共处于一个狭小屋檐下，是相当危险的一件事。假如有长兄或父亲主持大局，家中还能融洽一些……然而，我和弟弟却不得不为家计伤神。

当年一家人在金泽生活时，恰逢日本战败。一些往事，也需在此稍做提及。

如前文所述，父亲生前是一名新闻记者。我们几个出生在大阪的孩子，一直随之辗转于福冈、东京、金泽各地。父亲是个好饮之人，因此家计萧条，母亲深受其苦。但哥哥、我和弟弟，却为活泼有趣的家风而倍感自豪。后来，我从大阪的学校毕业，又回到了金泽，在那里经历了战败。当时，哥哥已经战死，只有一块写有他姓名的薄木片，连同白色骨灰盒一起送了回来。

"吾儿出征去，远赴莱特岛[1]，葬于莽林中，无处拾白骨。"

父亲高声朗诵着亲自撰写的短歌，刻意为哥哥举办了一场盛大、欢快而豪迈的葬礼。然而，翌年，时年仅五十七岁的他也随之去世了。弥留之际，尽管意识已模糊，他却仍执笔在空中书写着什么，手里做出翻页的动作。直至生命最后一刻，他都是个不折不扣的记者。性情豪爽，同时待人温厚和蔼的父亲，一直是我敬慕的榜样。

葬礼也非同寻常。一升装的酒瓶一字排开，摆满了祭悼现场。告别式结束后，这个家忽然之间只剩下三个人，再也找不到家的氛围。比起六口之家少去两人，我们这个五口之家少去两人，家人彼此之间更觉孤单。

孤单之下，我出其不意做出了去大阪工作的决定。倘若父亲仍在世，只怕我早已在那座充满封建气息的古城下町里，走进了令人窒息的婚姻。

提到结婚，不管女孩是否上过学读书，在金泽那地方，都会被父母逼迫去相亲。大人们会代为安排好一切，由相

1　莱特岛，位于菲律宾，第二次世界大战末期的 1944 年 10 月 20 日，麦克阿瑟上将在此涉水登陆，并宣称"我回来了"，之后率领美军与岛上日军激战，由此收复了菲律宾。

亲的两个年轻人单独见面。于是我奉家长之命，独自去了父亲的一位医生朋友家，该医生是社会党的众议院议员。我依照母亲的叮嘱，端端正正跪坐等候。片刻后，相亲对象独自走进屋来，隔着桌子跪坐在我对面。障子门被拉开。来送茶的是医生的女儿，三指轻轻摁着榻榻米，低头俯身，恭敬地行了个礼。我依稀记得，这位姑娘后来成了作家五木宽之[1]的夫人。她略显羞涩地将茶摆在桌上，倏地抬眼瞥了我二人一下，便匆忙隐去了身姿。我有种感觉，这姑娘日后估计也会相亲。

　　我从孩童时期对人情世故似乎便不太开窍，也不知是心性散漫，还是较为晚熟，又或许是脑子不够灵光吧。不仅幼年时的日子记得不清，就连十八岁相亲时的记忆，如今亦是一片模糊。我无法像三岛由纪夫先生那样，连刚出生第一次洗澡时的木盆都能记得清清楚楚。无法记录下当年相亲时的细节实在遗憾。总之，那位对象皮肤黝黑，有点圣雄甘地年轻时的影子。他淡淡地笑着，用打量怪人的好奇目光，一面不露声色地观察我，一面聊着天，明明年纪轻轻却沉稳淡定的模样，说是哪家公司的面试官也不足为奇。

1　五木宽之（1932—　），著名小说家、随笔家、作词家，曾获小说现代新人奖、直木奖、吉川英治文学奖等。代表作：《恋歌》《青春之门》等。

相亲这种事,如果能在这一阶段便点头应允,不管家人或旁人,都会交口称赞:"太好啦太好啦!"简直如同英雄凯旋的心情,我在回家的路上浑浑噩噩地想。那阵子,我刚经历了一场初恋,被父母找理由狠狠反对了。相亲对象为人内涵如何,我一无所知,只听说是某某大学毕业的高材生,家世良好之类的,反正全日本的男人净是高材生在相亲。我也不难理解,在那个年代,尤其是雪国女子,会那么轻易地点头答应一桩婚事。毕竟,只要说一句"嗯",身边所有人都会笑逐颜开,拿你当英雄看待。而我,也仿佛得了脑震荡,麻木无感地,被拖进那个昏暗"地穴"。

在北国金泽,人们恪守着一项婚俗,新娘子出嫁前要展示衣裳与妆奁。我想起一位朋友如何从橱柜中依次取出和服、长襦袢等,面露得意之色地一件件拿给我看,简直像把自己的裸体或内衣、内裤一并亮相于人前,炫耀道:"瞧啊,我就是这样。"这种事,我光是听听都莫名难为情,有种很淫亵的感觉。

不知何时,母亲来到二楼我的房间。"女儿啊,你要是不愿意,直说就行,千万不必为父母考虑而勉强答应。"丢下这句话,便下楼去了。我背朝母亲,听着这贴心到令人内疚的话语,盘起两脚,眺望着暮色中的庭院。院墙之外,流淌着一条小河。在金泽这座古城,处处都能听到河水的湍流声。

翌日，我家便收到了相亲对象婉拒的消息："本人不才，惜乎无缘。"母亲一反昨日的柔声细语，满脸屈辱与憾恨之色，怒斥道："你啊，肯定又在人家面前胡说八道了吧？真是无可救药！"

我却在心中高呼："万岁！"这位相亲对象的决策可谓英明。昨日，我故意在他面前东拉西扯了一堆宗教话题。假设我是男人，一定也会对自己这样的女人不胜其烦。

这段回忆中的我，确实面目可憎。那时我刚刚皈依天主教，再没有比我更装模作样又伪善的人了。比起满口信仰的我，为初恋而失意颓废的我倒还可爱一些。有一天，我索性离家出走，心想豁出去了，漫无目的走到哪儿算哪儿，便信步朝市区相反方向，一条通往昔日练兵场的野外小路走去，半道上还往堤坝上一躺，沐着早春的阳光，不知不觉睡了过去。硕大的白色玉兰花，彼时业已凋谢。融雪时节，寒意刺骨，玉兰垂着头，忽而会发出窸窸窣窣的声响，绽开无数花苞。待花季过去，又不含一丝犹疑，一朵接一朵渐次凋零。这时，北国之春也翩然而至。

朋友追来找到了我，是一个小我七岁的初中男生。我睡眼惺忪地向他倾诉起失恋的痛苦，而非相亲失败的经历。少年愤愤挽起了袖子，牙关紧咬，要替我打抱不平，又不停轻抚我的背，软语劝慰。少年爱好音乐，弹得一手漂亮的钢琴。其后，又过了几十年，我才听他本人承认，实际当年他暗恋着我。

莫名缓慢而悠长的雪国记忆，在父亲去世，我来到大阪之后，才做了彻底的清算。

我在父亲昔日至交的照顾下，进了大阪的一家小型晚报社工作。这位至交，便是大阪朝日啤酒公司已故的社长小早川彦一先生。我从先生家迈出了走向社会的第一步。在他家附近，即阪急电车沿线的园田一带，我租下了某户人家二楼的两个房间，给半年后来到大阪谋生的母亲和弟弟住。随后的六年间，我家一直四处搬迁，过着租房蜗居的生活，仿佛贫寒的武士，所剩只有傲然的心气。对于租住在别人家中，起初一家人颇觉惊诧。可惜当时在大都会里，外来者又怎么可能租到整栋的房子呢。

在那年月，日本的居住状况相对于衣食来说极端落后。月薪仅有一万五的我，两个房间每月的租金就要五千。而住在对面古老大屋里的人，据说是某某百货公司的重要高层，房租却保持着昔年的水准，也才五千。无论怎么想都觉得挺矛盾的，真恨不能和对方换一换，哪怕几天也好。只要有独立的卫生间和厨房，管他是破烂的茅舍还是贫民窟的棚屋，我都会投去羡慕的目光。

不过，对年轻人来说，住怎样的房子都无所谓，对明日的希望占据了内心更大的比重。为了失去父亲的家庭而工作赚钱，这件事本身就使我充满自豪。仿佛冒险家，一面为现实的劳苦而烦恼，一面也感到兴致勃勃。

首先，大阪虽有"烟都"之称，但比起阵雨频频、雾气氤氲的金泽，简直如同明媚的"太阳之国"。在阳光下活力充沛、自由自在工作的感觉，我至今记忆犹新。

但话说回来，在大阪这座城市里，母亲与我一同走过了清贫的记者时代，也走过了跳出报社后的苦难岁月。母亲这种生物是何其坚强啊！就算对父亲的薪水曾有牢骚，对女儿微薄的收入却绝不发一句怨言。母亲是如何精打细算、拆西补东，才为我们摆出那样丰盛的晚餐的呢？正如早年为了给父亲换酒钱，来回跑当铺一样，如今她又为了不可理喻的女儿和黯淡的希望，没完没了地继续操劳。

某个寒冬之夜，母亲把父亲送给她的一枚雪白闪亮的钻戒拿去典当了。

宝石商人手捏那枚小小的钻戒，上下左右转动着，眼睛从金边眼镜后面仔细看了又看，不放过任何一丝微小的瑕疵。而后貌似恭敬，内心不屑地杀价道："存在各种肉眼瞧不见的划痕呢。"肉眼瞧不见，不正说明是好东西？我越过母亲的衣袖，狠狠瞪视这位当铺掌柜。对待上门购买宝石和典当宝石的不同客人，嘴脸变换如变身怪医，一面是乐善好施的杰基尔，一面是无恶不作的海德。宝石这东西，莫非暗藏着神秘的魔光，能映照出人心的美与丑、善与恶、虚荣与憎恶等一切属性？

母亲那颗白钻上的划痕，恰恰是她与父亲多年爱情的"历史遗迹"。我想象着父亲青春时代的飒爽英姿——自海外赴任归来的他，坦然将钻石藏进口袋，步下一艘外国巨轮的舷梯……

与母亲回忆的深刻程度成反比，钻戒以极为低廉的价格，被宝石商纳入囊中。

二人出了店门。母亲垂着头，一言不发走在夜路上。

我跟在她身后，回想起方才母亲游过空中的指尖，似乎是要讨回那枚交给当铺老板的钻戒，却又颓然顿在了半空。

如今，我常会吟诵一首悲伤的诗《月亮与钻石》，以此来追忆自己的母亲。

对母亲的辛劳付出，也更觉难能可贵，比他人更铭记于心。正因如此，我能够理解母亲的心思、想法以及情感的种种波动。只是，母女之间很难坦诚表达彼此的心意，总有份客客气气的东西横亘在二人之间，实在是种极微妙的人际关系。

况且，我也做不到将自身的理想，溺毙在对母亲的感恩戴德之中。我极力无视并甩开她的怨责，表面上甚至偏要摆出一副轻蔑嘲弄的态度，以此来撑过每一天。不，已经撑过了每一天。

我面不改色地往返于 akiko 的公寓，做着自己想做的事，依照自己的想法，一步步去实现心中的内衣梦。

这样的僵持中，某天，母亲不知从何处打听到地址，为了探望奋而投身内衣制作的我，怀里抱着满满一包袱便当，出现在 akiko 的公寓里。

母亲正襟危坐，对 akiko 低头行过问候礼，又从腰带间取出一张万元大钞，说要拿给我们充作材料费。我从公寓窗口目送她缩起身子、冒雨离去的，依旧保持着昔日熟悉的高雅气质的背影，却一句话也说不出，只觉悲从中来。母亲明明就在眼前，为何脑中每浮现她的身影，我便泪意涌动，无法按捺？既然如此，又为何无法与她像朋友一样亲密坦诚？

便当美味至极。

我一面大口嚼着饭菜，一面再次想起刚刚离去的母亲。

面对与自身同性，兼有洁癖和微妙清教徒气质的母亲，我不知何时起，养成了缄口不做任何解释的习惯。我天性不羁，叛逆于世俗。在母亲眼中，这个女儿异常顽劣。于是，遇到与男人交往、结婚的问题等，一想到也许会遭母亲责骂，我便越发不愿开口，只向她表露孩子气的一面。如此一来，在家中我成了格外纯情无知的小姑娘。尽管在外面学会了抽烟，也从未在家里露馅。

此外，一些女性生理方面的烦恼，我始终碍于羞耻心，不好意思向母亲启齿。当我告诉朋友，自己平生从未和母亲交流过那方面的话题时，都会被朋友嘲笑我是个老古董。

我甚至怀疑，母亲方才也许在极力刺探，企图从这间仅有女生出入的小公寓里嗅出某些危险的气味。我憎恶这种感觉。

那之后，仅过了两三年，母亲便因轻度脑溢血病倒了。即便迄今已卧床十年，而我现在已能从经济上报答她的恩情，她依旧坚持着明治女人的做派，断然不肯让步。我挑选的颜色，我中意的衣服款式，无不冒犯她高雅的品位，令她对我说教不止。

穿红裙子去跳舞的那晚，在夜总会的电话间里，我换上朋友P子的黑裙子才敢回家。在外一袭红裙，在母亲坐镇的家中却一身黑衣，不搞这套换装的把戏，就得挨骂。感觉仿佛母亲还在世时我便穿上了丧服。朋友P子是个瘦骨伶仃的姑娘，我只好任由黑裙的拉链咧着口，一手摁着裙腰回了家。而 P 子，由于我肥大的红裙总是哧溜一下滑脱在地，最终只好在衬裙之外罩了件大衣回了家。结果，据说她被家人怒骂"活像个美军红灯区的妓女"。

自那后，尽管我频繁亮相于各种电视节目等，也举办过不少华丽的内衣秀，却一直设法瞒住母亲，不向她透露任何情况，害怕被她看到又要挨一堆的数落。我猜世间道学家的代表，大约就是母亲那副模样。直到左邻右舍的大婶和小孩都开始知道"卖内衣的鸭居羊子"时，母亲才一脸狐疑地问：

"你到底干了什么坏事？"

大概正由于和母亲这种彻头彻尾的对立，我才萌生了创作新事物的热情。必定是它，在我身上培养出了类似"反骨"的叛逆精神。如今想来，与其拥有一个流于表面的半吊子"朋友"，一身明治风骨的母亲，虽是我的"敌人"，却更令我欣赏与敬佩。

性感"小内内"的诞生

一名从事木雕行业的老朋友昭子（现已改名为大山昭子），领着男朋友出现在我俩的内衣制作现场。

昭子有位长年卧病在床的母亲和五个弟妹，她凭着自己的手艺日常雕刻些木制品来维持生计。她平时总会随身携带工具包，玩耍时也不忘活计，灵巧地动手制作点什么。她身上显示出河内女[1]所特有的性情，骨子里爽快开朗，拥有不羁的灵魂。当我辞去报社的工作开始独立创业时，她明里暗里给了我不少支持。

昭子是个推销高手，会把自己雕刻的木质胸针拿到某家商店，迅速兜售出去，可谓是天才生意人。这本事我无论如何模仿不来。

"瞧，卖了这么多钱。"

昭子从口袋里掏出当天的进账给我看，把我佩服得五体投地。

"你是怎么推销的呀？"

我试着打探。

"这个嘛，方法可多了。如果我感觉哪家店有戏，就会找个时间扮成顾客上门去。领口要漂漂亮亮别着自己制作的胸针，然后故意挺胸抬头，在女掌柜面前晃来晃去，把胸针亮给她看。不用多大工夫，跟女掌柜聊得熟络起来后，她会问：'你这胸针在哪儿买的呀？'一旦得知是我自己做的，就会求我摘下来送给她。这时候，我决不会答应，留

---

1 大阪东部的河内地区，也是古时的河内国所在地。

下一句'下次再做一个送给你'，便转身消失。总之就是吊胃口。"

昭子本能地精通这类技巧，能说会道的同时，手也勤快。

魅力迷人的她，得到了不少多金男士的追求。她却对这帮男人避之不及，习惯自己去追年轻的穷小子。

虽说时常满嘴玩笑话，但末了她总会像个大姐头，操着一口河内腔道：

"喂，各位，加油干啊。"

这句话，在我单飞之后，努力到崩溃边缘时，最是切身为之触动，每每听到便难捺泪意。而昭子却年复一年，始终保持着那份豁达，凭一己之力撑起了全家的生计。弟妹们每日轮流下厨做饭，轮到谁掌勺，免不了多尝几口咸淡，等到开饭的时刻，锅里往往已没剩几口饭菜。

"锅里的东西一眨眼就抢光了。吃饭可万万不能跑神。"

听昭子的口气，仿佛是件好玩的事。

我从坚强的昭子那里获得鼓励的同时，一想到她家中年幼的弟妹，总会泪意上涌，慌忙躲进洗手间去偷偷哭一场。

眼看要召开的个展还差一小笔资金，她奔走筹措，为我借来。

在忙于后勤和四处找钱的间隙，我窝身在公寓的榻榻米房间，心无旁骛地投入创作。昏暗的小屋内，一件件崭新的内衣相继问世。

我担纲设计，akiko 负责裁剪，两名打工的学生进行缝制。我爱上了锁边、刺绣等一针一线的缝纫活儿。手艺人的工作，是我的兴趣所在。

尤其用绣花线在长睡袍或衬裙上绣出裸体画的 Logo，是个特别有趣的事。关于刺绣，我脑海里留下的全是当年在学校里挨骂的记忆。但是不打线稿，上手直接以丝线绣出心中想要的图案，这种做法却是我自创的，成品效果也非常漂亮。凭借这样一针一线的锻炼，自那以后，不管多薄的布料、多细的丝线，我都可以不必起稿，自由地用彩线直接绣出各种纹饰。

在学校里或百货公司的手作柜台里，都流行着在他人绘好的底图上以"描红"的形式来练习手工的刺绣布。我却对这样做的人感到费解，真想瞧瞧丈夫们坐在太太照着俗气老套的花纹拼命绣出来的靠垫或桌布当中，究竟是怎样一副神情。

日本的男性行走于社会，其品位与见识，都是世人评判其能力的指标，综合能力强的人方能登上高位，出人头地。可惜，在太太的教育方面，他们却似乎撂了挑子，采取不闻不问的态度。

不，也许男人只把家当成一个回去睡觉的地洞，管他洞里发生了什么，他们一概漠不关心。也正因为太了解妻子的浅薄无知，所以他们从不邀请客人到家里去。我一方面思索着这些问题，同时也依照自己的理念与方式，每日飞针走线，专心致志缝制不辍。

新品一件件告成之后，便立刻被分门别类，拥有了我随心自创的爱称。

三角内裤（Scanty）——它们与传统内裤不同，浅档、低腰，仅凭少量的覆盖面积便可充分发挥内裤的作用，同时显腿修长。由于裤脚部位采用了斜裁，即便是胖女孩，双腿也可轻松穿入。色彩缤纷，无所不有。放弃了蕾丝，改用装饰性的皮筋来点缀。

蝴蝶内裤（Pepetti）——将三角内裤的修身效果做进一步强调，自然会发展为蝴蝶形，但这也足够了。对外面打算穿束身衣或紧身裤的女性来说，内裤当然越小越好。穿和服的场合，选择它也会更方便。蝴蝶形的设计，实际做出来一看，样子果然可爱，犹如一朵绽开在身体中央的玫瑰。如果仅供脱衣舞娘专用，我觉得太过可惜。名字的发音也透着可爱，我管它们叫 Pepetti。

丁字内裤（Crossty）——在古希腊，肌肉健硕有力的青年奴隶，穿的便是这种款式的兜裆布。日本男人用来遮挡私处的"裈"也是这种形状。现代的比基尼泳衣，采用的几乎都是此类设计。我在脑中联想着古希腊青年与日本武士的形象，选取透明尼龙面料，制作了女士的丁字内裤。以鲜红或纯白的棉质兜裆布，将下腹紧紧扎起的武士，他们散发出的男子气概，与迫人气势，远非如今身穿松松垮垮针织大裤衩的男人所能比拟。同理，女性年轻娇美的肉体，在丁字内裤的包裹下，也会显得更加苗条紧致，性感逼人。

打底裤（Cocotiie）——即紧身衬裤。当里面穿的是低腰三角小内裤、丁字裤、蝴蝶形内裤等时，布料面积缩小，便自然而然对紧身裤的保温效果产生了要求。美丽冻人是不行的，必须在追求温度的同时兼顾美感。这才是真正的"实用美"。选用光滑的尼龙或亚沙针织面料，制成贴合身体曲线的网袜式弹力裤，裤脚边缘缀以宝石或棉质手织蕾丝。

性感连裤衣（Charm-bination）——我很喜欢在外国老电影里看到的太太淑女们在蓬蓬裙里面穿着的上下连体式的内衣裤（Combination）。比起外表的华丽精致，内衣的素朴反而更见性感。沙龙贵妇的锦衣华服之下，是绸缎的连裤衣；乡村姑娘的田间劳动服之下，是棉布的连裤衣。两者在我眼里同样迷人。提起连裤衣，人们通常只会想到孩童宽大的连身裤。可同样的设计，一旦穿在成年女性身上，便有了迥然不同的味道。况且，它是由透明尼龙面料所制，魅惑的风情，甚至令人油然联想起当时的银幕女王玛丽莲·梦露。

于是，Charm-bination 诞生了，名字由英文的 Charming 和 Combination 组合而来，意为"迷人的连裤衣"。制作过程中，我们一遍遍穿上它蹲下、站起，测试了各种姿态下的上身效果。

打底裙裤（Patti-coat）——顾名思义，它是衬裤（Patti[1]）与复古衬裙（Petticoat）的合并款。在裙裾，即裤腿下缘处开一圈"8"字形小孔，当中穿入漂亮的粗缎带，抽紧缎带，在腿边绑好，就成了一款中世纪女子骑马穿的南瓜裤，或百褶短裙裤。这款设计，我已在第一时间注册了专利。

其后，每诞生一批新商品，我都会注册几十项创意专利，我还会把我自创的名称也注册专利，"Patti-coat"就是第一个。

成为内衣制造商后的十年间，我为每款商品都取了匹配的昵称，但再也未像创业之初那样，轻轻松松地创造出各个精彩且生动的新词。

现在，单单一季的睡衣、内衣、内裤便多达上百种。

---

1 日语写作パッチ，由朝鲜语发音演变而来，是旧时日本的一种高腰深裆衬裤，材质多为棉或丝绸。

这便意味着会诞生几万个身穿有昵称内衣的姑娘。数量过于庞大，名字已经告罄。全世界所有的公主、影星、圣人、勇士、点心、美酒、世界地图上的地名、鱼类，甚至连蔬果店的蔬菜名，全都被我拿来用了一遍。因此，若有外人来到我的工厂，一定会发愁听不懂我们的对话吧。

"呃？我说，内勒姐妹[1]也要算进得克萨斯系列吗？"

"对，肯尼迪和哥伦比亚也是哦。"

这可不是在谈论政治话题。由于棉质睡袍一概被归为"得克萨斯系列"，取的净是与得州相关的名字，有时大家会认真争吵起来，提出"肯尼迪这边的数量就不够了"，一本正经的程度，绝不是在闹着玩。

至于个展的邀请函，出于经济上的考虑，我订制了三百张红色请柬。

请柬上印有身穿概念内衣的女子素描图、出展作品的名称以及宣传文案。这张卡片独有的风格与个性，会作为将来 TUNIC COCO 的品牌设计方针，获得贯穿始终的尊重。关于这一点，我在开展当时便已打定了主意。直至今日，我所出品的内衣，未曾有任何一款偏离这一轨道。

1　内勒五姐妹，18 世纪法国内勒侯爵路易三世·德·迈利·内勒的五个女儿，其中四人都做了国王路易十五的情妇。

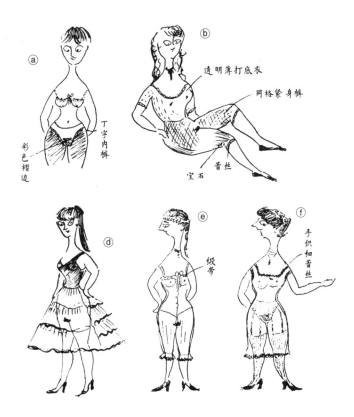

ⓐ

ⓑ 透明薄打底衣

网格紧身裤

彩色褶边

丁字内裤

宝石

蕾丝

ⓓ

ⓔ 缎带

ⓕ 手织细蕾丝

TUNIC COCO 的"小内内"

(a) 丁字内裤（Crossty）
(b) 雪莉套装
(c) 蝴蝶内裤（Pepetti）
(d) 复古衬裙（Petticoat）
(e) 性感连裤衣（Charm-bination）
(f) 吉吉连身衬裙
(g) 菲菲连身衬裙
(h) 郁金香连身衬裙

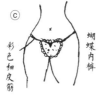

(c)

蝴蝶内裤

彩色细皮筋

(g)

短款菲菲连身衬裙

(h)

五彩缤纷的花瓣状褶边

宣传文案如此写道：

社会偏见一贯认为，内衣只能是白色的，切不可惹人注目，而性感迷人的内衣有悖于道德。这种清教徒式的观念向来主导了大众对内衣的认知。然而 TUNIC COCO 在对抗世俗教条的同时，以"兼具情感与功能的设计""合理剪裁"为主题，在内衣制作领域进行了崭新的尝试。

W·内衣展

这段宣传语，即使在十几年后的今日，每当读起，我仍深感自己做出的每项举措皆忠实践行了其中的理念，毫无虚言。并且，作为对内衣的阐释与定义，它准确无误；作为对内衣发展前景的预言，也不差毫厘。

这段文字采用了男性化的文体。假如一定要用女性色彩的语句去表达人类的理性观念，将会是多么艰难的一项任务。论文与宣传语，素来与妩媚的女性气质无缘。

奥菲斯的镜子

在大阪 SOGO 百货二楼画廊的转角处，有一块面积约九坪的角落。经过各种考量，我将个展的会场定在了这里。

画廊的费用过于高昂，以我目前的经济实力还租用不起，而一旁的九坪空间，作为内衣展览的场地，面积则比较合适。越是狭小的空间，越是利于进行简洁凝练的展示。

这块九坪大的角落，除了用作画廊入口的前台和行走通道，几乎从未派过其他用场。SOGO宣传部的工作人员站在我的切身立场，绞尽脑汁想出了用它给我做展览会场的方案。

双方一拍板，我便雀跃着重新站在这个九坪空间上感受了一下。之前仅仅被我视作行走通道的地方，不知不觉间仿佛变成公共礼堂或歌剧舞台，在我四周熠熠生辉，让人误以为地板下方是否正有音乐声静静升起。这九坪的方寸之地，成了TUNIC工作室，不，TUNIC株式会社首次胎动的襁褓。同时，这里也是掀起日本女性内衣生活革命的纪念广场。此刻，知晓这一点的只有我一人。我正努力将其变为现实，试图成为那个"被上天拣选来做此事的人"。"祝福那些为我选中这块宝地的人吧。"我自言自语道。

我要把这块九坪大的会场布置成另一个世界。

一颗心在紧张中激烈颤抖，外表却像一个失魂的人，恍惚呆立在九坪空间中。

在我身边，宣传部的大叔与年轻人们也一同欢欣鼓舞，仿佛我的新家刚刚在此处落成。

"过去我们一直闲置的这块地方，没想到作为展区隔开，竟变得如此气派。真是个好点子！"

"鸭居小姐，价格上你不用担心，就从这儿白手起家吧。放手一搏，拿出让大众眼前一亮的作品来！"

大家尚未见过任何我的作品，纯粹因为相信我的热情，便纷纷出谋划策、尽心尽力。这群人和我一样期待着新事物的诞生，他们胸中燃烧着那个时代所特有的蓬勃激情。

这块场地在一二楼之间，透过楼梯扶手便可以望见一楼的卖场，因此必须全方位遮挡起来，营造出一种不同的氛围。

我一向厌恶充斥于内衣卖场的邋遢、无谓的态度，令人望而败兴。罗列在柜橱中和展示台上的针织棉毛衫、人造丝衬裙等，散发出一种家务操劳过度的憔悴凄凉之感。

就连市场里的鱼铺或果蔬店，都洋溢着新鲜的生活气息。与之相比，百货公司的内衣卖场却弥漫着一种无人问津的乏力感，仿佛专收当铺垃圾的旧衣店。

因此，我所布置的展厅必须为观众打开一扇门，使她们从那无力感中跨出一步，再也感受不到丝毫生活的疲惫。为了从污浊的、拖家带口的日常中跳出来，我要在昼与夜的现实时间之外，创造一段新鲜抽象的时光，还要打造一个仿佛不存在于地球的异度空间。唯有置身于这种时空，人们对那些带有实验性的内衣，才会更纯粹地去观赏、理解，全身心地领略它们的美。

我构思了一个充满抽象气息的布展方案。

我找到早川良雄，一番演讲滔滔不绝，拜托他帮我做会场设计。

早川先生以远超我预想的完美效果，在区区九坪内呈现了一个"没有时间的空间"。至今我依然深信，这是他艺术生涯里的一项杰作。与之类似的空间结构在个展收官十余年后，才首次应用在日本的店铺设计中，还是由欧洲舶来的。

踏入展厅，光线骤暗，观众迅即被几面"恰恰夜店"风格的黑色墙壁所包围。红、黄、蓝三色的聚光灯照出几缕光束。光束里，连身衬裙、短衬裤、吊袜带等，仿佛破碎的土星与火星，悬浮在空间之中。适应了黑暗的眼睛，凝神细看：只见黑色墙面上每隔一米，便伸出一扇红、黄、蓝三原色的隔断。成排的黑色长角木犹如晾衣竿，依次横在头顶，仿佛上梁后的传统日式家屋。展厅内并没有摆放气质甜美的塑料模特，内衣要么挂在铁框或墙面上，要么像一个个灯笼似的，以铁质锁链垂吊在头顶，布置成晾衣时的模样。

整间展厅宛若一座神奇的魔法屋，又好似儿时在节祭庙会上玩的"鬼屋"游戏，娇艳、甜美的女性气息在这里不见纤毫。它既是脑髓深处一个不可思议的黑暗房间，又是炼铁厂里的一间暗室。捏着一把汗、惴惴通过的观众，他们的脸庞与手触到的内衣，纷纷化为奥菲斯的镜子[1]，能通过触觉去体验那份新鲜的性感。

我在这些内衣中虽注入了大量性感元素，但它们却并不表露任何媚态。正因如此，展示它们的会场更多的是一个冷寂、理性、抽象的空间，昏暗的灯光也预示了一种新能量的诞生。

媚态并不是新的性感。当时，时装秀卖弄风情的姿态、化妆品导购为取悦顾客的故作谄媚、陪酒女郎搔首弄姿的问候，都远谈不上一流，反而是大卖场里的大叔挥舞木尺的吆喝和卖鱼小哥热情的态度才更酷、更痛快。

我将个展的请柬寄给了多位知交、名流，还有外国友人。我刻意避免手拿请柬四处登门，逐个拜见报刊媒体。邮寄这种形式自有一种好玩的魔力。只需贴上一枚邮票，请柬就能登堂入室，闯进任何人的客厅与书斋。无论我是否认识收件人，也不管对方是否接受，一切都不必介意。这是

1　出自法国奇幻电影《奥菲斯》（*Orphée*，1950）。影片讲述了诗人奥菲斯穿过镜子抵达另一个世界寻找自己妻子的故事。镜子在片中是联通两个时空的门。

我仔细分析各种递送方式后得出的最优方案。

此外，我又心生一念，打算拿出品牌商的派头，堂而皇之登一则报纸广告。

我要借报纸广告的权威性与普遍性为自己加一把力。更重要的是，我希望通过登广告这种惊世骇俗的举动（尽管也曾权衡再三），在熟人、朋友、新闻同僚、路人和内衣业界掀起一轮话题。

我曾兼职给化妆品公司写过大量广告文案，却从未被采用过。但这次，我要自掏腰包，登一则最棒的广告。

充其量只是办一场小小个展，我却不知天高地厚，敢花好几万在一流报纸上打广告。归根结底，这场个展的作品是基于全新主题制作的、具有实验性质的内衣，同时也是商品。我希望通过打广告来建立未来内衣品牌商的形象，并得到广大消费者的认可。

我带着英国艺术家埃里克·吉尔[1]《服装论》的选节，个展的地点、日期、时间、名称以及与请柬上相同的半裸女子素描图，毫不客气地直接拜访了《每日新闻》社的广告部长。

1　埃里克·吉尔（1882—1940），英国著名雕塑家、版画家、字体设计师，曾参与手工艺品运动。他设计的"GillSans"字体是 20 世纪最早、最经典的无衬线字体之一。

部长微微一笑，略带为难地歪着头说：

"这幅穿内衣的图，是不是有点违反广告伦理啊……"

嘴上这么说，却为我腾出了最显眼的版面，连广告费也优惠了不少。

尽管如此，这则广告在当时也要八万元。这笔开销，经《每日新闻》社同意，我在个展之后用了很长一段时间，以月付的方式分期偿还。负责上门收账的大叔，脸上总是笑眯眯的，当真耐心地跑了好久。

这位大叔在退休前的一年间，月月都要往我的新工作室跑，每次收个五千七千元。不过他肯定直到最后都不理解，我为何要为广告押上如此巨大的赌注。对他来说，人生定然还有太多困惑与不解之事吧。

最后的那个收款日，大叔告诉我，从今以后不会再上门讨账了，因为马上要退休了，顺便还对我透露了自己的退休金是三百万元。我嘴上向大叔道着恭喜，同时在心里轻松地想，大叔花了三十多年才拿到的三百万元，我再花两年左右就能挣到手——我对此深信不疑。

那阵子，前辈山崎丰子[1]还是一名女性栏目的记者，隶

1　山崎丰子（1924—2013），号称"日本国民女作家"，生于大阪，写过多部家喻户晓的名篇，曾获直木奖、菊池宽奖等。代表作《白色巨塔》《不毛之地》《浮华世家》《女人的勋章》《大地之子》等。

属于《每日新闻》社的文艺部。见我为了筹钱大伤脑筋，她总会说：

"数额如果在月薪范围以内，我借你一点好啦。"

"这样的话，我想小小地先借一万。"

我话音方落，她便"嗖"地一下，痛痛快快从小钱包里抽出一张万元大钞来。那笔钱，我曾经左手进右手出，用来向《每日新闻》社的收账大叔支付广告费。然后，它们又变为《每日新闻》社员工的工资，回到了山崎小姐手里。

那则广告以横排、粗体字印刷，内容如下：

W·内衣展

女士短衬裤、吊带睡裙、连身衬裙，啊，还有吊袜带！这些词在男人听来是一种不可名状的魅惑音节。反之，男士裤衩！衬衫！背心！坎肩！这些词又如何呢？听来什么感觉？即使给它们加上感叹号，也不会产生一丝电流，刺激我们的神经中枢吧？

——埃里克·吉尔《服装论》

时间：十二月九日至十四日

地点：SOGO百货二楼画廊

会场设计：早川良雄、TUNIC COCO 工作室·鸭居羊子

个展前一天，《每日新闻》的社会版刊出了这则广告——三段十三厘米版面拼成的一整版。

过后我才听说，由于版面过大、留白太多等问题，广告刊出后还在报社内部引起非议。

然而，三四年后，这种白版广告便在整个报界蔚然成风，掀起一股潮流。在此之前，即战后的二十余年里，在大报上刊登风格如此另类的广告，应该闻所未闻。

第二部

扔出去的骰子

我下注了人生中最大的一场赌博。

个展前一天夜里，几位朋友帮助布置展厅时，我意外地冷静。

营业结束，店门关闭，一派沉寂的百货公司内，空气渐渐滞闷起来。暖气停了，寒意越来越重。晚八点左右开始布置，直到午夜零点前才大功告成。起初冻得直打哆嗦的人也慢慢兴奋起来。大伙干得热火朝天，收工时个个脸颊泛着绯红。此时的我，思绪却早已飞往别处。

我一直觉得自己性格内向又有点神经质。此刻看来，或许我也有截然不同的一面。

举办这次个展，我几乎用尽了能量，对自己做到百分之百的诚实和忠实；在这过程中，心底似乎涌起了一股自信。

过去，我是新闻记者，站在采访他人的立场；而明天，我的位置将反转，记者们定然会蜂拥而至，向我抛出形形色色的问题。从采访变成被采访，这种身份转换也不过发生在短短几个月里。

这段日子，我都做了哪些事？引发我身份质变的因素是什么？在这几个月里，我不过是把自己当记者时萦绕在脑中的内衣构想付诸实施罢了。世间对表面形式的看重，就是如此不可思议。

为什么我就不能一边当报社记者，一边办内衣个展，发动前卫的内衣革命呢？大报社把这类记者纳入组织，允许其以记者的名义开展活动，从同行竞争的角度看，不也很有优势吗？如果我是大报社的社长、局长或部长，一定会这么做的。

日本的大报社普遍崇尚形式主义与教条，不容许社内存在异见，不允许社内发生任何事件，见不得社内出现明星员工，甚至要求记者撰写不带个人见解的报道。于是，那段日子的各大报纸，内容仅止于杂闻八卦或零碎消息的排列组合，直教人怀疑是一群白痴编出来的。

记者们也慢慢被这套东西驯服，变得毫无想法，成了不会愤怒的人，甚至不知人间疾苦为何物。他们忘了媒体前辈一直引以为豪的"充当警钟、引导舆论、教化世人"的精神，拿不出任何真知灼见，沦为印刷排版工的角色，稀里糊涂地混日子。

因此，这些人能做的，不，他们想做的，只是捕捉每日发生的事件，再把它们压成标本。他们不喜欢在同类里发现具有警钟精神的人，谁在大声呼吁这些，就会被他们视为异端。

从明天起，我将成为被采访的一方。他们对我的个展，恐怕只会做些表面的信息采集，在版面上登几篇毫无预见性的、僵化的文章，就像死昆虫的标本。我都能猜到记者会问些什么，想必只会聚焦于一些表层现象。面对这样的提问，我该如何回答？

回首我的记者生涯，一番思考后，我得出了结论：针对流于表面的提问，乖乖顺应对方的期待，给出答案即可。抛出这类问题的记者与媒体，对我的要求也不过如此。不过，哪怕是废话，面对记者，我也会试着详尽阐述自己的思考。这样做，与其说是为了产出一篇好报道，不如说是将眼前那位记者本人当成宣传的对象，赌一赌他的生活经验与判断力。假如他对我的想法表示理解，并将其写成了报道，那么接下来稿子到了主编或排版部手里，即使不幸被砍，我的想法也已扎根于他的头脑中，或许将来某天便会以某种形式对社会发挥作用。

还有一点，我当记者时接触过形形色色的人，这份经验如今也许有了用处。这意味着，我拥有一种迅速领会记者发问意图的能力。

我曾经的采访对象当中，有的人知名度极高，能力却低得吓人，有时甚至让我怀疑他是怎么混到这个位置的。采访后写出的报道，很遗憾，与其说是他本人的观点，倒不如说是我这个从多角度循循善诱的记者的观点，抑或是主编的观点——毕竟最后还是主编和部长拍板。

还有一些时候，我奉主编之命去采访，对方却对我抛的问题全无兴趣，根本不肯配合。然而，按照事先闭门造车拟好的提纲，对方的谈话内容若凑不够一页纸，就填不满版面，更无法见诸报端。这简直荒唐得要命，无论对受访者还是对我来说都是一种困扰。就好比明明没有敌人，却受命去"扔个炸弹回来"的飞行员。这种经历我遇到多次，想想真是可悲可叹。

若是哪位可怜的记者，带着离题千里的大纲来采访，我肯定会丢开手头的工作和他谈谈，给他一点建议。

寒意彻骨的百货公司内，布置完会场的我们正要走到腊月深宵天寒地冻的大街上去。说是要离开，但其实出去之前要先从会场所在的二楼到地下三层，脚步凌乱地踩过一级级又黑又冷、好似逃生通道的员工专用楼梯，和在那里叉着腿、跨着火盆取暖的保安道一声"干完了"，而后再噼里啪啦踩着楼梯爬回一楼去。电梯早已停了，我至今依然难忘楼道铁扶手那冰冷的触感。

眼前的世界如此不可思议。白天富丽堂皇、灯火通明，冬天更有热烘烘的暖气的百货公司，转眼间却幻化为黑暗冷寂的楼梯。

为实现我的小小愿望，煞费苦心策划场地的宣传部员工、帮我完成布展的设计公司团队以及巡夜的值班人，在深夜百货公司漆黑冰冷的空间里，抵着寒意，瑟瑟发抖。除了感恩之外，我心中更平添一份感慨——为给客人提供最优质的服务，在客人离去的时段里，工作人员既没有电梯坐，也享受不到暖气。

大家默默不语，走出室外。我立刻抬头望了一眼漆黑的夜空。

"啊，明天是个晴天。"

太棒了，我心想。若是雨天，人们会懒得出门。我寄的请柬、登的广告，效果也会大打折扣吧。假如再刮起大风，那更是不可想象……晴天我就放心了。

接下来，我只须祈祷明日既没有暴风雨也没有地震，不会突如其来爆发战争，也不会发生政变，所有重大的社会事件统统别出现。否则，报纸版面会被它们悉数占领，关于我个展的报道，肯定就只剩小小一点位置了。

从这一刻起，我对自己这场豪赌的胜率，渐渐有了一点信心。

当夜，自己和大家怎样一一道别，又在几点回到家，我已经忘了。唯一能回忆起来的，是在末班电车里，我一直在纠结第二天该穿什么。

扑克游戏想来如此：看到对手揭开的底牌，人都会在一瞬间感到意外，但随即就接受事实，心说"原来如此"。登山运动大概也一样，登山时一步步接近山顶，脑子里已对登顶后的所见有所预估。总之该不会等我真爬到山顶，才发现实际的景色与想象中截然不同吧。

十二月九日上午十点，"W·内衣展"的会场以一副大方的面貌等候着我，仿佛一切都顺理成章，水到渠成。

该考虑的都考虑了，该做的也都做了，此时我只须立于山顶，透过云海放眼四望，领略变幻的风景。

开展在即，我最关心的是有多少人会来观展，观众会有怎样的反馈。

虽说我在报纸上打了广告，也寄了一大批请柬，却仿佛忘了解释为什么选择百货公司做会场。

那是因为，我想了解当下对内衣不抱任何兴趣的人，逛百货公司时偶然经过会场，冷不丁看到这场个展，会有怎样的反应。

上午十点，个展开幕。我从旁不动声色地观察那些对内衣漠不关心的人是什么反应。

对我来说，此时最有趣的一点是，许多观众都抱着"只要免费，管他什么展览呢，姑且看看"的态度。即使对内衣没什么了解，他们也排起长队，带着一丝紧张与犹疑，鱼贯进入这片氛围奇妙、前所未见，亦从未感受过、思考过、期待过的异境。

垂挂在空中的连身衬裙，时不时拂过头顶。定睛一瞧，眼前是薄如蝉翼的透明内裤。暗自琢磨一下此物有什么用途，却也不得要领。明明不解，却只觉它们件件透露着欲望的风情。话又说回来，展品悬挂与展示的方式并不矫揉造作，找不出一丝情色意味。来都来了，走到一半却红着脸逃走的人会是狼狈的失败者，会被人笑为"想法太肮脏""过于自我"。展厅内悬挂的一些内衣，虽与美国杂志或时尚书籍上见过的形式接近，但款式、用途似乎又有所不同。

　　——这种东西，谁会穿啊？

　　——莫名其妙的展览，怎么形容它好呢？

　　——到底怎么回事呀，这是？

　　——这是认真的，还是在恶搞？

　　——这是在出售，还是在宣传？

——这活动是谁搞的？

——别看这些玩意儿奇奇怪怪，标价还挺高。

——商品稀奇古怪的，却偏爱扯一堆貌似高深的道理。

——话说回来，我好像有点懂这里写的是啥意思了……

——话虽如此，这场活动、这间展厅，也太非主流了吧？

原本漠不关心的人似乎渐渐有了兴趣。他们从悬挂的展品下方镇定地走过，仿佛穿过自家院子里太太晾洗的衣物，表面上依旧无动于衷，扮成局外人的模样，心里却早已抛弃了原本的冷漠，暗自得意加入了内衣研究的最前沿。

而此时，我却盘算起了一笔笔花销。

请柬、印刷费　　　　　×××日元

邮寄费　　　　　　　　×××日元

报纸广告费　　　　　　×××日元

会场设计及制作费　　　×××日元

开展前一晚的夜宵费　　×××日元

接待费（预计）	×××日元
其他杂费	×××日元
出展作品材料费合计	×××日元
每件作品平均成本	×××日元
……	×××日元

啊，粗略一算，已经近三十万了，而且还不包括要付给早川良雄的设计费。该付他多少呢？对早川先生这样的大设计师，可不能失礼……

假设个展的作品全部售空能进账多少？约摸十六万吧。就算早川先生允许我晚些付款，眼看着不也有十四万的赤字吗？没错，这一点确凿无疑。

不过，假如每款内衣都能拿到多份订单，只要稍费工夫，不就转亏为盈了？至于材料，哪怕不再进货，也还有足够库存。今天是十二月九号，展出到十四号。这段时间正值年末，是大赚特赚的销售旺季。消费者可以买内衣装扮自己，或为漫漫寒冬提前准备；也可当礼物送人，或是当过年礼品。拿内衣当新年贺礼，估计不太现实，但作为平日礼物，岂不有点儿意思？

既然如此，就试着在展品上贴几枚"已预订"的红色标签吧。另外，订购者的姓名也一并写上去，再打听好顾客的住址，商品一旦制作完成，便赶在年内送货上门，或邮寄到家。年内大概不行，最迟也得赶在二十四号平安夜之前送到顾客手上。至于付款问题，我决定先厚着脸皮收一笔订金。

当时，我是为了邮寄商品才事先登记了顾客的收货地址，没想到这些住址后来为我的内衣事业增添不少助力。这些顾客是我的第一批知音和粉丝，也是内衣穿搭的内行，同时又散居在大阪市内各个地方，不知不觉起到了潜在的宣传员的作用。

当我在手账上涂涂写写，计算着各种款项，预测未来一两周的形势时，时间也走过了十点半、十一点，观展的人群开始拥挤，陆续能看到通过请柬获知个展的部分来宾。他们几乎都是我在记者时代每日打交道的人，有的自打我离职后就没再联系，有的是我偶尔出采访结识的各行业专家。

这些来宾，从各自的专业角度出发，对个展或批判，或褒扬，或发问。我发现他们每个人的理解都远超我的预想和期待，称得上是我这场冒险的支持者和啦啦队。

尤其是一些男性来宾，对我的工作表示了极大兴趣与好奇，甚至成了我的粉丝后援会。此时，在我面前还没有出现露骨的敌对者。

也是，敌视我的那帮人，读到我在请柬和广告上的那段文字后，已经首先用"绝不去看"的冷漠态度表明了观点。

一周的展期当中，我没收到过一次反对的质疑。唯有一点，男观众与女观众对我的工作有不同理解。男性尽管对内衣知之甚少，却似乎愿意努力将这次展览当作一次内衣行业的崭新尝试，单纯地去欣赏。而女性则把内衣视为自己地盘的东西，具备一定的知识与见解，不，或许正因拥有一定的了解，才缺少了独特的眼光，不认为这是应该毕生投入的事业，或者创业的尝试。相反，许多女观众一面将内衣当成"情趣用品"，一面又自相矛盾地把个展解释成"令人费解、难以忍受的情趣用品展示"。

至于住在大阪的外国友人，我也给他们寄了请柬。会场里也能零星看到他们的身影。

正午时分起，记者们来了，清一色的大熟脸，好多都是我的前同事或其他报的竞争对手。他们毫无芥蒂地对我展开了采访，我也像老朋友似的笑着一一作答。无论男记者、女记者，大家全都抛出了切中肯綮的问题。"终于有人懂我了！"于是我也放下戒心，开始娓娓道来。大家果然都是优秀的专业记者，每个人都能认真地观赏展品，认真提问。

我心中雀跃不已。

被准确地报道，为何竟令我如此欢喜？我在记者时代，也曾做过精准采访报道吗？我脑中思忖着这一点，同时也冷静地给出答案。

一轮停留在现象层面的提问结束后，记者们果然又向前一步，步步紧逼。采访进入了关键环节，这些才是我恭候已久的。

　　下面我将当时的诸多报道做个精选：

《M报》昭和三十年十二月十四日晨报
内衣新形态　魅力四射的进化

　　"内衣应该是白色的""性感内衣违背道德"……对这类陈规俗见嗤之以鼻的，正是日前在大阪SOGO百货举办的"W·内衣展"。简而言之，从年轻女孩到三十岁的妇人、四十岁的太太，各年龄段女性的内衣都不该继续墨守成规。像连衣裙一样，穿内衣也应依照自身的喜好，并选择匠心独具的款式。以下是鸭居羊子女士设计的几款作品……

《S报》昭和三十年十二月十七日
一场内衣的前卫革命
从情绪价值、功能性、色彩之美等方面享受内衣的乐趣

　　展出作品的设计师鸭居小姐这样说："人们穿内

衣往往只是出于习惯，但我希望大家能自由享受做女人的乐趣。人是一种触觉动物，因此，用色彩衬托肌肤、用肌肤感受色彩，是一件别有乐趣的事情。我希望给大家提供体验这种滋味的机会……"在这间展厅里，人们见识了一些陌生的新名词。这些名词，是对旧式内衣进行力学分析研究后，删去多余缝纫、繁复装饰的新尝试……

《A报》昭和三十年十二月二十六日
这样的内衣，您怎么看？

鸭居羊子女士反抗了由当下"内衣现成品"所代表的各种陈旧观念，同时以迷人而兼具功能性的设计创作了一系列新式内衣……一反"无蕾丝装饰""仅限白色"的传统内衣法则，进行了许多大胆尝试，呈现色彩缤纷的面貌……

报道内容大都是这种基调。记者将我的原话不露痕迹地搬进了文章。报道发表后，这些句子，对我的内衣事业意义重大，为我的工作加注了特殊能量，成为我创作理念的萌芽，并奠定了 TUNIC COCO 的企业形象。这些话语，后来逐渐在社会的四面八方肆意生长，开枝散叶。现在回想起来，也是个挺有意思的过程。

然而，这些报道并未完全理解我的工作，对我的前景也不算看好。我无奈地发现，有几份报纸上的报道，部分内容依旧是用我反对的旧范式、旧框架写的，可谓是对我创造理念的误解。

例如，前面《A报》那篇报道的结语如下：

在家庭中，大家也不妨多花些心思与工夫，缝制一些能发挥作用的内衣，让外衣穿起来更美丽。

我才不打算教那些家庭主妇和小丫头们精打细算，拿出变废为宝的心思和劲头去制作内衣。

这样的结语，不知是记者个人的主意，还是受限于家庭栏目的采编方针。我的创作主旨被彻底歪曲了。这篇文章最大的错误在于最后这句——"缝制一些能发挥作用的内衣，让外衣穿起来更美丽。"

内衣是外衣的附属品，应该服从于外衣穿着的需要——这种思维是我当初在展厅里极力否认的。因此，这篇报道将我公开的创作主旨扭转了一百八十度。

通过个展，我喊出了"内衣应该从外衣中独立"的口号。

只有从外衣的附属地位中独立出来，内衣才能摆脱掉人们对其教徒式的陈腐观念，焕然一新——这位记者本应该这样写。

本来出发点很好的报道，之所以还残留着这样保守的思想，大概是因为我的内衣运动方才起步，这也是无可奈何。但错的终究是错的，就这一点，我也有必要做个澄清，哪怕仅仅是跟自己说。

自这次经历开始，凡是这类夹杂在正确见解中的、"为辩证而辩证"的谬误，我一概与之坚决战斗。

这种交锋，不仅使我变得更坚定顽强，也从理论上武装了我。凭着这股韧劲儿，TUNIC COCO 公司也获得了长足发展。那些错误报道也起到了反面教材的作用。

我在个展中表达的叛逆主题，为何到了报纸上却被扭曲成"一场淑女教养运动"呢？最大原因就是大报往往有所谓的"家庭栏目"，只要文章被这类栏目采用，就必须严格依照其框架去组织内容。

这类栏目所宣扬的"有益的知识与思考"，要么力图将战后日本的母亲驯化成对孩子过度干涉和管教的"虎妈"，要么是为有钱有闲的"太太族"量身定制一些风雅生活方式。

这些"太太族"对自身的懒惰、懈怠视而不见，反而把人生中所有不便、约束、困难与痛苦，统统归结为整个社会的责任，一股脑赖给国家，并索取解决之道，自己却恬不知耻，丧失了做人的独立精神。

我当下的课题便是如何面向家庭栏目的"良识派"，或妇女杂志的"教养派"（上文中的"太太族"）推广我的内衣运动。

游戏翻盘

话说，这次个展的销售成绩如何呢？

前面我也略有提及：理解我设计理念的人和使用我商品的人，似乎来自不同的圈层。男性可以从工作角度理解我对新内衣的尝试，但毕竟他们自己不是使用者，终究只能站在研究者、鉴赏者的立场上，无法跳出这种身份。

同时，普通女性一踏入会场，往往花容失色。或许她们从未想象过竟有这样的生活方式，又或许她们即便憧憬过也心知无法实现，便放弃了期待。

尽管如此，女性观众依然陆陆续续买走了我的作品，"已预订"的红标签挂出一张、两张，还在不断增多。开展首日的销售额约四万日元。按这种走势，展出作品只消一周便会售罄。尽管如此，账面上依旧是赤字。所以，同一款作品必须拿到好几份订单才足够。到了即将闭展的十二月十四日，只剩两三款展品未能售出，其余十几款都拿到了多份订单，让我们一下扭亏为盈。

不过如此一来，从个展结束后的十五日开始约十天，我们都必须马不停蹄地赶工制作。有一部分订单只收了预付金，但也有十万元左右。这是为体谅当时恰好没带够钱的客人，要等商品送达之后再收尾款。

话说回来，无论结果好坏，事情从不会百分之百按着人的预想发展。本次展览期间，至少产生了两个话题。

首先，突然冒出了两笔大宗订单。订单不仅来自我始料未及的世界，而且从内容到金额也都彻底超出了我的预期。就这一点，与其由我来回忆讲述，倒不如直接转载当年某家杂志社做的报道。

这是一本叫《太阳》的月刊，曾经断刊，现已复刊。报道刊载于昭和三十三年（1958年）"新春特别号"上。标题十分夸张——《来自妖星的设计师——鸭居羊子》。

以下转载的内容，摘选自这篇长报道中的一节。

个展的收支计算结果如何呢？首先，从百货公司的会场费到报纸广告费，不管怎么算，四十万的资金在一周展期内便会耗光。单是打广告就得花掉八万。这是鸭居羊子的人生首战。从常理来看，这场决战可谓败局已定，毕竟这不过是一场小姑娘的任性游戏罢了，想必她会为此背上无力偿还的债务。

谁知却发生了一件胜负翻盘的小事。

那恰好是在开展后第三天，十二月十一日，大阪府警视厅为了整治一直以来颇为头疼的"裸体酒吧"问题，突然展开临检，打得大阪市四十余家店措手不及。于是，酒吧从业者紧急组建委员会想对策，奋力公关以求自保。这时，其中一位委员正好瞅见了SOGO百货正在举行的内衣个展。起初，此人八成只觉得"什么玩意儿，太怪了吧……"于是过去瞅个究竟。谁知，望着展厅里琳琅满目的内衣，他不禁在心里拍起了大腿。

束腰连身衬裙、吉吉连身衬裙、打底裤、三角小内裤……

各种性感热辣的内衣，就那样大大方方、毫不避讳地挂在展厅里。（要是能穿上它们，姑娘们就不必暴露身体也能揽客了。）

一小时后，一群酒吧老板便来到了鸭居羊子面前，不停鞠躬恳求，就连委员会的会长也出面了。

"警视厅发话了，穿您设计的这种内衣是允许的，求您救救我们吧。给裸体酒吧做一批演出服行不？"

这真是一幅奇妙的图景。酒吧业者近乎哀求地尝试说服鸭居羊子。听完众人的一番话，她的表情却让大家出乎意料，仿佛有些恍惚地沉吟道："我能做出即使不露肉也一样性感的衣服。女人的衣服本该如此呀……"

晚报记者恰好也目睹了这一幕。当日傍晚，鸭居羊子成了晚报社里的话题人物。据这位记者形容，她被人前呼后拥着来到警视厅，大声抗议道："不该以身体裸露的尺度来判定情色或者猥亵行为！"

个展一结束，她便开足马力，为这些酒吧赶制演出服。由于她的拔刀相助，大阪的这些酒吧平安度过了圣诞节的旺季。作为一名设计师，鸭居羊子也在个展作品的销售之外添了一笔意外收入，有惊无险地度过了圣诞节和年关。

这篇颇有名气的报道，调性大致就是这样。虽说是可喜可贺，但后来的情况也不是一帆风顺。

对于大阪梅田的某酒吧订购的三十件演出服，我一咬牙开出了超乎常理的高价，赶在圣诞夜十点以后，在一片"铃儿响叮当"的乐声中，怀着忐忑把商品送上门。踏入圣诞树熠熠发光的酒吧，我不禁一阵愕然。说是酒吧，其实是夜总会。瞧着姑娘们身上的打扮，我觉得警视厅的大叔们生气也算情有可原。她们个个如同跳草裙舞的土著人，身上金光闪闪，挂满了东西。在工作人员的带领下，我登上一段颤巍巍的窄楼梯，来到一间三合板围成的办公室，里面简陋得连个落座之处都找不到。这地方等于是办公室兼化妆室兼服务员休息室兼社长室。我把自己的三十件大作用力扔在劣质木桌上。对方似乎还挺满意，说是明天就开始穿，请我过来瞧一下上身效果，顺便来玩玩。第二天我再次登门，暗自捏一把汗。乍看之下，效果还算说得过去，当下那种艳丽的印象，从服装本身、照明效果、喧闹的人声，到聒噪的音乐和整体呈现，都毫不含糊地把我镇住了。这番体验，在我日后再次举办内衣秀时起了不小的作用。

还记得二十六日傍晚，我如数拿到了约二十万现金，对方没有杀价哪怕一分钱。我与这家店的老板也因此结缘，在之后十几年一直保持交情。

不过，跟另一家店打交道就没这么顺利了，反而还遭遇了可怕的威胁，连货款也没敢要便仓皇逃了回来。

这家店收了我价值十万的货，可等我上门要账时，之前那位始终态度优雅、仿佛在摩纳哥赌场里一掷千金的绅士，却摆出一副素不相识的冷脸，把我领到地下室，请我在椅子上落座，问道：

"小姐有何贵干啊？"

"我来收衣服款项。"

"小店有从小姐手中收过什么东西吗？我怎么没一点印象了？"

"……"

就在几天前，这位绅士还在店里的 VIP 贵宾席请我用过一顿晚餐，席间能说会道，畅谈国际风云。

"啊？！"我一脸愕然，跟陪我同去的好友 akiko 面面相觑，一时哑然失语。这里究竟是什么地方？这么说来，脸上挂着一丝笑意的绅士，面孔竟越看越陌生，莫名有了股外国人的味道。就在刚才，我还在地上的酒吧里望见跳舞的姑娘们穿着我亲手做的演出服。难道我看错了，那些衣服只是跟我提供的有些类似？里面肯定很大一部分是照抄了我的设计。

"本店从未从您那儿收到过任何演出服。"

此人操着郑重的腔调，再次重复道。

这要是拍电影，演到这儿我就该勃然大怒，拔枪决斗了。现实却恰恰相反，我浑身毛骨悚然，一句话不敢说，灰溜溜夹着尾巴逃回了家。搁在往常，每有钱款进项，我总会和好友相拥，高呼万岁。而这次，我俩在夜晚的街头哆哆嗦嗦抱在一起，连脚趾都在打战。那是昭和三十年十二月三十日晚十点以后的事。

好吧，别看我惊险万分，在送别父亲、来到大阪后，我这还是第一次揣着满把钞票过新年。这比当记者时候赚的多多了。

不过，这笔钱有一大半都付了吊袜带的金属扣、皮筋、缎带等材料的大宗进货款，两三下便从指缝里溜走了。恰逢年关，我不拿点钱回家，母亲会很难办的。我把杂七杂八的小额费用结清，报纸广告的八万元先不说，还有五万的面料款，都暂时给推到来年了。最后只剩一笔小钱。

至于除夕夜是怎么过的，早已忘了个干净。

一坪大的工作室

大约从正月初三起，为了让自己的事业来个新的飞跃，同时让心情焕然一新，我开始寻觅工作室的地址。

首先，绝对要远离船场、丼池、久宝寺之类的传统纺织一条街。我不喜欢这类街区流行的"大阪的生意经"。从量产到量贩，一路狂奔，却将产品质量抛在脑后。我一向坚决反对这样的商业模式。以所谓老字号、历史商号为代表的"拼搏精神""战时精神"也早已经固化为教条，从中产生的"信用至上""顾客至上"等宗旨也是我一贯抗拒的。此外，据我判断，在这样的喧嚣环境之中，我所期待的潜心专注是无论如何都难以实现的。比起认真提升一米面料的质量或提高百分之十的品位，这些生意人宁可被顾客的意见牵着鼻子东奔西走，日复一日，为了多生产一百米、一千米、一万米的布料而晕头转向，丧失理智。我要避免被卷入这个旋涡。

平时不被闲杂人等干扰，仅在有必要时去一趟纺织街，或请客人直接上门来谈，这样工作岂不舒服？另外，我也不想被动掺和到同行们为竞争而竞争的怪圈里。这种你追我赶、你死我活的角逐，我是绝不会染指的。为竞争而竞争的商业模式统统见鬼去吧！我首先要考虑的是——质量的革命。自始至终我都要独立思考、独立制作、独立经营。我要找到适合这样工作的场所。

所谓独立自主，不是说要超然于时代之外，相反，现在的生意人每日忙于经营，心无旁骛，却早已经忘记——越想紧密地融入时代，期待自己的时代到来，走在时代的前沿，就越要保持独立的姿态。

当我思考这些时，大阪街头热热闹闹，迎来了祈愿生意兴隆的财神节[1]。元月九日的"宵戎"日，神明也为我降下了福泽。

1　财神节，江户时代的大阪作为发达的商业城市而流传下来的盛大节日，于每年的1月9日至11日举行，供奉商业与渔业的代表神祇"惠比寿"。1月10日当天为财神日，前一天为"宵戎"，后一天为"残福"。

时至今日，我依然记得拿下第一间工作室的喜悦。早年间的事，我大多已忘记了，唯独这间工作室令我记忆犹新。

我是在周防町路上物色到它的。

提起周防町路，昔日是一条东西走向横贯大阪市中央的主干大道。从它与心斋桥大道的交叉点往东拐，有栋名叫"松原大厦"的小楼。说是大厦，其实只是座名不副实的二层木造建筑。我的朋友本田庆子是服装设计师，当时也在这栋楼里租了一个工作间，我经常来找她玩。

"我说啊，走廊尽头有个一坪大的小房间还空着，你把它租下来多好啊！"

听庆子说，房东当初是打算把它用作电话接线室的，后来却一直空在那儿。房间背后仅隔一层三合板便是通往一楼的狭窄陡峭的楼梯，另一面紧挨的是厕所和开水房。屋内光线不足，略显昏暗。

庆子无意间告诉我的这番话，却决定了我的命运。因为就是这间一坪大的小屋，成了 TUNIC COCO 第一间工作室。总之，那个年代可不像今天，没有投建各种商业楼宇的风潮，无法随时租到写字间，因此位于大阪市中心的一坪小屋，还是相当珍贵的。

不过，尽管我以自己勇闯蛮干的独特方式成功度过了年关，但对于经营的门道我却仍像一张白纸，连一坪到底算大还是算小也没有概念，甚至觉得四四方方一块豆腐干大的小屋还挺有漫画感，因此十分中意，马上冲到走廊尽头一坪小屋的门口。门上挂着锁头，从缝隙可以窥见室内，暗暗的。

一间方形小屋，四壁被熏得褐黄，到处挂满蛛网，眼前一片昏暗。那感觉就像窥视山中荒无人烟的小别墅或临时落脚的简陋木屋。我之前找房子、搬家时也是如此。房子一旦长期无人居住，里面就连空气也会凝滞。等到终于有人搬进来，顿滞的空气才重新活泛起来。地板在踩踏下磨得光亮，椅子沙发、房内的摆设等，统统仿佛家畜般有了呼吸。一切纷纷从沉睡中苏醒过来。那种即将有事发生的、宛如黎明前的气息，我特别喜欢。尤其是隔着门缝，歪眉挤眼地往里窥探，使得各种想象越发按捺不住。

好心的庆子拽来了拿着钥匙的管理人，帮我打开了那扇破门。随着"咯吱咯吱"的声响，木门由左向右在我眼前滑开。

"喂，说是只有一坪，看来完全能坐得下嘛。至于操作间，另外再租个便宜的地方，就把这儿当成你的办公室吧。"

庆子微微噘起可爱的小嘴，拼命劝说道，真怕我错过这个市中心的一坪房间。

庆子是个美人，即使去做模特也不稀奇，况且她还是名优秀的设计师，生在地道的大阪商人之家，本能地了解生意要从小处点滴做起。对我这个彻头彻尾的外行，她苦口婆心地提出忠告。如今想来，租下这间小屋真是明智之举。可以说，这一坪大的办公室，简直像从她手里接过的一件至宝。

所谓一坪，就等于两叠榻榻米大小。

这黢黑泛黄的一坪小屋，静默伫立，仿佛在等待它的主人。在SOGO百货举办个展时，我站在九坪展厅里时萌发的那种感慨再度涌上心头。

从泛着旧意的褐色地板革的裂口能窥见底下木板的纹路。仔细一瞧，木板甚至还有破洞，能望见楼下的电话间。必须把这些洞补上才行，否则哪天鞋跟不小心陷进去也有可能。这座二层的木制小楼，已经年久失修，相当破旧，走廊也狭窄逼仄。木头铺成的地板，不知为何看起来好似一所裁缝学校的老宿舍。

庆子租的房间在二楼临街的一面，由于布料库存和员工人数增加，就把阁楼改造成了操作间。那个年代，在我眼里，就连阁楼都宛如宫殿。

此外，小楼里有专做男士服装的裁缝屋；有曾与庆子同窗、虽到中年却仍是美人的设计师北野美纱子开的工作室；有高级箱包手提袋制作工坊，还有一家律师事务所。所有房间的面积都不足十坪，但大家个个像是一国之君。

像去年布置个展会场一样，我花了两天，把自己的工作室也打造成了富有抽象感的奇异空间。

首先，房间有一半面积用来摆放一张又大又长、边沿刷红漆的白色工作台。在台下正中间的位置，我做了一个置物架，挂上了粉色的帘子。墙壁上方，以不碰到头为标准，沿着四周打了一排黑色架子。房间角落也塞了红色三角搁架。即使这样还找不到地方安置的物品，我就拿铁链或铁丝吊在天花板上，把从家里拿来的红色旧毛毡铺在脚下。后来我才得知，这种毛毡作为那个时代的古董变得非常值钱。为了节省地方，我就用一口方木箱当凳子，表面涂成红黄蓝三色，还能收纳东西。轻轻坐在上面，会有一种小王子的感觉。

原本荒废破败的一坪空间，此刻仿佛一个塞满了宝石的珍宝箱，以沉甸甸的重量包裹着我。

租金每月六万，保证金三万。房间号——松原大厦二层四号室。房东说"四"不吉利，换掉也没关系，我却打算凭着自己的力量，把古老的不祥之数变成我个人的幸运数字。自那以后，无论公司的电话号码，还是所在地的番号，都与"四"结下了不解之缘。实际上，我现在公司的总部，就位于大阪市内四桥大道四桥大厦四层四〇四号室。

不可思议的是，人一旦被禁闭在四面包抄的小小墙壁之内，便犹如入定的禅僧或哲人，心思向着内部沉潜下去。地板的破洞，墙上的污渍……我对一切都不再介怀。

在这一坪空间内开始的沉思反而怡养了我的身心，使我展翅飞向更广阔奇异的天地。人置身于方寸之地，一心向内攻，会反射性地去思考与自身空间相反的宏大事物。这间小屋仿佛点了火的气缸，给我的心灵施加了一股压缩力。房间越狭小，压缩比越高，越能转化出更强的能量。

当盛夏炎炎，灼灼阳光不停地注入这间斗室，身穿一件大背心的我大概会一面整理订购的材料，一面思考些什么。而我内心的想法绝不会是"本姑娘迟早搬进空调房给你们瞧瞧"之类小里小气的念头。朋友送了我一台直径十厘米、内置干电池的迷你风扇，专门用于这种小房间。我很享受它吹出来的凉风，颇有一种身在漫画里的感觉。

而在冬天的酷寒里，我坐在燃烧的小煤气炉边，全神贯注读着一本爱德华·福克斯[1]的《风俗的历史》。此时此刻，

1　爱德华·福克斯（1870—1940），德国风俗研究家、收藏家，著有《风俗的历史》《情色艺术的历史》等。

我的所思所想又是什么呢？"总有一天，我要开自己的门店，让那些坏心眼的专卖店老板娘瞧瞧我的厉害。"这种小家子气的念头，我也绝不会有。

话虽如此，我也不会谋划"创办一家专门面向女士的百货公司"或"达到量产的业绩目标，与某某企业并驾齐驱"之类具体的经营策略。

我要考虑的是一种本质上的大问题。

这一坪的面积逼迫我在从事经营的同时，也去探索、确立崭新的内衣理论，并将它们一一记录下来。躲在一方斗室里潜心思考与写作，再合适不过了。

这间办公室，只要有三名客人来访，就会挤得像一节满员电车。可是，当大家促膝而谈、凑头商议的时候，哪怕一开始觉得别扭，也会不知不觉亲近起来，使生意洽谈也变得顺利许多。

若来访的客人超过三位，很遗憾，其中某人就得坐到走廊去，朝着房间里探头说话。人一旦被单独丢在外面，就算心里不情愿，也会忍不住往屋里瞅。从走廊里拼命探着头，与我这个一坪屋主搭话，这幅画面倒是挺像粉丝涌到某影星的化妆间门口求见面时的模样。记者们之所以常常登门采访我，可能也和这种"偷窥明星化妆间"的心理不无关系。

工作室姑且算顺利步上轨道，这时 K 先生来玩了。我在年前的个展上，接到了 K 的大笔订单，在资金上得到他相当大的帮助。K 现在的酒吧生意也由于我制作的演出服而渐入佳境。

他一脸惊讶，叹为观止，仔细环视这间小屋。

"哎……这巴掌大的地方，只要有心，还真能派上用场呢。像艘潜水艇似的。"

看样子，他不胜感动。"二战"一结束，K 便立刻与大哥离开了做酿酒业的信州老家来大阪创业。他迅速地选择了制造冰棍机，借此赚到第一桶金。随后，又转行至冶铁业，在朝鲜战争中大赚特赚。紧接着，又去经营柏青哥店，赚到钱后开起了酒店。最后又进军夜总会，开起了年轻人聚集的大型酒吧。这兄弟俩总能抢在时代之前，见机行事。他们贪婪而孜孜不倦的生财之道，让我觉得非常有趣。K 似乎也从自己的角度，在我的工作中寻找生意上的灵感。

今东光[1]先生也以玩耍为由，跑来参观我的一坪办公室。

"别看屋子小，你也算一城之主啦。所以，老叔我就传

---

[1] 今东光（1898—1977），日本大正时代后期"新感觉派"小说家、评论家，曾出家多年，后来复归文坛。他以文风犀利著称，人称"毒舌和尚"。

授你一道锦囊妙计吧。女娃娃孤身一人闯荡商海……不管什么时候碰到什么样的家伙都不稀奇。"

"呃……您这是吓唬我吗？是说地痞流氓之类的？"

"嗯，说不定会有黑道团伙上门勒索。"

"别看我力气大，胆子很小啊！"

"我猜，这些喽啰会三四个一伙找上门来。"

"啥，啥时候啊？这伙人……"

"真到那时候，你先把这伙人请到门外，只留一个在屋里。然后咔嚓把门一锁，从抽屉里慢悠悠摸出一把菜刀或水果刀来，咣当拍在他面前，要满面春风地、冷静地说：'行啊，那我就来洗耳恭听这位大哥有什么赐教吧。'记住，如果一对一，对方是绝不会动粗的。懂了不？"

"这、这么说，我得买把弹簧刀备着？"

"没错。买把最大、最锋利的搁在那儿。比如我，一辈子四面八方、腹背受敌地活下来，任何时候都得做好万全准备，不能掉以轻心。我家每个房间都藏着日本刀、步枪啥的。对了，古时候侠客幡随院长兵卫[1]不就是在澡堂里被刺杀的嘛。所以啊，我在浴室里也藏了柄剃刀。你可不能

1　幡随院长兵卫（1622—？），江户时代早期的町人，据说生于武士之家，后来成为民间侠客的首领，人称"日本侠客始祖"。

跟别人说去啊，这是机密。"

今东老先生一本正经向我传授了跟人干仗的兵法。

于是第二天，我迫不及待跑去五金店买了一柄弹簧刀。顺便又买了一坨红枣炖的枣糕，拿回来吊在天花板下面，专门用弹簧刀去一口一口削着吃。

客人多的时候，我也动弹不得，索性连茶也省了。虽说心中也希望喊一声"上茶"就有人把茶端到面前，可是天下哪有这等美事。岂止如此，走廊斜对门那一户为了烧水泡茶，买了个哗哗叫的水壶，于是，开水房里终日充斥着水壶"哗——哗——"的哭声。明明该为此操心的主人充耳不闻，却只有我声声入耳，只得动不动跑去敲门告诉主人："您家水壶在那儿哭呢。"

隔壁的设计师美纱子，不但衣服做得漂亮，还是个料理达人，经常从精致的包包里掏出火腿、洋葱、切肉刀之类的东西，三下五除二就给大家整出一桌好菜来。有一次，她只用少许燕麦片，愣是给十个人做出了一锅燕麦汤。在我眼里，她就像是凭空变出一条鱼，喂饱了众人。

只要我这儿的客人漫出了屋子，她一准会说：

"隔壁就是会客室，请过来坐吧。"

有时候，我也会"砰砰"敲打两间屋的三合板隔墙，给美纱子发信号。为人慷慨的她，虽说也帮我招待客人，但不消多久，也能从他们手里拿到衣服订单，算是商业互惠、皆大欢喜了。

走在街上，会为街道的宽广满心感动；走进银行，会为大堂的轩敞惊叹不已；就连破旧不堪的写字楼前台那点面积，在我这个"一坪之主"的眼里也是巨大无比。

我的事业起点仅是一间方寸陋室。从白手起家、一文不名这点来比较，世间多数生意都把排场铺得老大，着实浪费。赚钱这事，不是靠"数量"，而是靠"效率"。这一点我大概也是从这间一坪小屋悟到的。

茶叶罐就是保险箱

我不懂裁剪，也不会缝纫，却早早物色了两名优秀的裁缝师傅。我要的是本身没多少设计理念，却身具工匠气质的人。她们必须将我的设计，不带一丝主观色彩地忠实呈现，并赋予其形态。我想推向社会的是一种前所未有的新型内衣。假如让西式服装学校出来的人，带着设计师个人气质，按照流行设计取向，做出充斥流行元素的东西，我会很头疼。比起这号人物，像白纸一样的，只怀有一身手艺的工匠型裁缝更合我意。目前我还未找到合适的操作间，没法雇工人在我身边干活，于是能居家工作的人，就成了必要。这样的经营模式规模稍微扩大一点，就成了委托代工厂那种形式。

我从个展作品中选出了几款作为首批商品，启动生产。

各种印花面料，配上四根彩色细皮筋，彩色金属扣，身体覆盖面积极小的吊袜带，腹部要么是一块圆圆的心形区域，要么是线描的六角形区域，穿起来令人心情愉悦。此外，我也像之前那样用珐琅漆为金属扣逐一染色，再挂在四处晾干。粉、黑、蓝三色的吊扣，五金店会为我提供；赤红、紫色、绿色则是我自己用珐琅漆染制的。面料与皮筋的搭配平衡是一个有趣的课题。例如，红色花卉图案的棉布，吊着四根白色皮筋，最下方缀有红色金属扣，这样的设计，看起来有种贝蒂娃娃[1]哆里哆气的可爱。浅黑色缎子面料，搭配黑色皮筋，下方缀以粉色金属扣，感觉就像黑人穿了白鞋。

我一直巴望着，迟早有天手头攒了钱，能大量订购特殊材料，一定要随心所欲把各种颜色的皮筋、金属扣订个够。毕竟，一批货动辄以几百为单位来生产，这时才知道这样精细的染色本就不现实。正因为当初每款只做了十几

1　贝蒂娃娃（Betty Boop），20 世纪 30 年代美国动画师马克思·弗莱舍创造的著名卡通形象，是一个爱穿紧身衣裙的短发女郎。

件，才能实现这样的工艺。亲手用紫色珐琅漆给金属扣染色，曾是最让我开心的一项工作。

但不可思议的是，当客人开始陆陆续续光顾我这一坪小屋时，我拿出吊袜带当面推销，一些客人看见我好不容易染出的紫色吊扣款，却这样问道：

"有没有比这种紫再浅大约三分之一个色号，也就是紫藤花色的吊扣呢？"

或是："有没有介于这款跟这款的中间色呢？"

大家能接受新事物，这我非常感激。但在这个原本只能找到白色吊扣的世界里，我这边刚刚费尽心思手工染制了紫色款吊袜带，马上就有人问有没有三分之一色号，有没有中间色号……唉，提这种无理要求的人，也未免太看人挑担不吃力了吧？你们干脆自己去染不好吗？我真是无语了。

不过，话说回来，这也比大家不接受我的创新要强。一次新尝试，刺激了消费者的潜在意愿，接二连三向我提出新诉求。我也将客人的声音当成鞭策自己继续尝试的良性刺激。

在一坪大的工作室里，从天花板到搁架、窗子，全都用棉线吊满了染色的金属扣，为了避免珐琅漆沾到头发，来访的太太个个双手捂着头，眼睛使劲往上瞟，同时口中还跟我谈着订单。在这小作坊般的氛围中，即使珐琅漆的气味令她们不停呼哧呼哧抽着鼻子，仍有不少客人仿佛进了寿司店，产生了一种能尽情下单、想买什么就买什么的错觉。

特意来我这间小小工作室订购内衣的客人，也是我作品最早的知音。每当客人来访，以前没跟客人打过交道的我，在开心兴奋的同时，也累得筋疲力尽。

对某些客人，我像个技巧出众的推销员，不需特别的理由，就能呼啦卖掉一大批商品；而对另外一些客人，我却多说一句话都嫌烦。这种强烈的反差是十分违背经商常识的。

可是对我来说，惹人不爽的事确实挺多。

"哎呀，这款鲑鱼粉色，漂亮是漂亮，穿起来也太羞耻了。"

望着眼前扭怩身子、惺惺作态的姑娘，我一阵恶寒。这位姑娘穿着件裹得曲线毕露、开衩高到能看见大腿的紧身裙，散发出一种不高级的风骚感。明明她自己穿得如此露骨，此刻却如梦初醒，反而对颜色性感的内衣害臊起来了。

"莫不是要单穿着鲑鱼粉的内衣去逛心斋桥？"

我一语不发，默默拿出一件白色款。

"呀！果然，我还是中意白色。"

言谈间满面自得，仿佛她自己就是"纯洁"的代言人。

为了存心装纯，只要是白色内衣，特地远道而来似乎也无所谓。我废话不多说，抄起张旧报纸什么的，匆匆包几下递给她，扭身用屁股对着她，没好气地报了价，瞧也不瞧她一眼，把钱收下算完。

鲑鱼粉与婴儿粉不同，仿佛女人肉体的颜色洇染于其间，微微带一点"脏相"的感觉最高级。婴儿粉，色如其名，有小婴儿的纯净稚嫩。而鲑鱼粉则可以称得上是欧洲女士内衣传统色，穿上却好似没穿，隐隐散发出幽微暧昧、春心萌动的肌肤香泽。喜欢装洁癖的日本人却认为这种带成熟的性感是"不洁的粉"，喜欢婴儿粉的、冒充纯情的色盲实在太多了。

白色也是。它代表纯洁的同时，其实也有将女性白嫩的肌肤衬托得更加雪白的作用。十九世纪初，欧洲的太太、小姐们为了在肤色偏黑的男性面前凸显自己肤光胜雪，会特意穿白色内衣，这便是充分利用了白色刺激大脑视觉中枢的特质。这种有趣的历史知识碰上故作纯情的姑娘，我即使有意想讲也没了心情。这种客人，是我最应付不来的。

谁知还有更甚者。

"这些内裤的皮筋是不是没弹性？不要紧吗？"

听到手上戴着大钻戒、打扮得身光颈靓的阔太太问出这么小家子气的问题，我心里又"铮"的一声，断了弦。忍不住想象这位太太华丽衣裙之下的身体长年包裹在同一条旧内裤里，一直穿到破破烂烂为止。

"皮筋、皮筋，自然是有弹性的。世上没有没弹性的皮筋啊。"

我又禁不住掉转身去，没好气地回道。

"可终究还是进口货好啊。日本产的东西质量就是不行。尼龙面料更结实，用国产的倒也将就。"

我油然想起，过去的乡下老婆婆会在光秃秃的灯泡下，给全家人的裤头裤衩换皮筋，要么给裤子的屁股部位打补丁，那也不失为一幅饱含爱意的光景，如今想来实在怀念。只是，脑海中的画面一旦换成阔太太穿着后面打补丁的内裤，我却差点笑出声来。

"这么怕皮筋没弹性，布料不结实，索性弄身铁皮内衣穿，您意下如何？"

我在心里嘀嘀咕咕，发着牢骚。

款式漂亮，功能性又强的内裤，就算一条三百五吧，一年到头天天穿，平均每天才花一日元。若真穿破了，直接扔了也不可惜。

阔太太嘴里吧嗒吧嗒，抽着一百五一根的洋烟。香烟化成烟雾，消散在了空气里。单从这点考虑，为什么要在内裤的皮筋上纠结再三，费那么多脑子呢？

但话说回来，这类客人的意见，我也作为构建新内衣理论的宝贵资料，在当天傍晚赶紧记在了小笔记里。

哪怕是这么一笔小买卖，也支撑着 TUNIC COCO 的内衣事业啊！

与此同时，要付给裁缝的工钱我也毫不含糊。换句话说，我大方地把每件内衣的加工费定得相当高，如果缝十件，工钱就翻十倍。做乘法和做加法，那感觉真是不一样！原本理所当然的事，等我领悟到这一点时却大为震惊。所以，与其将一件内衣抬高单价出售，不如多用乘法思维，在提高件数上下功夫。也就是说，提高产量，才是我要走的方向。

之所以愿意支付高额加工费，除了是购买裁缝的技术、时间以外，也是想打破她们原有的惰性，换来更出色的品质。在当时，多付出两成钱做出来的商品，价值能提高四成。

所以，零售业在原来基础上涨价四五成，消费者也依然乐意买单。或者说，在目前阶段，我只把能接受此价格的消费者当作目标客户即可。我希望能从"日本产品便宜没好货"的怪圈中跳出来。

欧洲的商品价格虽高，却有种凭价值赢取消费者认可的高姿态。我认为日本人应该多学学人家。这也是我在辞去记者工作时，对自己立下的誓言——做《泰晤士报》那样的品牌——的具体表现。

理想很丰满，但一盘这阵子的收支账目，现实却依旧骨感。只在出纳簿上核算是不够的，我把钞票收进抽屉再取出来，减掉所有应付款，把剩余的钱又收好——只有这样让现金在眼前具体而反复地消失、重现，才能形成直观的印象，否则就会稀里糊涂的。但凡有一笔小钱入账，我就将其塞进一个茶叶罐，待第二天拿出来时，钞票带着丝丝潮气，"噗"地散发一股茶叶味。六乘九是五十四，九乘六是多少我就不知道了，只好敲开隔壁的房门求教。朋友表现一副"前来搭救"的样子，可惜这家伙也靠不住。他说乘法不行，应该改用加法计算，然后在老长的一张纸上，两个数、两个数地一点点往上加，足足写了五十厘米长。我一面接受朋友的帮助，一面望着他的侧脸，心里直犯嘀咕："这家伙脑子会不会有点啥问题？"

我打造的爆款产品中，有一款叫"吉吉连身衬裙"。简洁素朴的背心式造型，取名自巴黎派画家藤田嗣治与莫依斯·基斯林的御用模特——吉吉。在款式上，暗示着模特吉吉丰满的肉体，没有装饰流行的蕾丝花边，仅以细线做边缘的点缀。我委托母亲用蕾丝线编织一些样本。"你要的是不是这种东西？"母亲手法灵巧，用蕾丝线编出了形形色色的版本，让我仿佛回到了过去。那时我还是个幼儿，坐在母亲膝上，呆呆张着嘴，看她为我编织婴儿服。当初选择这份工作使我与母亲始终处在对抗、对立的状态，而母亲却赠了我一份珍贵的礼物——手工织成的细环状饰带为吉吉连身衬裙勾勒出轮廓线。每天夜里，母亲兢兢业业地编织，帮我及时完成了客户订单。

这种手工饰带的编织工作，如今已成为上千女性的美好副业，吉吉连身衬裙十几年来也独占鳌头，成了 TUNIC COCO 长销不衰的王牌产品。简洁的现代美、纯手工装饰线，功能强大，难于模仿，在这种种优势下，这款产品十几年如一日以不改的设计独步于市场，让世间诞生了无数"吉吉的分身"，奠定了公司盈利的基础。

我带着一位朋友写的介绍信，拿上吊袜带和巨大的剪报册出门，去往心斋桥最时尚的女士服装店推销商品。

D 店正忙着布置店面，一得知来访的我并非顾客，老板娘便露出一副视而不见的神气，为面前的塑料模特摆弄着衣服，手都不停一下。这位夫人身穿和服，面容娇艳却神色冰冷，宛如她面前的这具塑料模特。

"不高兴夫人"敷衍地翻了几下我的剪报册，就随手合上了。拿起波点花纹的吊袜带，在手心瞥一眼，便"啪"地丢在了桌上。

"这款吊袜带，皮筋也太细了吧！"

"我在能吊起丝袜的可承受范围内，用了最细的皮筋。"

"这种波点纹，夏天穿会显得很透，不行啊。"

"可以在外衣不透的时候选择这款。"

夫人冷冷地扭过身去，慢条斯理地说：

"那吊袜带两侧的皮筋，应该再往后挪一点吧？"

似乎专门以刁难我为乐。

"把皮筋挪到身体后方，夹袜子就很不方便，坐下时皮筋会被抻得老长，人也会被金属扣硌着。"

我简直像个被老师叫到办公室训话的学生。

"可皮筋在大腿两侧的话，会从裙子下面鼓出来。"

总之，这位夫人更满意市面上已有的成品。未来的内衣生活该是何种样貌自不必提，女式内衣应当有所变革，不该拘泥于市售的现成款式，这些问题，估计她连做梦都没有想过。

尽管我辩驳了一番，但很快便厌烦了这种对话，感觉像被恶婆婆穿了小鞋，眼泪险些跌出眼眶。

"那就不勉强了，贵店不中意也无所谓。"

我麻利地夹着剪报册走出店门。

我创作的新款小型吊袜带，初出茅庐便遭到了这般冷遇。不过，在那之后不到三个月，它便在东京畅销起来，后来又传回大阪，被其他公司批量销售。没几年，除了我自创的这款吊袜带以外，其他所有老款式皆从日本的内衣市场上彻底消失。不过，当初嘲笑我的那些人，大概早已忘了有这回事吧。

我几乎天天带着内衣，轮番拜访那些小零售老板或老板娘，大家一开始态度都很莫名其妙。

T店的老板娘瞥了一眼黄色连身衬裙，叹气道：

"唉……黄色怪不讨喜的。不好卖呢。"

S店的老板望着我煞费苦心请洗衣店帮忙染制的紫色复古风衬裙，拒绝道：

"不行啊，紫色代表失恋，寓意不行，客人不会买的。"

N店的女店员，瞧了瞧绿色的连身衬裙，笑道：

"好可怕，这是囚服配色嘛。"

个展时打出的内衣新理念，在小零售店主看来，正因为它的崭新，或者说只是因为崭新，就成为她们贬损诘难的靶子。

比起世间对作品的非议，原本就神经敏感的我，其实更怕小店主趾高气扬的威吓与无视。手里不过有间巴掌大的小店，站在了买家进货的立场上，为何就如此傲慢自大了起来？何况，他们不具备一丝一毫发现新事物的能力与品位，也从未想过为自家的经营引入新鲜的血液。比起主动筛选并推广商品，他们更依赖于客人的购买意向。他们不过是寄居在客人身上的、不思进取的小生意人。所谓"顾客至上""顾客即上帝"这类口号的陷阱，正在于此。不是努力去吸引顾客眼球，赢取消费者注意力，而是先捂住自己的眼睛，企图在微小夹缝里赚点小利，我认为，这是最低等的商业思维。

这些人，一旦站在卖家立场上，瞬间就会换上一副谄媚的嘴脸。我在心里暗暗发誓，不管采购什么货物，都决不以这种态度待人。于是，挨家挨户低头鞠躬的推销方式就此作罢。

新型内衣最初所遭遇的诘难，成了我构建内衣理论的宝贵资料与体验素材。在一坪工作室的桌前，我将这一切悉数记在了笔记里。

黄色不讨喜，紫色代表失恋，绿色像囚服……抱定这类偏见的世人，能穿上身的颜色所剩无几。可是说出这种偏颇之语的太太们，不也若无其事地穿着紫色碎白花纹的和服、绿色毛衣或黄色连衣裙吗？她们拒绝颜色内衣的唯一理由，只是"过去从未有过"罢了。

这些小零售店主及消费者，心甘情愿地屈从于生活方式的惯性。或者说，缩在因循守旧的龟壳里，不接受超前的内衣理念。就像原始人看待异族的饮食文化，常会报以嫌恶与轻蔑一样，在选择内衣方面，当时的人也对我的新型内衣表现出抵抗到底的态度。

我是从这百般刁难中才领悟到这一点的。确切而言，正因昔日的内衣实在太落伍，我才开始了这项事业。

从理论上讲，她们的内衣观更加保守，或者说是缺乏理性，彻底因循传统与惯例。可以说，纵使我有心从理论上加以说明和劝服，也丝毫无法撼动她们顽固守旧的态度。想要砸碎这块铁板，我该怎么做才好？

每当我遭遇那些小小的抵触、小小的白眼或者情绪化的反对，都会格外真切地体会到，女士内衣当时陷入的这种"业障"究竟有多深。

与其说这是阻碍女士内衣发展的"业障"，倒不如说，这是女性自身的"孽根与陋习"。我逐步意识到：以体系化的视角去识破它、整理和归纳它，与此同时创造并销售崭新形态的内衣，方是打破既存陋习的出路。

观念超前且具有革命性的商品，注定无法从抱着陈规陋习去生活的老派生意人那里获得理解。我承受抵触与白眼也是理所当然。前所未见的开创性商品，从它革新的本质到革新的分量，都被保守人士视如洪水猛兽，这也并不稀奇。

我只能去物色、培养能接受我内衣理念的销售员，开专卖店，组建自己的经营团队。我采用的商业模式，必须具备一整套能使我的商品迅速流通的水泵、水管和毛细血管。

从小记者改行卖内衣的我，一度十分单纯地认为只要把自己构思的内衣制作出来，并保证它们比市场同类产品更新鲜、理念更正确，就一定能卖得很好。打定主意要做"只需正确，就会大卖"的生意，以为仅靠正义感便可万事大吉、无往不利的我，在一坪大的斗室里，作为商人，却被迫思考了许多，又重新迈出了第一步。

不过，我并不苦恼。就像上学那会儿，在数学课上用各种方程去解代数题，只需每天一个接一个，慢慢摸索自己的经营公式即可。这份快乐，远远凌驾于其他任何的不悦之上。

但这份悲喜交集的体验，在他人看来，恐怕有些难以理解。

"鸭居，你开始做生意啦！"

"你啊你……"

"你是哪根筋搭错了？"

曾有老友不解地瞅着我，貌似担忧地这样说。

做记者时越是熟知我的人，想必越是错愕。但还有更错愕的人，即我在金泽的三两好友，不仅知道我当初的梦想是当一名画家，更了解我瞒着众人信教的秘密。在号称"佛教王国"的金泽县，我却悄悄在战争时期接受了一位德国神父的洗礼，并得了一个教名——玛利亚·特蕾莎·贞德，据说信徒死后可驾乘马车直升天国。当时仍处于战争状态，在日本的神父往往会遭受迫害，我们信众便偷偷给神父送去白米和鸡蛋。稚气未泯的我，尚不具备什么反战思想，只是像爱护身边挚友那样，对这位异国的神父抱着稚纯的大爱。

我不觉得自己有什么本质的变化，不过是从一个默默思考、悄悄行动的人，变成了敢于昂首挑战的人。当他人表示惊讶、怀疑时，我除了一脸茫然望着那些视我为异类的人，也别无他法。对于我这种不走寻常路的特性，当记者时的老前辈、评论家足立卷一女士，曾在《关西全览》杂志昭和四十二年二月号《现代的个性·鸭居羊子——不可思议的实业家》这篇评论中写道：

"……换言之，在众多的内衣品牌中，TUNIC COCO 占据着极其特殊的位置，不以大量生产为目标，一步一个脚印，扎扎实实地推进着自己的事业。"

关于这一点，鸭居羊子如此说道：

"我无意打造一个体量庞大的品牌。制作女士内衣，如果规模太过膨胀，实在毫无乐趣可言。我希望尽量提升内衣的品质。"

此外，羊子还认为一旦开始经营，她的工作便不再属于艺术创作，而成为商业活动。她本人也不愿止于设计师的身份，而是努力成为一名企业家。

对此，我属实觉得费解。鸭居羊子身为艺术家，天赋过人，是个思维方式极度自由洒脱的女子。这点在 TUNIC COCO 的商品中亦有所体现。确实，经她手出品的内衣或玩具，件件个性十足、充满意趣。但将这些作品当一门生意去经营销售，我却无论如何都难以理解。羊子作为艺术家、评论家，原本有自成一家的天赋，沿着这条路走下去似乎更合适，但她却偏偏固执于经商，而且一时间确实取得了成功。在我看来，这未免有些不可思议。

能做自己喜欢的事，还能用它来挣钱，这种活法确实不错，但这终究是不可多得的福气。莫非鸭居羊子便是这么一个幸运的宠儿？

关于这位奇女子，我更想了解的一点是：作为艺术家与企业家，她会如何处理两种身份之间的矛盾，或者说相互关系？

156

该评论最初发表于昭和三十年秋季刊。此后的十二年里，足立女士始终带着这种好奇的目光，从旁观察着我。

用一百乘七试试

"这次应该没问题吧，鸭居小姐？"

"您指什么？"

"这个月的货款结算啊。"

"哦哦，您就放一百个心吧。"

在我举办了个展，度过新年，开始卖内衣半年后，这笔货款的催款通知，一个月内我已收到三回了。这位戴着眼镜、从东京调过来的 T 社绅士，专门与我对接业务。与他精致倜傥的打扮对比鲜明的是，此人对自己客户的事业前景毫无判断。他操着一口流利纯正的东京腔上门催债，在我听来，和大阪腔圆熟老成的感觉截然不同，总有股西洋话剧里的税吏在念台词的味道。况且，很多时候，他也并非为了催债。明明约定月末结付的款项，还没到时间，他也要隔三岔五登门确认一下。翻翻当时的日记，我发现类似这样的记录多达三条：

三月 × 日

T社的花花公子又来催款了。哼！

一味逞强的我，原本打算如数结清，可到了月末，手里却一点钱也攒不下，急得差点飙泪，心想不然去借高利贷吧？正在犯难时，总来光顾我生意的鹤巢餐馆老板娘恰好走进屋来，见状劝阻道：

"不行哦。千万不敢和高利贷扯上瓜葛。如果只差三万，我的零用钱就能应付。我借给你吧。"

说着，老板娘便从精美手袋里"唰"地掏出三万大钞来，此外又送了我一大瓶香奈儿NO.5香水，说是"上门拜访的伴手礼"。我搂着她的脖子，喜出望外。

随后，我便口袋里揣着三万块，马不停蹄朝T社赶去。

"鄙社对百万元以下的订单，按规定是必须现金即结的。实不相瞒，金额不足百万的交易，我们原本也不受理，贵社属于特例。"

这位翩翩公子操着一口道貌岸然的东京腔。我嘴上与他应和着，虽说刚刚才结清欠款，心里却泛起阵阵不甘。

"总有一天，我要把这家公司的布料全买光！"

我一面翻看着手里一捆捆面料，一面在心里怒喝。忽然，眼泪如瀑布般决堤。这眼泪，并非缘于筹资金时看不到指望的左支右绌，或四处奔波、拆东墙补西墙的劳苦，而是供应商一遍遍地反复确认，神经质地再三催逼，让我深刻领教了对方的阴阳怪气究竟有多可憎！

手头已结清货款的库存面料、皮筋、金属扣，合计金额达二十万日元。此外，个展的出展作品，有四十多个款式。它们是我花费近四个月，聘用了三个缝纫工才赶制出来的，将成本换算成具体金额也不下二十万。

一个月以前，我还是个没有任何影响力的小角色，但如今不同了。试问，世间还有谁像我这样清楚地预见到使用"尼龙弹力针织布"这种新型化纤面料的内衣，具有光明的市场前景呢？

享受着我个展的成果，这些尼龙业或经销公司难道不该对我表示表示吗？

我并非毫无道理地乱用尼龙面料。对这种新型面料的未来，我押上了自己的全部身家。可为什么我现在却要今天三万、明天五万地给那些尼龙销售即时结付，忍受他们那小肚鸡肠的催逼呢？区区五万，却要不停面对咄咄逼人的刁难，我暗自下定决心，不再与那些代销尼龙的商家合作，要更换供应商，从真正了解该面料的特性与内涵的公司那里进货。

目前我手头的尼龙面料，两三个月不进货也足够应付。

另外，皮筋、金属扣等材料，再用两年也不成问题。暂停进货，仅支付员工工资，基本每个月都能实现盈利。

但另一方面，也有一些不尽如人意的地方。例如必须为某些款式定制特定素材，为保证最低的起定数量，就不得不在一段时间里握有一定的库存，影响资金流动性。相应地，好在由于这些款式没有竞品，也能获得较高的收益回报。

当我全情投入某项工作时，不会因为一点挫折便撂挑子，却总为了些许微不足道的小事而热泪盈眶。

我绝不扭怩地抽抽搭搭，而是任眼泪流个痛快，擦也不擦一下。这可不是悲伤使然。迟早有一天，我会把眼前这些碎布头买个精光，给你们点颜色瞧瞧。

见我洒泪，业务员惊慌到失色：

"请别这么激动啊。"

巨大的写字间里，摆满了一列列办公桌，正忙于手头工作的商社职员们，闻言全都呼啦啦站了起来。随便他们怎么议论吧。

我放下钱，转身而去。

来到门外，才察觉付完那笔货款后，口袋里连一块钱都没了。

沿着长长的御堂筋大道，我独自走了起来。早春的银杏行道树正零星绽出嫩绿的新芽。这阵子，由于兜里摸不出买地铁票的钱，我有好多次跟个傻子似的从城南一路走到城北。这便是我悲伤而自豪的"徒步时代"。

我将所有的愤怒与反抗贯注全身，即使不名一文也昂首挺胸，阔步在大街上。

翻翻当时的日记。便宜的大学课堂笔记本上，以逐条罗列的方式，笔迹仓促地写着些类似暗号的文字。想要弄懂，估计得有第三方写篇导读。

　　昭和三十一年三月十五日（周四，晴，春暖）

　　一、黑色复古衬裙制作完成。送货至克里特洋装店。马上又从店里拿到一笔订单。据说是因为卖出了两三件。

　　二、两位客人园田、中井来访。

　　三、打算介绍松川认识园田。但不想联络松川，此人太无趣。

　　四、××相互银行[1]上门更换存折，理由是"金额写错了"。

1　相互银行，战后日本专门办理中小企业信贷业务的银行，由近代合会等民间借贷公司发展而来。

五、在富山制药推销员的说服下，买了一堆药。

六、昨晚，出纳簿上有四百元对不住账。结果从口袋里摸出了三百元。

七、晚间，委托香炉园的工场制作酒店订购的睡衣、睡袍。

十六日（周五，雨）

一、九件新款吊袜带制作完成。

二、《产经新闻》一柳先生来访。

三、《主妇之友》杂志社来信。

四、小武君上门来玩。

五、昭子母亲去世。

六、福先生晚间来访。两人聊着波斯幻术师的故事直至雨夜。

补记

一、日间为石津先生送去睡衣。已收款。

二、伊藤万纺织公司设计创意科的美男子来访。我画了张印花刺绣用的图案，他说"肯定能赚钱"。

十七日（周六，暴暖的一日）

一、去山本参加桥本家的葬礼。出殡。下午返回周防町。

二、晚八点，再度前往山本家。来桥本家吊唁的邻居虽挤满了屋子，但仍有种丧事的凄凉氛围。

三、在灵前奉了千元帛金。

十八日（周日，晴）

一、桥本家。纳骨仪式。今东光上师诵经，念诵声消散在冷风中。

二、傍晚时分，与昭子去体验了一场立体电影，打车回家。

十年来，昭子照顾久病缠身的母亲，同时抚养五个年幼且贪吃贪玩的弟妹，身为一个弱女子，凭一己之力撑起整个家。然而，子欲养而亲不待的悲痛终究还是来了。

昭子的母亲去世后，据说第一个赶来的就是今东光和尚。昭子家徒四壁，连个佛龛也没有。他从怀中取出了线香与蜡烛，不一会儿，小小的和式衣橱便被他布置成了一座佛龛。

随后的丧葬事宜，一律是由东光和邻居包办的。

昭子家住的地方，距离东光所在的天台院走路约二十分钟。当时，东光已经获得了直木奖。

昭子的母亲长年卧病在床，忌讳与和尚打交道。昭子却与那些近邻无异，三天两头进出天台院，就像回自己家一样。

在葬礼过去许久以后，某天，昭子忽然开口道：

"那个和尚，真是个大善人啊，葬礼的费用一分钱也不肯收。"

昭子眼里噙着泪，我也默默扭过身去。

那场在河内郡的凄凉出殡仪式，令我至今难忘。日记上虽写"暴暖的一日"，但此刻回想，当天其实天寒地冻。先在家门口摔碎了一只亡者生前常用的饭碗，焚烧了一蓬蒿草，而后由四个白衣送殡人合力抬起简陋的棺木。轻轻一举，棺木便离开了地面。

久病之人，瘦得皮包骨头，去世之际据说体重已跌破六贯[1]，早已失去了昔日作为宝冢歌剧团演员的美貌。

位于出殡队列之首的东光先生，身着一袭藏红色袈裟。自后方望去，只有寺院小僧撑起的朱伞显得格外华丽醒目。

---

[1] 贯，古代东亚的一种货币及质量单位。最早现于唐朝，传入日本后，除了用于货币单位和计算货币质量外，也用于计算重量。1贯约为100两，即3.75千克。

送葬的人寥寥无几。步行至火葬场大约花了十分钟。

这家破旧火葬场的屋檐已经塌落。挖一个大土坑，火化方式是焚烧柴火与稻草。焚化工只露了一面便马上离开了。诵经完毕，大家将逝者遗体交予焚化工，直到次日早间都由该人负责处理。

翌日清晨，一来太早，二来当天也确实寒意彻骨，只余三四个来送殡的人以及东光还留在现场。逝者遗体火化得非常干净。大家用散落在地上的枯枝捡了遗骨。冰冷的春风穿堂而过，方才东光先生诵经的声音，还未及听清，已消散在河内郡的原野上。人活一世，如梦似幻，想来未免悲哀。该怎样活，又该怎样死？我蹲在地上，手指拨弄着余温尚存的残灰，呆呆望着眼前东光先生那绑着粗白鞋绳的僧人木屐，仿佛盯着什么奇妙的东西。

时至今日，那天发生的事我都记得清清楚楚。然而，日记上不是煞有介事地写着"傍晚时分，与昭子去体验了一场立体电影"吗？

为何当天我二人会撇开弟弟妹妹，跑去看了场电影呢？已无从回想。当然，具体看了什么电影，我也记不起来了，甚至觉得日记里的内容与事实有出入。大概我和昭子实在悲痛难耐，索性来了次莽撞的出逃，借此表达对人生的不逊挑战吧。

再往前回溯一下十六号那天的事。所谓的"小武君上门来玩",是指在Y新闻社的晚报上连载漫画时评的一位酒豪岩田武雄,晃着他那副魁梧的身板,到工作室来找我玩。

听小武君说,原本他一直拿不定主意,是买五千块的雨衣好呢,还是七千块的好,犹豫了一星期,最后却把钱拿去喝了酒,结果刚刚才去买了件两千块的雨衣。

"这件瞧上去像不像五千块买的?"

"干吗这么问……"

我表示不解。

"不假装是五千块买的,会被我太太骂的……"

小武君笑嘻嘻的,依旧不改他的老脾气。

"福先生晚间来访",指的是作家司马辽太郎,他本名是福田定一。当时他在《产经新闻》的文化版担任主编,还没获得直木奖,也称不上"文学青年"。当然,他更不会逢人便讲自己在写小说。

司马先生的小说多么有趣,天下皆知。但众人所不知的是,他那一口草根味的大阪话有多么生动。光是聊起朋友的逸闻趣事,就让你仿佛在听说书。所以凡是被他谈到过的人,过后若碰巧遇见,会涌起一种"眼前此人好似司马先生的提线木偶"的错觉。不过,也有某君曾被他预言"人生终将如枯木般凋朽……"可瞧瞧人家,至今活得欢蹦乱跳,不免觉得司马先生看人有时也不准。

司马先生将一只胳膊肘抵在我工作室的桌边，讲起了一个波斯幻术师的故事。那一晚，是他有生以来头一次向朋友透露自己在写小说。据说在动笔之前，他会先把故事讲给别人听，在反复叙述的过程中不断丰满情节，同时也可观察听者的反应。我果真听得入迷，像个睡觉前的孩子，满心欢喜地听父亲讲着遥远王国的古老神话。

这是一个成吉思汗举兵波斯时，波斯魔法师们群起抵抗的故事。

每当成吉思汗攻打一座沙漠里的绿洲城市，会首先切断城中水源，迫使城内百姓和士兵因干渴而投降。孰料，当蒙古军队占领干涸的波斯都城时，广场上竟有座巨大的喷泉，忽而向空中喷出了高高的水柱。这便是波斯魔法师们的反抗行动。恰在此时，大喷泉映着天空的夕阳，幻化为彩虹色，开始无休无止地喷涌。最后，泉水不停歇地漫过波斯的大街小巷，就连蒙古大军也全部被淹没在彩虹色的洪水里。

或者，这一幕不过是我个人的想象。司马先生两眼放光、侃侃而谈，讲述着遥远王国的神奇传说，而我也不自觉身临其境，仿佛沉浸在彩虹色的泉水里，发出阵阵感叹。当晚，一坪工作室的后窗也如平日般，传来三味线的琴声，不知是新内流还是常磐津流的拨弦，带着喑哑苍凉的味道。这琴声出自芝虎师傅，一位住在小楼内侧的歌舞伎演员，他也是北上弥太郎的母亲柏小贞的三味线教师。春雨不见停歇之意，淅淅沥沥落在炭屋町的这一角落里。

司马先生将这部《波斯幻术师》投稿给讲谈社第八届俱乐部奖。同时，在大阪《产经新闻》编辑部与他桌挨桌办公的濑川保先生也偷偷投了稿。濑川先生是妇女栏目的主编，据说两人都怕稿子落选面上太难看，所以彼此隐瞒了投稿之事。谁知入选通知（共十人）却一人一张寄到了他俩手上。两人相视一笑，默契地点头。"收到啦？""我也是。"可惜濑川先生后来没能正式拿到名次。

这位濑川先生，计划自来年正月起在《产经新闻》上连载我创业卖内衣的故事。

《波斯幻术师》最后斩获一等奖，司马先生拿到十万元奖金。四月三日，我们朋友四人在大阪市南的喜乐别馆举办了一个牛肉寿喜锅庆功宴。这家店，一进玄关骤然映入眼帘的，是摆满的回转式鞋柜，仿佛温泉浴场一般夸张。从乡下来的客人，会先泡个热水澡，看场漫才之类的小型舞台表演，而后才进入小包厢吃吃喝喝，仿似温泉町的疗养中心。大阪率先引入这种经营模式。而指定要在这里办聚会的，我记得是司马先生本人。

他十分喜欢光顾这类平民娱乐场所。十万，说来可是一笔巨款。大家不无羡慕地打听：

"十万块您都是怎么花的？"

司马先生哧哧一笑：

"这个嘛，并不像大家猜的那样。说起来，前几天局长也曾问过我同样的问题：'十万块咋花了？'我回答：'原本想买台洗衣机孝敬老母亲，结果不知不觉全部喝酒花光了。'谁知局长听后，居然帮我买台洗衣机送了过去。"

司马先生年纪轻轻便白了头，但浑身依然散发出旧制大学[1]生朝气蓬勃、奋发向上的气质，经常不打招呼就突然出现在我们身边，谈笑风生，照顾、守护与鼓舞着大家。当我决心要创业做点新东西时，手里连一点资金也没有，但从他那里获得了珍贵的友情。为此，我由衷感激。尽管没有撒娇求安慰的意思，却也有好多次与他饮酒叙谈时，不由自主地流泪。

此外，我的日记中还提到了一位石津先生。他便是创立了时尚男装品牌 VAN JACKET 的前卫设计师——石津谦

---

1 编注：旧制大学，是日本在 1950 年设立的教育机构，教育程度相当于日本高中至大学低年级范围（大学预科）。

介。也正是他将我的内衣推介给了大阪的阪急百货公司。

当时，VAN 还是一家仅有十余名员工的小公司，办公地点就设在离我的制衣间五十米远的地方。

石津先生是一位拥有青年之魂，而且天性有体育精神的人，同时，褒义地讲，他也是个长袖善舞的社交老手。他那十坪大的社长室兼接待室里，曾举办过无数次充斥名流风尚的"纨绔主义沙龙"，参加者包括话剧人、记者、商人以及赛车手等运动员。在当时的大阪，这种活动仍是一种新鲜、超前的事物。

此刻想来，今天 VAN JACKET 门店橱窗的陈列风格，简直就是当年那个房间的翻版啊。

我在五月八日的日记中写道："在石津先生陪伴下，去阪急百货谈合作。"翌日又写："送内衣样品去阪急。与 SANOHE 的业务主管及福光先生会了面。阪急敲定以七成价从我手里订货。"十日写："阪急追加订购了一批内衣。"十一日写："送康康系列打底裙裤去阪急。"十二日写："阪急再追加订购一批吊袜带及连身衬裙。"

这是我出品的内衣进驻百货公司的第一步。当时，阪急百货特选专区的福光主任，还有在阪急有"口座"[1]的洋品

---

1 商务语境下，在某公司有"口座"，即与该公司有对公业务往来之意。

杂货店SANOHE的主管提出：

"就以七成价从你那拿货好了。这个价格没问题吧？"

"非常感谢。那么……"

我嘴上叽里咕噜地答话，其实对人家话里的意思一无所知。我试着问了句："口座是指什么？"到底也没怎么听懂对方的解释，最后仅仅弄明白了一点：自己的内衣终于要在百货公司的特选专区和进口货摆在一块了。

我在脑子里默默寻思着"七成价"的意思，归途中，才小心翼翼向石津先生打听。他会心一笑，这样答道：

"你用一百乘以七试试。"

我脑中蹦出一个数字"七百元"。莫非是说，成本一百元的内衣，对方会用七百元的价格来收购？

石津先生仿佛在耐心启发一个低智儿童：

"是用一百乘以零点七哟。鸭居，你要以这个价格把内衣卖给SANOHE。而后SANOHE那边再加价一成，卖给阪急百货。"

一百乘以零点七，不就是七十吗？原来如此。等于说成本一千块的内衣，我必须以七百块的价格卖给SANOHE啊。这样一来，我就不得不设法在这七百元中创造自己的利润。

"听懂了吗？"

"听懂了。也就是说，这样……"

"……你嘀咕什么呢，鸭居？"

"没，没什么。"

原想追问这样的价格我该如何盈利，却慌忙闭了嘴。这个问题，需要我自己动脑子。

直到很久很久以后，有天我去制衣间的路上，蹲在街边摸着一只流浪狗，石津先生和 VAN 的专务恰好经过。"怎么，又在逗野狗？话说，鸭鸭，我俩正在物色新写字间呢。"两人搭腔道。

"啊！"我抬手指了指斜侧方，"那边有座 K 大厦刚刚竣工，还有一堆空房呢。"

石津先生当即便把 K 大厦的四、五楼全部租了下来。但未过多久，随着 VAN 规模扩大，又嫌这个地方小，所以他不仅在周防町建起了自己的写字楼，还把总部迁到了东京。

同时，我也先后搬了四次，才终于搬出周防町，把公司迁到了四桥大厦。当时，我曾为此上门请教石津先生。

"把工作室和制衣间全都放在市中心的同一座大厦里，这样好不好？制衣间必须另找其他地方吧？"

"我觉得，当然是放在同一座大厦里才好。比如在纽约这种的大城市，制衣公司都会把缝纫机堂堂正正摆在市中心的大厦里。你不必太小心翼翼。"

在石津先生的建议下，我终于横下心，将工作室连同制衣间一起搬到了如今这座写字楼。对我来说，社长室和办公桌可有可无，但离开制衣间，我将一事无成。

撰写《内衣文化论》

我内心赤诚，也正因这份如同白纸般的赤诚，我在生意场上才能有所成就。每一天我都在体验、学习。所有经历在我眼里都新鲜而惊奇，都像是破天荒的发现。每当遇到问题，也都由我自己去提炼答案，从不遵循固有的条条框框。正因我制作的内衣是前所未有的新事物，因此才更应该珍惜我独有的一套方法论。

况且，既然我无论如何也不能像昭子那样挨家挨户上门推销，不如便把各方人士"请"到自己的工作室来。

翻阅当年的日记，我在当记者时结识的新闻人、画家、摄影家、作家与新派商人，你来我往，穿梭登场。而我自己，一面愁眉苦脸地写着《内衣文化论》，一面拎着内裤、衬裙拼命向客户兜售，深深觉得自己像只"两栖动物"。

其中一条这样写道：

四月二十八日

华歌尔（Wacoal）的朋友来访，带了长崎蛋糕当伴手礼。

无论过去现在，华歌尔皆属于全日本领头的内衣品牌。我在记者时代，每逢"紧身胸衣新款发布"之类的活动，也经常前往采访。他们设计室有两三人，不时会上门来玩，偶尔也向我提议："要不要来给我们家当特约设计师？"我那时想钱想疯了，恨不能从喉咙里伸出手来扒拉钱，所以某个瞬间也会冒出"去给各家公司做做特约设计，说不定能赚不少钱"的念头。但转念一想，我是为了建立自己的品牌才做内衣的，要给别人的公司劳心费神，岂有此理！况且一件内衣的设计费才二十万，我才不愿被收买。

我的回答真是嚣张。同时，把各款商品在朋友面前匆匆展示几下，便麻溜地收进了柜子，嘴上还要狂妄地补一句"请各位不要偷我的设计哦"。

华歌尔的绅士们不禁苦笑：

"你啊，总能一脸坦率地说出各种难听话。"

我承认，独自窝身在一坪大的斗室，说出的话未免有些目空一切，但那些也确实是我认真思考后的肺腑之言。原因在于，日本的服装设计师当初大多都是裁缝学校老师。各大内衣品牌会花钱买断老师们的技术与署名，以"特约设计"之名将他们收归麾下。我实在难以接受这套精明投机的做法，希望能独立制作、自主销售，寻觅并确定自己的消费群体。我无法想象世上哪位设计师没有自己的制衣间与卖场。此外，我也概不参与任何设计师互助协会或相关团体。换句话说，N电机公司与T电机公司的设计师，会互相讨论自己制作的产品吗？这本该是最高级的商业机密吧。我始终认为自己必须耐得住孤独。

华歌尔的朋友们为人处世到底成熟，听了我的胡言乱语，也只是一笑置之。抛开各自的商业立场，当时我由衷感到："华歌尔这家公司可真是人才济济啊。"

那阵子，通过熟人介绍，我与神户一家名叫"S屋"的高端内衣品牌有了合作。在经常发生争吵的T商社的牵线下，S家作为批发商，从我手里采购吊袜带，并挂我的名牌来出售。

　　吊袜带七十二件。为大宗订单拼了！面料一旦遇上大批订购，想凑齐种类会相当困难。

日记的措辞虽不免夸张，但在当时，数量但凡超过十件，就已经是"大宗订单"了。

×月×日

一、寝具服装工业会社，委托我设计衬衫。

二、名古屋 M 商店登门购买了十五幅泳衣设计图。现金结算，共付八千元。大叔真是好人啊。

三、签下 K 先生旗下酒店的睡衣定制合同。

四、为"寿屋"的《洋酒天国》杂志绘制漫画，入账五千。干得漂亮！

当时，寿屋（三得利）[1] 的广告宣传部部长山崎隆夫领着开高健[2] 先生登门来约稿，请我画漫画。开高先生当时还未获奖，只是一名宣传部普通职员，嗓门洪亮，一坪小屋内回荡着他铿锵的话语声。山崎部长不仅是名画手，而且鉴赏力高超，饶有趣味的《洋酒天国》杂志便是他一手创办的。在我举办个展的时候，他十分认可我那些笨拙的涂鸦，因此话里话外地暗示：笨拙不要紧，就按你自己的风格去画吧。

1　三得利（SUNTORY），一家以生产销售啤酒、洋酒、软饮料为主要业务的日本老牌企业。寿屋是三得利的前身，创办于 1899 年，创始人鸟井信治郎被称为"日本洋酒文化的开拓者"。

2　开高健（1930—1989），日本战后代表作家，曾获芥川奖、菊池宽奖。代表作有《国王的新衣》《恐慌》《巨人与玩具》《闪光的黑暗》等。

×月×日

一、大姐大贝沼时隔许久再度现身，请我吃了一盘超大份牛排。

贝沼梅子是一位名字很可爱的美容师。我当记者时通过采访与她结识。这位女士身材胖墩墩，却拥有剑道三段的利落身手。当美容师只是她玩票罢了。她如果是个男人，没准儿会成为伟大的政治家。她生于日据时期朝鲜半岛的京城府，父亲是一位牧场主。日本殖民政府撤离朝鲜时，她不幸丧夫，家里仅剩四子一女，还有她的老父亲。回国后，先是在别府办了家美容学校，后又来大阪租房开起了美容院。十年间，陆续帮三个孩子都开了自己的店。她的长子如今是天主教大分教区的一名主教。

这位女士对这个当主教的儿子不用白不用，连自己的祈祷日课都交给儿子代劳，只要手里攒下几个钱马上便拿去赌博。从大阪千日前的柏青哥店开始，一直赌到六十岁，还一路远征，登陆摩纳哥的轮盘赌场。

贝沼女士深信孔子在《论语·为政》中的教诲"见义不为，无勇也"，而且至今奉其为座右铭，是一个浑身反骨之人。她看不惯市长的执政表现，便率领一众年轻人走上街头游行抗议。医生担心她血压高，她就自己带个灌满牛奶的水壶去静坐。直至今日，她依然居无定所，总是随身携一只小包，轮流在儿子们位于广岛、奈良开的几家店之间转来转去。

那天，她也是毫无预兆，挂着一贯的笑容出现在我的工作室。小小房间里，回荡着她经久不变、豪侠般的爽朗笑声，整整一个小时才离去。

她一走出门外，我的眼泪便夺眶而出。这十年来，身为女人，她仅凭一己之力不断奋斗到今日。此刻，我才切身体会到她所背负的生活苦难，以及那份不屈不挠的反抗精神。

贝沼女士嫌我发型打理得不成体统，生气地帮我盘了个发，而我歪在椅子上哭了起来，一下又把发型拱得乱糟糟的。

由春至夏，眼看又快到秋天。我的生意和写作都越来越忙。很多时候，直到夜里十点、十一点，我都窝在狭小的工作室里冥思苦想。

我的世界开始飞速运转。向着哪里呢？向着我所预期的方向，而且运转得踏踏实实的，令人眼花缭乱。

与此同时，《产经新闻》也向我约稿，给了我一次确认自己、评价自己的机会。我相信，那篇报道对我、对日本内衣行业的历史意义与现实意义，不仅在今天，而且在未来也不可磨灭。谨在此将原文要点做一摘选。

《产经新闻》昭和三十一年十月二十三日晨报
内衣的风潮及其出路
在人类生活史中意义非凡，让衣服成为身体的一部分

……内衣也是一种"被遗忘的商品"。然而，长期遭受冷落的它们，却以"热门商品"的面貌，突如其来登陆市场，呈现一片繁华盛况。这股大趋势，被业内人士称作"内衣风潮"，它与服饰界的流行有所区别。

……在这波骤然出现的活跃行情之前，是战后漫长的十年"摇篮期"。这一过程并非人为操纵的急速发展，而是在大众生活中缓缓发酵、自然酝酿的结果，极少有人留意到它不动声色的成长。

……从发生机制来看，这股内衣风潮，与服装界由特定设计师创作再辅以巧妙宣传，最后制造的流行现象截然不同。它并不仅仅满足少数人的着装审美，也从未游离于生活之外，而是广泛调动每一位普通女性甚至男性的好奇，而且连制造商都参与其中，颇具生活史层面的意义。

……掀起内衣风潮的要素，首先是大众从经济上

有了关注内衣的宽裕条件。其次，具备时尚感和优良特质的新素材——化纤面料有了长足发展；再次，广大女性身为孕育内衣风潮的母体，不仅创造出"浪漫灰"[1]"太阳族"[2]"肉体派"[3]"干燥乏味"等流行语，更颠覆了既有的内衣观念。

　　……这并非停留在脑海中的抽象知识，而是通过身体去理解的真实体验。内衣，作为一种唾手可得的便利工具，能够最大限度地对身体进行美体塑形及线条调整。广大的普通女性选择了胸罩、束腰等基础塑身衣，以及打底裙裤、吊带背心等柔软、轻薄、顺滑的款式。这种关于内衣的认知，超越了以往占据流行前沿的、时髦优雅的"阔太太审美"，超越了知识女性装模作样的正经，摆脱了被淑女名流奉为圭臬的迂腐伦理，可以说，它建立了一套关于内衣的新道德。

1　浪漫灰，20 世纪 50 年代日本流行语。原文为日式英语词"Romance Gray"，指有魅力的中老年男性灰中透白的发色，类似中文中的"奶奶灰"。
2　太阳族，20 世纪 50 年代日本流行语，指某些富裕家庭出身的青少年，生活奢侈放荡，不守社会秩序，是纯粹的家庭与社会寄生虫。出自石原慎太郎 1955 年的小说《太阳的季节》。
3　肉体派，指肌肉发达、体格健壮、性格开朗粗率的男子。在日语中对应的词是"头脑派"。

自翌年的昭和三十二年（1957年）一月七日起，我为《产经新闻》"新内衣讲座"栏目撰稿为期三个月，共四十回。这篇文章，不仅成了这次连载的绪论，同时也是该年度发表于《中央公论》（六月号）的《内衣文化论》的原型。此后数十年间，我始终以这套理论为立足根本，推进我的内衣事业——TUNIC COCO 株式会社的发展。

这里，我再次转载昭和三十一年（1956年）年终总结的文章《来自妖星的设计师——鸭居羊子》，它刊登于前面提到的《太阳》月刊。

昭和三十一年，鸭居羊子租下了大阪市南区叠屋町松原大厦中的一间斗室，开始专注销售自己的产品。阪急百货和各批发商纷纷找上门。这一年年初，每月销售额约五万日元，银行的欠款总算如数还清。营业收入用于支付工作室的租金杂费、材料费、员工工资后，已所剩无几。四月，销售额有所攀升。三名外包裁缝每月工资便须支出一万元。五月，有了自己的十坪制衣间。六月开始，夜以继日拼命赶工的成果显现出来，销售额直达三十万元。增添三名新雇员，支付工资八千元。九、十、十一月……销售额逐日攀升，已近七十万元，并与 TOKYOSTYLE 服装公司、三枝商店建立合作关系。

同年十一月，以位于银座三丁目的老牌女装店"三枝商店"为中间商，我的内衣大摇大摆进驻了银座的百货公司。写到这，我倒想起了一件往事。

当时，有家老牌百货商店提出："本店若是从贵公司拿货，就必须摘掉 TUNIC COCO 的商标。我们对合作的某某品牌也是这样要求的。"

我并非一点不考虑中间商三枝的立场，但面对百货店的要求，却恕难从命，一口回绝了。当然，百货店方面也毫不让步。时至今日，这家百货店依然没有卖过我的商品，我也无意进驻。

我制作的商品，归根结底，是我身为设计师，必须从金钱层面、社会层面为之负责的。或者说，它们是我调动自己一切创造力的产物。百货商店应当买下它们的全部，包括品牌。

我没有任何理由让经销商替换掉自己的品牌。百货商店给我出品的内衣缀上他们的店名，到底有何企图？如果只是想用商标标明销售责任，那么价签、购物小票和包装纸还不够吗？内衣能引进，但 TUNIC COCO 商标却不能引进——这种思路，其实就是还未真正认可我的商品，否则，这种做法等于是从社会价值层面盗窃我的工作成果。

不具名的商品意味着没有品牌来为商品的品质、信用、价值、权威等社会属性做担保。这绝不是我心中构想的商品。

我与这家百货店的对立，从对方的角度看，或许只是微不足道的小矛盾，但于我而言却是价值观层面的冲突。引进克里斯汀·迪奥的商品，或德国"双立人"的剃须刀时，这家百货店也会想换上自己的名字吗？我并不清楚战前日本的百货公司或著名店铺的实力与经营策略，但就当时我接触的几家来说，他们经销的商品，从项目策划、生产督导，到制作总监、赞助商等，可谓一无所有，不过是占地巨大的小零售店罢了。面对大众千变万化的消费取向，百货行业并未拿出过新的应对策略。

在这样的大环境下，我不禁遥想起过去当记者的时代。当时晚报记者们常忍不住对我吐槽："法律、教养的进步，永远跟不上社会发展的现实，任何时候两者都存在巨大的落差，也总会产生摩擦。"

就这样，与百货店互不相让时，昭和三十一年岁末已迫近眼前。某天，一个年轻人出现在我的工作室，自称是宇野千代[1]的秘书。

当时，遍布全国的高级时尚连锁店STYLE，以宇野千代老师喜爱的和服为主打商品，兼售由她亲自甄选的各种小饰物。

我出品的内衣，也有好几款被STYLE引进了。从老早开始，我对身为作家的宇野千代便心怀憧憬。终于等到了她来大阪的机会。年轻的秘书登门告知我与千代老师初次会面的地点，那是家著名的夜总会。在装点着圣诞树的大堂里，衣香鬓影，好不热闹。乐队优雅的演奏声中，一身和服的千代老师端庄沉静地坐在暗影里。她的身上有一种气质，犹如夜间盛放的大簇花朵，焕发出娇艳明媚的色彩。我几乎可以嗅到她浓郁的"女人香"。但同时，她又是个极其怕生的人，嘴里嘀嘀咕咕抱怨着，说自己最讨厌各种派对。于是我、千代老师，还有年轻秘书，一起在寒冬腊月的大街上漫步起来。那晚的千代女士艳光四射，但又散发着一丝不易察觉的寂寥气息。

我也曾带着商品，走访过她在东京的办事处，送了件透明尼龙质地的淡紫色性感连裤衣当作伴手礼。千代女士

1　宇野千代（1897—1996），著名小说家、散文家，曾获野间文艺奖、菊池宽奖，代表作有《阿藩》《幸福》《雨声》等。同时作为和服设计师、时尚杂志编辑、女性实业家，她也取得了不小成就。

像个老派日本女性，正襟危坐，手上在缝一件和服。见到我，嫣然一笑，未见一丝抵触，便接受了那件透明的连裤衣。而我，则痴迷地注视着眼前这位突破年龄束缚的惊世女子。

珉珉之夜

前面提到过，我有个毛病，每次登门推销总会气得泪洒当场，遂下定决心再也不去主动兜揽生意了。也不知是因为这个还是什么，订货的客户后来竟纷纷开始光顾我的一坪工作室。神户的一家批发商 B 社听闻我的好口碑，也找上门来。如今想来，那个时代毕竟是纺织业界试图寻求变革的动荡时期，也是敢闯敢干、具有开拓精神的"狼性"商人个个摩拳擦掌，意欲大展身手的时期。

B 社社长是位基督徒，也是个气质仿佛大学教授的儒雅绅士。他的公司原本在大阪船场从事出口贸易，后来他的好友、部下和一群旁观的独行侠，开始逐渐聚拢在他的身边，做起了内衣批发生意。

营业部长 T 君和销售员 Z 君，这两人在某天忽然到访了 TUNIC 工作室。容我在此插叙一下当天的事。

Z 君给我在炭屋町的一坪小屋打来电话是在两天前。当时我在日记中写道：

二十二日（周四，晴）

有位 Z 君打来电话，说要谈合作，态度急切地敲定了会面的日子。时间是两天后的傍晚。

我和 Z 君曾有过数面之缘。他最早在 S 社供职，后来 S 社倒闭，我与他便断了联系。谁知他冷不丁冒了出来，带着几分死乞白赖的劲头，急不可待地要求与我恢复合作。我以前请他代销过商品，了解他的能力，看中的也是他的能力。作为生意人，他是个可怕的对手。总而言之，他像一位步步为营的棋手。另外，约半年前他还在倒闭前的 S 社任高级职员。对这两点，我感到不是很放心。我的生意当时已走上正轨，即使不勉强去搞什么大动作，也会平稳运行。这一阶段不做急功近利的动作，方为上策。"这大概就是守得云开见月明吧？"我一面接着他的电话，一面在心里盘算着。

对他软硬兼施的会面要求，我姑且答应下来。他提出约在次日，我给延到了后天。如此一来，多出了一天，可以让我仔细考虑一下会谈的策略。

忽然，我灵机一动，对呀，此人不会喝酒，但我会喝。

如果大白天在工作室碰面，我想必不是他的对手。那就放在晚上，去酒桌上较量好了。去一个他不习惯的地方。在酒局上，我能喝，他喝不了，我心里就有了底气，没准儿能占据主动，畅所欲言？届时，估计他会醉得脑筋脱线吧。我没和他敲定会面地点，只约了时间——两日后的傍晚。时间越晚越好，滴酒不沾的人通常晚上最没精神，一到晚上就想回家吃甜食，这是他们的体质决定的。我祈祷晚间会谈时，他白天的强硬姿态会土崩瓦解。我在脑子里暗暗打算，把会面地点定在离工作室约五十米的中华料理连锁店"珉珉"，便挂了电话。那家店售卖中国酒老白干，无色透明，闻起呛鼻，抿一口却十分香醇。

谁知，会面当日，一位侠士却和Z君结伴而来。此人正是T君，素来善饮，酒量超群。莫非对方识破了我的小九九……

刚过傍晚七时，冬日里天光已暗，两人登门而来。我立刻从桌边起身，动作麻利地锁好门，走到外面，去了号称东北乌冬面馆的"珉珉"。对神户人来说，大阪市北边可能不太熟悉，但去挨着神户的大阪南边一带则完全不需要向导。我连商量也不商量，便沿着周防町大道往西走，钻进小巷，一脸不客气地撩开"珉珉"的门帘，带着像是早就订好位的自信，坐到了油腻腻的廉价胶合板桌前。店里四处散发着一股特殊的气味，是走低廉亲民路线的中华料理店所独有的味道；是烹炒后的油烟味、调味料的香辛气，掺杂着老白干、贵妃酒和黄酒的香味。我热爱这种平民的烟火气。这里原来是家时髦的音乐咖啡厅兼酒吧，老板娘改了经营方向，开始卖起了乌冬面，因此，店内的装修布局、器物摆设，处处残留着一点洋气的派头。墙壁、门上，也和过去一样，显眼地贴满了写有菜名、酒名的招贴。不管怎么放开肚皮，胡吃海塞，一个人也花不到三百块。谁若敢喝掉三百块的老白干，纵是再贪杯的酒鬼也很难不酩酊烂醉。当晚我兜里揣了两千多块，回去时，付了一千二的酒钱。我们三人聊得热火朝天，待到起身离席，就连素来嗜酒的 T 君也喝得酣畅淋漓，尽兴而归。

话说回来，三人一落座，身材丰腴、肌肤莹润的老板娘便笑眯眯迎了过来。她似乎有点"女性同盟"意识，听说这阵子还成了我的粉丝。她一手擎着瓶老白干，一手轻拍我的背，嘴上说着劝酒的话。

"来三杯老白干。"我点了单。透明的中国酒，盛在廉价玻璃杯里颤巍巍地端上桌来。洒出的酒水浇湿了胶合板的桌面。油炸的大酱，盛在小碟里送了过来。洋葱切成细丝，再淋上热油，也送了过来。每一道都是二三十块的小菜，却很奇妙地有种来自广阔大陆的辛烈味道。

"好，现在就来洗耳恭听，两位有何贵干吧。"我说。

Z君便把T君介绍给我。

"这位是T部长，喝酒很在行。"

"啊！"我心里暗呼一口气。T显得有些事务性的拘谨，具体形容的话，他的目光胆怯游移地躲在眼镜后面，客客气气开了腔。据说，由B社长出资，他们四五个人合伙做起了内衣生意，已将快三个月了。

"……本人早先是在横滨开棉布店的，到神户来发展还是人生头一回，主要是在大阪以西搞内衣批发。可遇到的每家店，都想从鸭居小姐那里拿货。你愿意授权我们做贵司的批发代理吗……"

我对这个话题未置可否，佯装无事地打量着T君的容貌和衣着。此人一见之下貌似怯懦，其实却一身赌徒胆魄，我面前的是赌徒二人组。尽管如此，他仍带有种一本正经的气质，像个小学或高中的教导主任。在生意往来中，他会显露哪一面呢？必定每一面都会显露出来。可以预见，不出多久人人都会觊觎TUNIC COCO的批发权，即代理店的特许授权。这种氛围对我来说固然难得，但此刻是不是签约的好时机，我已有了自己的判断。

"可是，我的内衣事业起步没多久，实在没有这种实力应付贵公司庞大的订货量……"

二人提出，每月交易额至少要两百万，而我的打算是每月能卖一百万就够了。

"我不认为自己出品的内衣，每个月都能固定保持二百万的销量。总之，不管卖得了卖不了，先一小批一小批地少量试水之后再决定也不迟……"

"当然，所言极是。"

"我虽说一口答应等看了实际结果再拍板，可如果以每月五十万的定额来测试市场反应，就算再怎么速见分晓，至少也需要三个月周期。既然三个月以后才能得出结论，那等于贵司要先注资一百五十万。我目前还没那个自信拍着胸脯保证：'我家的商品绝不会让贵司蚀本，请贵司先押一百五十万在我身上……'实际情况谁说得准呢？每月二十万的话，三个月也才六十万。这样我感觉双方都比较没负担。我这边灵活度也大些，不至于被捆得太死……"

我嘴上虽咬定三个月才得见分晓，其实只是理论上罢了。我把商品批发给 B 社，B 社再分销到各零售店，零售店再一件件卖出去，而后 B 社挨家收货款，最后清算库存，整个过程要耗时三个月。但事实上，商品卖得好不好，在我交货十天后应该就会有眉目了。我之所以提出三个月期限，不过是希望通过小额交易，先考察一下 B 社在商业合作中的态度和喜好。

开局先投二十万的话，对方想必能付得起。持续三个月后，我就姑且相信他们，每月把定额改为三十万。再观察三个月，改成五十万也没问题吧？

酒意渐浓，涌到头顶。我在脑子里一遍遍琢磨着对方的信用度，做着加减乘除的运算。信用度，加减运算，信用度，乘除运算……反复好几轮下来，只觉得头晕眼花、天旋地转。

与此同时，我又盘算，只要对方建立了信用，也不必二十万改三十万，索性让定额来个等比级数增长，二十万升到四十万，四十万翻八十万也未尝不可。

但话说回来，我也寻思：在最初订货二十万的阶段就及时脱身，说不定更明智。

反正最后三人终于拍了板，嘴上说着："就这么定吧！"起身离了席。

T君躲在眼镜后面，露出似笑非笑的神情，看样子像是憋着什么坏水，又像是一脸无辜。Z君长着一副凹陷的下巴，活像花王香皂的弯月商标，身形细如麻秆，瘦得不能再瘦，体态懒洋洋，人貌似不错，有点马大哈的劲头。但两人都是大话王，饼画得老大。我也搞不清是否中了圈套，站在店门口一面结账，一面有些恍惚：不知为何，感觉两人竟好似相知多年、忠心不贰的老友，又仿佛今宵萍水相逢的新知。

总之，当晚在一种古怪又复杂的心境中，带着老白干的醉意，与二人就此别过。

但实际情况又如何呢？二十万的订货量，在次月便翻倍成四十万，四年后竟达到了五百万。当晚的两人和B社社长，后来都成了我衷心敬爱的友人以及生意场上的前辈。

原本素不相识的几个人，借由商品在市场上结缘，甚至成了亲密的兄弟、尊敬的恩师，从零开始建立起信用，年复一年，不断进行大额生意往来。这种人与人的互动，假如抽掉任何情感色彩去描述，或许不过是金钱流动的节奏使然。但实际上，这种关系，却会生出一种延绵不绝的情谊。我必须珍视这份情谊。正如对那些通过读书知晓的哲人、伟人以及哲理，我们会心怀敬畏与感谢，通过金钱和人之间的交流而诞生的类似于"爱"的情感，也理应被我们重视。

再回头说说那个"珉珉之夜"。长着一副鞋拔子脸的Z君，老白干一口也不喝，只默不作声听着我高谈阔论着生意经。然而，两周后，他便像个古时日夜兼程、纵马飞驰的加急信使，把我的内衣推广到日本各地。

Z君身形高挑、骨瘦如柴，语速快如连珠炮，让人几乎听不清，下决定时却当机立断——作为动荡年代的销售员，此人已将所有技能内化在了细胞里。对我的内衣，他第一时间表示认同。我的话还未说到一半，他已全盘领会，并搭上了去九州的飞机。有时他又像个瘦骨嶙峋的卖货郎，浑身挂满了巨大的行李，让人怀疑是不是下一秒就会被压垮。谁知他却跳上一趟夜间的火车，一头躺在行李上，一直睡到目的地，转眼就把手里的商品推销个精光。三天一过，又带着下笔订单重新出现在我面前。当然，在这期间，比起我的内衣，他会以十倍的销量把自家的"普及版"内衣卖出去。换言之，TUNIC COCO 就是他兜售自家商品时的破冰凿，同时也充当了商业诱饵。

过了两年多，当我的老顾客已遍布全国时，在 Z 君的劝说下，我也出差去了九州。当然，虽说是陪我同往，他却绝不会空着两手，随身带上了尽可能多的商品。我俩仿佛难民，登上了夜间的火车。车行至宇部一带，天光亮起，我开开心心吃起了车站买来的木盒便当。这时，他忽然开了腔："鸭居，车站卖的便当有那么好吃吗？我光是闻见饭盒子的味道都一阵反胃。我这辈子难道就摆脱不了车站便当了吗……"说完，一脸落寞望着窗外。

接着，他又道："这阵子腰疼得很，属于神经痛。"然后抬手咚咚在腰上捶了几下。这个人，一年有半年以上都在吃车站的便当。在我这个偶尔才出趟远门的旅行者眼里，望之则食欲大增的美食，对他却是难熬的痛苦。我三两口吃完便当，仿佛犯错的孩子，把饭盒往座椅下一藏。Z君从黑色帆布小包里掏出一个红豆馅夹心面包啃了起来。销售和推广商品，背后要付出多少努力，吃多少苦头啊。仅靠热闹而光鲜的宣传是不会成事的。我背过身，内心默默感谢着他的付出。

由于 TUNIC COCO 的内衣从款型到颜色皆华丽醒目，再加上我在社会上多少有些知名度，言行举动颇受关注，因此许多百货店长期利用这一点，将 TUNIC 当作搭配橱窗陈列品或销售大众化量产品的调剂品，类似于盐和胡椒。

但我的商品不能是盐和胡椒，必须是好吃的大米饭。哪怕多年以后，我在和百货店的部长聊天时，心里还是会嘀咕："净把我当成刺身旁边的配菜！"也总是愤愤抗议："TUNIC 是一盘上好的新鲜鲷鱼，你们可不要搞错了！"

B 社在推销自家产品时，也会把 TUNIC 当成破冰凿或"刺身的配菜"。虽说如此，Z君却也总能对每一款新内衣一见钟情，先尽全力把它们变成盘边"配菜"，再继续奔波游说，直到有天将之变成"主食的大米饭"。

每次到地方城市举办内衣秀，Z君总会眨眼间现身在后台帮我打点杂务。望着忙碌的他，我不由得怀疑："莫非这家伙会忍术？"所以他才从不发胖长肉。

而给他下命令的 T 部长却恰恰相反，一动不动端坐在桌前，黑黑的面庞上浮现一个满意的微笑，一手"噌"地支起眼镜框，同时做着严密的计算。我喜欢他那副心满意足的笑容。他不像Z君那样忙东忙西，只是老老实实坐着，沉迷于运筹帷幄，思考如何将整个日本市场纳入掌心。比起当年的苦战时期，如今业务方面收获累累，拟定策略时，他的脸上也更加笑容不断。

刚开始扩大产量那阵子，也有不少趣事。

有一天，我发现剩下好多尼龙面料的碎布头，就试着七拼八凑，用它们做了几款内裤。在白色底布上，只在臀部的位置贴上了红色布，看起来像猴屁股。接下来，又将各种彩色布裁成细条，作为装饰缀在内裤的三角区域。整体形似一片花圃。随后，又给透明连身衬裙的胸部与下摆也装饰了褶边，并取名为"郁金香"系列。

谁知这样的操作，市场反馈竟出奇的好。Z君以比以前更快的速度，从长崎、四国等地打来电话，催促我："赶紧动起来！"

这势头固然是可喜可贺。可一旦产量骤增，大家就很难腾出工夫去随时积攒碎布。之前，工作人员难免会有"内裤既然是用碎布做的，不挣钱也没关系，半价出售就行"之类的天真想法。而这一来，大家一下都急了，也丢掉了"碎布不值钱"的观念。

缀有细条的三角内裤,原本有自己的系列名称"Scanty",但批发商当中有位叫 H 的大叔却照个人的喜好,给它们取了个触觉系的俗名"鲍鱼刷"。他经常一面清点货物数量,一面擦着汗大喊道:"喂! 鲍鱼刷一百件!"

收款与存款

生意进入量产阶段后就开始跟客户有了大额交易,我总会遭遇一些费解之事。有家商店每逢结款日总会找出各种理由,千方百计拖延。要么是"老板出差了",要么是"今天店里在改装,太忙了",诸如此类的理由,令人难以接受。终于,我忍不住讽刺道:"那好吧,以后到了付款日,我也要么刷墙,要么食物中毒,次次瞅准日子出点状况。"

谁知店掌柜居然回复:"您说这话可不对啊。做生意,就该态度灵活点,不灵活是不行的。谁都有各种各样的状况啊。"至今我也没搞懂,他所谓的"灵活"是指什么。我无法付款的时候会据实相告,请求宽限。这种谎称不在家的做法,我认为不管出于怎样的理由,都十分不妥。

东京的某批发商,明明家大业大,对我这里微不足道的小订单,却总是设法延迟结款。可以说,但凡能剩一笔钱赖着不付,就绝不会付,仿佛这样做是商业里不成文的规定似的。

　　我连自己家里的账簿怎么看都一窍不通，却单刀赴会，摆出一副税务署员的神气，"啪啦啦"翻着批发商的账，口中不断质问："这笔账够奇怪的，这笔也很费解，这笔减额到底怎么回事？"所谓减额，据说是品牌方出于对批发商的感谢与奖励，而给出的一部分让利。初次得知竟有这种做法，我一阵惊愕。

　　"既然如此，贵司不打招呼就自行减额，我出于感谢而让利不就毫无意义了吗？索性下次我也不打招呼，直接给贵司来个增额，这样就扯平了。"我自顾自地反驳。

　　批发商的胖胖营业部长是个经商老手，也相当世故成熟，即使我大发脾气，他也大度地一笑，仿佛在哄磨人的小孩，回道："'增额'可是个新鲜词儿啊。"尽管如此，这种通过做假账糊弄人的方式，也令我感到厌恶。

　　约两年后才开始与我合作的 B 社社长，人简直像钟表一样准时，总能规规矩矩遵照约定完成支付。哪怕我收账晚一点点，催促的电话就会响起。在与 B 社的生意往来中，即使公司尚小，我也逐渐学会了像大银行般按照流程一丝不苟地处理事务。经 B 社介绍的银行，我至今依然保持着合作。

　　起初，我对"银行汇票"一词毫无概念，还以为是相扑力士赠给餐馆的墨色手印[1]，或监狱给犯人做的指纹录入，理解起来颇为吃力。

有一次，我收取的汇票耽误了兑付，险些未能入账，也是 B 社社长帮助解决的。当时，我并不了解后果会有多危险，但也捧着一束紫罗兰登门表示感谢。汇票与紫罗兰到底有什么联系，我至今也说不清楚。总之，这位社长是我的大恩人。

顺便再来写写银行这座不可思议的"商业神殿"。当时，我对银行的印象一直和税务所、警察局之类的衙门差不多。

昭和三十三年，我将工作室迁至北炭屋町，租了间小屋，成立了一家小小的株式会社。出于业务需要，我去银行办理营业资金的出纳账户，以便收取的现金、支票或汇票等能直接存入户头，由银行代办各种手续。在一位会计师的带领下，我来到支行长办公室，像个初来乍到的职员似的，毕恭毕敬鞠了个躬。戴眼镜的支行长盯着我的个人存折看了又看，歪头道：

"交易额目前还很小嘛。"

1　汇票、本票等商业票据，在日文中称为"手形"，而相扑力士在签名板上蘸着红色或黑色墨水按下的手印，据说可作为吉祥符来驱邪除灾，也叫作"手形"，所以作者将它们混淆了。

我像个因成绩单上的分数被家长痛骂的小学生，头越垂越低，又鞠了个躬，垂头丧气逃出了办公室。

在这里，我撞上了一堵高墙。采取正面突破的方式，高墙也并不会向我坍塌过来。况且那位脑子里只有一套严格标准的"校长"也让人敬而远之。我决定重新寻觅愿意栽培扶植我的老师。

直到走出银行大门，我才回过味儿来：金额小怎么了，我毕竟是存款客户啊，银行是从我手上获取资金的一方，为何此人面对我的存款，态度竟可以如此嚣张？

翌日，我便将所有存款转到了其他银行。自那之后，再没和"校长"的银行打过任何交道。

男人穿起皮裤时

工作室还在一坪小屋那会儿，晚上的时间我是如何度过的呢？

狭窄的工作室，每到黄昏天色一暗，坐在桌前的我，脑门前面是块三合板墙壁，头顶上方，则会亮起一盏小荧光灯。那阵子，我的头发已经染了金黄色。之所以染发，是想借此稍稍体会一下当狮子的心情。改变身体的一部分，就会有种人类开始穿衣服之前作为动物的感觉。另外，我也察觉了一个有趣的现象——之前黑头发的时候不合身的衣服，穿起来竟然好看了许多。

通常情况下，手上干到一半的工作，不会因为夜色降临而受影响。我会继续画几张设计图，笨拙地打打算盘，在素朴到极致的进货账簿、赊销账簿上记几笔，或做点抄录，计算一下员工薪水等。尽管如此，夜晚到来依旧令我莫名愉悦。微不足道的安详与宁静，注满了小小的房间。

品味着在体内氤氲的美妙情绪，我开始写日记。每次下笔，总是短短一两行，几秒钟便结束。若有报社或杂志社来约稿，我会在写完日记之后再动笔。写稿子这事，非要比较起来，其实花不了多少时间。不过一旦投入进去，最快也要九点十点才收工。而家里，母亲独自一人和猫咪在等着我。我没法去任何地方玩，下班路上也不能拐弯绕路，只能径直回家。

母亲的脸和平日里常去的酒吧光景，交错穿梭在我的脑海。这会儿，我那老友估计早已倚在吧台边，喝起了加冰威士忌吧？

回家？看场电影？要么去喝酒？一入夜，就目不斜视往家赶，不知为何，我总有种一半的人生被虚度的感觉。人之所以努力工作，不就是为了下班可以不用直接回家吗？

纠结来、纠结去，反正我从来不曾痛痛快快回过家。

大约是当记者养成的习惯吧。或者再夸张点，是从父亲那儿继承的毛病。因为父亲不回家的恶习，母亲吃了不少苦，受了不少穷。况且如今她还病倒了，患了轻度脑溢血。

可怜的母亲，从我开始做生意时起，已被钉在床上过了十五六年。勤恳能干的她，几乎每天为了自己的病长吁短叹。

一想起母亲，也不免想起去世的父亲。想起母亲，我会伤心；想起父亲，不知为何，我总情不自禁露出微笑。这是因为父母的性别不同呢，还是他们为人处世的风格有异呢？

父亲为人虽有豪侠之风，可每次生病，总会掏出一卷信纸写遗书。墨色淋漓、龙飞凤舞的一手好字，写出的遗书却绝不是留给家人的。每次的收信人总是他最熟的医生，"万望相助，请务必务必救鄙人一命"云云，篇篇皆是郑重其事乞命的侯文[1]。好几次我从旁瞧见，母亲站着读完遗书，嘴里一声冷笑，"哼！下次再喝得醉醺醺，就把这东西甩到他脸上……"而后把信收进了怀中。毕竟事关父亲的豪侠之名，

---

1 侯文，日本近代使用的一种书信文体，因其在句末使用表示谦逊的礼貌语"候"字而得名。

过去我一直将此事当成心底的秘密，从未告人。如今想来，这个大男人既厚脸皮，又胆小神经质的一面，似乎我也有所遗传。别说随时做好死的觉悟，就连平时人们挂在嘴边的"做事挺有思想准备"，我可曾做好过吗？守灵夜，父亲"一本正经"的遗容，是我平生头一回见到。我忽然觉得有点好笑，似乎是去世之后，父亲才匆匆忙忙有了"死的觉悟"。

一想到故去的父亲，哪怕明知生病的母亲孤零零在家等我，我也故意狠下心来，非要去看场电影。

谈到电影，我最喜欢美国西部片。曾经有三个月吧，每晚我都去看一场。由于情节简单、雷同，每晚不停看下来，剧情全被我搅成一团，甚至把同一部片子反复看了三遍。尽管如此，不看完一半我也发现不了。可话说回来，情节这东西我根本无所谓。为了在广袤无垠的原野上开拓一片新天地，桀骜不驯的男人赶着牛，与恶人交战；女人们在田间勤快地耕作，将临时搭建的简陋木屋，擦洗洁净，有如宫殿——这样的开拓精神是我最憧憬的。那些彪悍粗野的糙汉，快活地驰骋于荒野，同时也悄悄为情所困。他们迎着夕阳孤独远去的背影，流露出人性的沧桑与悲凉，狠狠戳痛了我的胸口。在男人的命运之上，总是萦绕着一丝哀愁。

我认识不少持有枪械的名人。我自己那三个月的工作生活也和西部片异曲同工。哪怕走在大街上，也有种冷不丁拔出枪来"砰砰砰"痛快射击的冲动。有时去酒吧喝几杯，往吧台前一坐，明明是个女人，也会吊儿郎当、弓腰塌背，有股约翰·韦恩[1]的做派。男人这种生物，有数不清的魅力之处。我尤其喜欢电影《锦绣大地》里，格利高里·派克与查尔顿·赫斯顿的决斗场面。赫斯顿收到战书的一刻，从床上一跃而起，"Biu"地一下跳进皮裤时，那股比风暴还要凄厉沉重的声响，还有"喀嚓"一下扣上皮带时，金属扣的猛烈撞击声，这些都是男人特有的声效。

从容不迫行走的牛仔，自背部至足部，原本有一道充满张力的斜线。一旦警觉到有危险状况，这道斜线瞬间变成上紧的发条，开始飞速跃动。这正是属于男人的线条。突破了生死线，活到最后的两个男人在大漠黄沙中紧紧拥抱的一幕，那分优雅之感，能将任何男女的拥抱都甩在身后。

那阵子，我给杂志、周刊、报纸写稿子，作为例子，可以说篇篇都要提一提西部片里的镜头。编辑们大概都知

---

1 约翰·韦恩（1907—1979），好莱坞著名硬汉派演员，出演过大量的西部片与战争片。代表作有《大地惊雷》《关山飞渡》等。

道我有此癖吧，"谈谈电影中的时髦内衣"之类的稿约也从四面八方纷至沓来。为此，我甚至还会特意去看场电影。

不过，我讨厌"电影试映会"这种活动。观影者人人脸上挂着一副"我懂很多"的神气。在我看来，这种故作高深的风气远远背离了电影的初衷。电影本该是掏钱买票，轻松享受的东西。从刚开演就在琢磨它拍得高不高明，完成度如何如何，抱着挑毛病的心态，两眼灼灼地到处找碴，简直滑稽！同时也令人悲哀。

我会全身心地去享受一部电影。买好票，便动作麻利地穿过通道，在前排扎好了架势等待开演。例必是面向银幕、从右侧最前排往后数，第五或第六个座位。接着，我会悄无声息地缓缓掏出小卖店买来的花生米、巧克力、盐渍昆布、煮鸡蛋之类的零食，偷偷往嘴里塞。吃年糕片容易发出声音，比较难办，不过我会瞅准时机，等电影里枪声四起、大炮轰鸣时，才趁乱"咔哧咔哧"咬几口。待影院里安静下来后，我就嘴里噙着年糕片，鼓着腮帮一动不动忍着，等着下一个火拼的镜头，以致脑子里光惦记着啥时候才能吃年糕片，连演了些什么也一头雾水。至于肉包子、烧卖之类的小吃，虽不会发出动静，但气味扰人，能免则免，否则，缠绵戏正演到干柴烈火的节骨眼，你恰好啃一口肉包子，邻座闻到气味，一定会狠狠瞪你。

银幕里，在亚利桑那的荒原上，眼看暮色终于笼盖了四野，约翰·韦恩或某位潇洒帅气的镖客，在野外的星空下正打算吃晚餐。首先，"咻溜咻溜"小口啜饮一杯用搪瓷茶缸煮的热咖啡，看上去美味极了。接着，自己动手盛一大盘煮豆子，狼吞虎咽起来。偶尔还会揉些玉米面糊的小饼子，用火焙熟，里面塞上肉，用手抓着大嚼特嚼。看得我叽里咕噜直咽口水，眼睛死追着画面，嘴里吞着煮鸡蛋，不由生出一种错觉，仿佛和约翰·韦恩享用着同样的美食。

啊！我也想拥有这样的生活，食物看起来多美味啊！一回到家，我便立刻动手，在面糊里搅入碎的培根和生洋葱，摊成煎饼来吃，美其名曰"西部烧"。

这些荒原客，吃完晚餐会就势席地一躺，头枕野草根，在篝火旁仰望星空，身上盖着粗毛毯，帽子扣在脑门上，不一会儿便坠入梦乡。我也喜欢牛仔们每达目的地，走入西部小镇上人声喧嚷、鱼龙混杂的旅店兼酒馆的场景。他们迫不及待地跳进浴室，洗去纵横荒野攒下的一身疲惫，再抄起酒杯仰脖猛灌。还有"丁零"一声丢下的银币，戴着羽毛装饰的帽子、化着俗艳浓妆的女人……小镇的杂货店也很奇妙，从面粉到来福枪，样样有售。远远驾着马车驶来的女士到此囤购各种生活必需品——食材、布匹、裙子等。

……肚子饱饱的我，陶醉在西部世界里，优哉游哉歪在椅子上，度过了充实的两个多小时。

当时，昭和三十三年，我在龟井文夫[1]先生的指导下，导演了一部电影，名叫《内衣塑造女人》，制片方是"日本纪录电影会社"。剧组算我在内，总共十来人。演员是十人左右。我把大阪的内衣工作全部托付给TUNIC的员工，自己跑到东京郊区的外景地，连换洗衣物都没带，只有身上一套衣裳，玩命干了三个月。

等待合适天气的日子里，我在外景地宿舍度过的生活，感觉就像修学旅行。每逢下雨天，麻将组搓麻的噪声便不绝于耳，听得人不胜其烦。我给我的房间取名叫"堕落"，在里面专门向舞者学习光脚跳吉特巴舞。我还和一个名叫奈良明美的高个儿舞娘比起摔跤，裁判由著名舞星"吉卜赛玫瑰"担任。原本我就梦想过做女摔跤手，颇以力气过人而自豪。结果当然是我把明美摔得落花流水。气不过的她，一把抓起我的裤子，用牙撕得粉碎。不过，明美和"吉卜赛玫瑰"为人都很好，总像大姐头带小跟班一样罩着我，有时会把一升装的大瓶烧酒往桌上一摆，与我痛饮达旦，末了还把

---

1 龟井文夫（1908—1987），日本战前纪录电影的代表人物，早期重要作品有反映日本在中国侵略行径的《上海》《北平》，及反战题材影片《战斗的士兵》，曾被禁演。其他代表作有《日本的悲剧》《一个女矿工》等。

身上穿的毛衣"哗啦"一下脱了送给我。

　　某天，剧组里几个话剧演员和舞者，大约七人，穿着拍电影的破衣烂衫去新宿跳舞。别看大家比起西方的嬉皮士更像流浪汉，却个个都是舞林高手，混在人群里跳得痛快淋漓。其中，有位身材娇小的脱衣舞娘，大家叫她"小奈良"，也是个杂技高手。只见她忽然间把鞋子抛向高高的屋顶，穿着破烂不堪的裤子，玩起了杂技表演。四周跳舞的人群"啊"一声惊叫，纷纷聚拢而来，呆呆地围观起来。倒立、腾空翻筋斗、前滚翻、后滚翻……伴着爵士乐的节奏，各种精彩动作，令人眼花缭乱。正因为"小奈良"没有穿华丽的舞台服装，看在围观者眼里，才格外有新鲜感。

　　过后，"小奈良"一面不停举杯豪饮，一面冲我道：

　　"如果能登台表演拿到酬劳，今天这顿酒我就请大家了。不过，今晚我这通狂舞，就当是送你的礼物。等你回了大阪，千万别忘了我哦。"

　　在外景剧组里，无论工作人员还是我，兜里都没什么钱，像个穷学生社团，总要东凑西凑，挤出几个钱去喝酒，这已成了剧组的惯例。电影的拍摄迟迟没有进度，一天天焦灼地等待天气好转。这样的日子持续一阵子之后，我对大阪的公司不免有些愧疚，仿佛自己在贪玩躲懒，什么也不敢跟员工说。后来，手里的钱到底花光了，连鞋底都穿出了破洞。最后，只好跑到正牌导演龟井文夫那儿借了一百块。副导演P君，是个人好、心善、没脾气的秃头大叔，他出于对我的同情请我喝了咖啡，又花三十块买了我想看的杂志，还帮我打了辆出租车。在我心目中，他简直就是大慈善家。

虽然我这么爱看电影，但真轮到自己来拍，才发觉难得要命。成片质量连我自己也不满意，只浏览了一遍样片，直到影片下映都没去影院瞧上一眼。不过，听说口碑不错。那之后过去了三四年，偶尔走在街上，瞧见写有"内衣塑造女人"的广告牌，我还会瞬间心里咯噔一跳，佯装无事地从旁溜走。

自信与忐忑的即兴演出

生意越来越忙。与此同时，我也开始在全国各地举办内衣秀。演出会场并非我四处奔走恳求而来的，而是接连不断引爆话题后，对方主动上门提供的。每次活动，我不仅能获得公演酬劳，还能为自己的商品做宣传。新式内衣进入了启蒙时代，也迎来了第一波消费热潮。

提到以往的内衣秀，大家脑子里总有这样一副场景：百货公司的特殊会场门口，立着"男士止步"的提示牌；

模特们身穿黑色弹力裤，搭配白色束腰衣，在室内走来走去；旁边的解说员磕磕绊绊地讲解着。

而我想举办的内衣秀，是在一个开放性的场所，将最大胆前卫、摆脱了迂腐成见的内衣公然展示给更多人欣赏。

一九五七年五月，在大阪南部的昴宿星影院，借着幕间休息的二十分钟，我举办了个人生涯的第一场内衣秀。当时的电影院，还是年轻人为数不多的娱乐休闲中心。内衣秀配合美国喜剧片《宝贝儿》在日本的上映档期，共一周，每日举办两场。起初，它只是电影正片之外的加演节目，等到首日第二场，就完全盖过了电影的风头。

当天，开演十五分钟前，在舞台侧面临时设置的一坪化妆间里，穿着内衣的五名模特、我，连同五名服装师，仿佛被关进笼子的斗鸡，挤来挤去，乱作一团。

进入影院，首先映入眼帘的，是舞台上方悬挂的巨大横幅，上写大字"TUNIC-SHOW"。舞台装置包括了横幅下方、黑色幕布前方随意摆放的红、黄、蓝三色汽油桶，以及左边角落里散置的摩托车、自行车轮胎，最后还四处点缀地撒了些气球。这些装置显露了一种与影院格格不入的异质感，出人意料，看上去粗暴而冷硬。

开幕的铃响几分钟之前，我莫名其妙犯起困来，连抬头都觉得吃力。

此时，场内的观众全都为看电影而来。假如这场秀荒谬可笑，大家定会怒从心头起。想一想，瞬间便觉得脊背发寒。头天晚上十一点半左右，院线负责人扫了一眼舞台预演，被身着内衣、近乎裸体的模特吓了一跳，要求我将这场秀至少缩短十分钟。他胆战心惊，害怕会捅出什么大娄子。这个嘛，也难怪……

"缩短不缩短，等看完正式演出再谈。现在，请不要说这些打退堂鼓的怪话！"

我厉声抗议，当时我那份自信究竟是哪里来的呢？如今，"意外事态""偶发艺术"的概念已在大众中普及。而当年，开幕前我那种立于绝壁的毅然，正是一种迎接"意外"的姿态。之前从未有过的状况，下一刻即将发生。只许成功，不许失败。自己有没有出什么差错？结果究竟会怎样？可能是太过忐忑，出于一种动物自保的本能，我竟然打起了瞌睡。

多年以前，我小时候参加运动会的情景，此时鲜活地浮现于眼前。身体健康、活力十足、在每项竞技当中都不服输的我，参加赛跑时，和其他选手站成一排。"预备，起跑！"一瞬间，我却忍不住怕得要死，胸膛几乎炸裂。更可怕的是发令枪声。我在耳朵里塞了棉花，没听到枪响，结果比了个倒数第一。不好意思让同学知道自己害怕发令枪，甚至躲在什么地方不出来,巧妙地躲过老师的眼睛。此刻的我,也像当年那样,真想躲进观众席去。可是,置身于狭小的化妆间,被四面墙壁围堵,我该如何逃走?

"啊……"我在心里嘀咕,"亏自己还曾梦想做演员、歌手或舞者,幸好都没实现。不然,就凭我这颗脆弱的心脏,每经历一次任务,都是对身心的磨损。就算是走错步也好,可千万别让我当什么演员歌手了……"正胡思乱想之际,耳边开幕的铃声骤然响起,仿佛死刑犯临刑之日,一大早听到叫起床的闹铃,在脑壳里时而迟缓、时而尖锐地鸣响。

以往,我在影院里无数次为开演的铃声心潮澎湃。多么悦耳的声音啊!伴随着主题曲,演员们的名字依次浮现在片头字幕中。一想到字幕消失后故事将如何精彩开场,我便会兴奋不已。然而,奇妙的事情发生了。这次我不是观众,而是表演者。真想大摇大摆走到最前排的观众身边,装出一副"与我无关"的样子,潜入他们中间坐下来。

不过,未过多久,模特们便如同赛跑选手,挺胸抬头,欢快地向演出通道奔去。看她们活泼的脚步,像有谁拍了拍我的背,为我注入了勇气。方才还神魂失措的我,此刻在自己的分身,即模特们的勇敢身姿中重新找到自己,取回了魂魄,将困意一扫而空。

身穿透明衬衫、打底裙裤的模特,跨坐在摩托车上,踩下启动杆的瞬间，节奏强劲的快板爵士乐骤然倾泻而出。模特姑娘们以让观众眼花缭乱的速度，在舞台上快步移动，时而小跑，时而跳起，时而踩爆几只气球，发出清脆声响，而后又在舞台上游走起来。大家身着五颜六色的透明内衣，坦坦荡荡、充满自信地展示着青春的身体。

担任旁白解说的话剧青年，其深邃、低沉的声线在影院内回响，听来竟有一丝哀愁。播放伴奏曲的唱片，转速约是正常的一点五倍。随着爵士乐的节奏，一个男声向大家宣讲着新时代的内衣论，但对展示过的内衣，一概不做逐件、具体的说明。

舞台上的演出逐步加快了节奏。狭小的化妆间，犹如无声电影里的战场。大家一片默然，仿佛置身一场哑剧。火急火燎的模特，像被拔光毛的小鸡，被匆忙扒掉身上的内衣，迅速换上另一套，再一把被推出去。无论工作室或化妆间，这一坪大的面积，与我似有不解之缘。由于是举办内衣秀，很难预订场地。此后每次办秀，无论场地多么狭小，我都能在化妆间里心平气和，该干什么干什么。

时间紧迫时，模特甚至会打赤脚上台，故意在舞台中央换鞋，这也成了表演的一部分。还有的姑娘，直到最后都光着脚。假如动作的灵感枯竭了，有的模特会席地一坐，仿佛一尊佛像，开始冥想；有的姑娘如同手摇放映机突然停顿，画面静止，保持着不自然的姿势，在空中定格十来秒；有姑娘模仿基督像，伸展双臂或手臂上扬；还有的姑娘面无表情，像个机器娃娃，连续摆出没有什么"时尚感"的姿势。

这场秀，突破了时装秀的固有模式与成见，打破了以往的表演框架和对观众的限制，仿佛一艘火箭轰然冲进大众的视野。来到影院的年轻男女，完全敞开大脑，与模特所呈现的新理念握手言欢。通过内衣秀的形式，他们全身心投入，咏叹着青春的愤怒、喜悦与莫名的情绪。我自己觉得这场秀十分成功。团队与观众皆做到了心意相通、心怀感动。待到整场秀的尾声时，模特纷纷脱下秀服，从通道丢向观众席，仿佛在抛撒花束。这一举动是会场内热烈情绪自然积累、自然释放的结果，其实也是演出的一环。

演出这事，要提前对自己与观众的心理距离有一个正确的估计，要比观众先一步思考、发笑、哭泣、兴奋，而到了现场，只需冷静、精确地执行预先的策划即可。传统的"人形净琉璃"[1]，表演者会操纵木偶，使它们时而哭泣，时而叹息，但他充其量不过是对傀儡冷静的操弄与摆布。世人皆赞叹

---

1 人形净琉璃，亦称"文乐"，日本最主要的传统舞台艺术形式之一，集说唱、乐器伴奏和木偶戏于一体。起源于江户时代，是 15 世纪流行的一种叙事性净琉璃艺术与木偶艺术的结晶。

其演技"出神入化"，我却认为他远未达到"彻底入戏""人戏不分"的境界。

脑子里琢磨着这个问题的我，同时从昏暗的隔板间内远远注视着内衣秀的最后一幕。忽然间，一股奇异的孤独感袭上心头。那是种热情中混杂着空虚的感受。我预感到，这种感受恐怕将一次次重现，伴随我整个人生。真想飞速逃离这间会场，重新蛰伏到我那一坪小屋里。

每逢内衣秀落幕当晚，我都会和一群模特去啤酒吧、小酒馆喝几杯，跳跳舞，笑闹一番，希望借酒精来冷静一下头脑。此时心中仍残留着一丝兴奋，紧张的余波仍在周身激荡。

内衣秀落幕还不到一周，每天清晨，我已经在有条不紊地打理经营事务了。从洋溢着激情与狂热的秀场，到独自一人沉潜于孤单冷清的斗室，面对着布料与金钱往来构成的日常——这样的循环，一年、两年、三年，在自己身边不停上演。

内衣秀对我意味着什么？它完整体现了我的内衣理念，也充满新鲜感。今后我该如何去做？首先，要读懂自己的目标及大众的需求。其次，设法实现目标，满足需求——写在纸上就是这么简单。但实际上，读懂自己、体察群体的心理动向，都十分困难。从受众来讲，人数多总好过人数少。只要群体基础足够广泛，就必定有人乐于接纳我的理念。这些支持者也将替我挡开那些不理解、不赞同之人。我将乘上拥护者掀起的浪潮，加快速度，向着岸边一口气滑去。这也是冲浪运动的要领。

不过，我对自己设置的命题，并非驭着波浪在海面滑行，而是制造并销售能使人们立于潮头的冲浪板。

冲浪板的原始形态，可能不过是一块木片，而木片之所以能化身冲浪板，关键在于人所赋予它的游戏意识与现代观念。内衣的原始形态，不过是一些绳纽碎布，将其升级为大众需求的内衣，这才是我的命题。而且，我的工作不单单局限于实验室里的研究，止步于实验。每一天，我都必须使更多的人，获得更好的满足感。

这一命题与它所需的条件，在我看来并不矛盾。更确切地说，纵使有矛盾，克服即可。我的目标便是如此简单、明确。

到昭和三十八年（1963 年）前后，大大小小、形形色色的内衣秀，即使场次能数得清，也多得令人生倦。有时兴师动众，大队人马大举出行；有时自己驾一辆轻卡，只带上几名模特四处表演，像名不见经传的小艺人在地方城市巡回走穴；有的秀规模虽小，但形式时髦、喜剧感十足；

有的秀走音乐剧路线，与歌手艾·乔治[1]及其乐团乱哄哄打成一片，伴随着西部片《赤胆屠龙》（1959年）的主题曲，在小号声中拉开帷幕；有的秀加入了摄影元素，由几名身着黑衣的摄影师，从观众席自由地跳上舞台，频频按下快门，作为表演的一部分；有的秀，我与造型艺术团体的"具体派"[2]前卫艺术家携手，制作出各式各样的活动装置，而模特则摆出与装置毫不相关的姿态；有的秀，将场地设在夜总会，艺人们一字排开，弹奏着三味线，在琴声伴随下，模特们头戴狮子舞的木制面具，在台上昂首阔步。漆黑之中，被聚光灯骤然照亮的可爱模特，手里的胡萝卜道具"扑通"一声掉在地上，但转瞬间又"嗖"地一下被钓鱼线笨拙地拖走，不见了踪影。内衣秀由此正式开场。模特们将五颜六色的内衣挂在竹竿上依次登场，如同晾晒洗好的衣物。此外，还有的秀会将大量印有赞助商名称的纸箱或木箱，当作舞台装置摆放，让模特们纷纷从箱子里蹦出来……

这些内衣秀，每次都会依据当时的具体条件来调整演

---

1 艾·乔治（1933— ）本名石松让治，日本昭和年代著名歌手、演员，在电影中多以配角身份扮演黑道流氓。曾主演自己的传记片《太阳之子：艾·乔治物语》（1962年）。

2 具体派，日本战后一个前卫艺术流派，由画家吉原治良于1954年在大阪创立。探索了结合表演、绘画与互动环境的新艺术形式，并通过展览和出版活动，在世界范围内实现了实验艺术的国际共识。

出形式。对于这些限制条件，我从不视其为一种制约而无奈地接受它们。因为限制本身，恰恰是令演出跨越藩篱的启示。我以此自勉，积极活用有限的条件，使之成为我灵感的养分。

这种观念，也可以运用在经营中。我会把通过内衣秀获得的创意与通过经营获得的启示融会贯通。

站站停车的东海道

当月销售额达到五十万时，我为了谈生意往返东京的次数也越来越多。

东京这座城市，我仅在学生时期，借修学旅行或其他缘由去过两三次。当时我的"上京"活动，就好比现在高中生孤身闯纽约一般，让人紧张得要命。

别看我性情颇为放浪，独自旅行时却小心翼翼。作为一个路痴，我每次去东京都会六神无主、心里发慌。朋友也曾讥笑说："就你这点出息，亏也当过新闻记者。"可事实如此，我也没法子。

即便如此，我还是单枪匹马拉起了摊子。没出息的我，虽说手下只有四五个，但毕竟也是一方大将，不能总说泄气的话。

我初次去东京出差时的土模样，不妨在这儿说说。

去东京办事，衣着不讲究会很丢脸。话虽如此，打扮得太过正经，我认为也同样无趣，遂咬牙入手了一件当时价格两万多元的粉色皮夹克，美国制造，款式质地皆十分优良。搁在如今的话，感觉至少值十万元。下身搭配了一条屁股上缀有拉链、模仿玛丽莲·梦露款的平纹西装裤。

一位特别好心的朋友，先是给我的钱包装了条链子，又用细铁丝绑在夹克扣子上，最后才把钱包塞进我口袋里。她这么良苦用心值得感谢，但我忽然有种被锁链拴住、动弹不得的感觉，甚至连钱包也好像不是自己的，成了别人的东西。过后回忆起当年我走在街上的画面，那条链子仿佛在向周围宣告——看，这儿有个钱包啊！

夜晚，在大阪站的月台上，我刚一启程，便马上出了第一次糗。拔腿上车时，"啪嗒"，一只鞋掉进了火车与月台间的铁轨上。我单腿儿跳着，大声叫喊。站员闻声飞奔而来，钻进即将发车的火车底下，把鞋子帮我捡了回来。鞋刚到手，车便开了。

我脑子里正在琢磨"这个开头可不太吉利"，哪知另一件蠢事又发生了。我西裤屁股位置的拉链忽然坏掉，拉不动了。明明穿着最流行的"梦露款"，结果我却只能一手捂着屁股去东京。这是第二次出糗。

在三等卧铺车厢的中铺，我睡得还算香甜。可恶的是，次日一大早便被吵醒了。列车才不过刚到热海，掀开床帘往外瞅，同包厢其他乘客却已洗漱收拾完毕，西装笔挺坐在那抽起烟来。我慌忙穿好衣服，捂着屁股爬下床。紧接着，列车员小伙子冒了出来，用格式化的生硬动作把我的卧铺"哐当"一声重新折成座椅。那响声之巨大，仿佛在斥责我起床太晚。正当此时，昨夜我躺在卧铺上吃的糖块、橘子，像下了一场小阵雨，稀里哗啦落在绅士们面前。这是第三次出糗。好在卧铺车厢的客人，清一色地会装样子，谁也没笑，直直盯着手中的报纸。

好了，列车总算抵达了东京站。从乡下来的我，一边抓着路人打听"银座在哪儿"，一边先赶到批发商那里，在会客室换好衣服，即刻便投入了工作。

接二连三出了几回糗，原以为自己不会再丢人现眼了，谁知大错特错。在回程的火车上，我又一次遇到糗事。

临行当晚，当时《每日新闻》社的经济部长羽间乙彦先生领我去喝酒。羽间在我父亲任京城分局长那会儿，是个满腹才干、贪杯善饮的年轻记者。与他一起饮酒，感觉就像与去世的父亲并肩把酒言欢，令我格外开怀。羽间摆出一副父亲的派头，把我当孩子看。他和善归和善，喝起酒却毫不含糊，走东家、串西家，一路喝下来，结果让我误了火车。慌忙之下，他把我胡乱塞进了一趟车。谁知却是辆站站都停的慢车！

刚打个小盹儿，哐当一下，列车便停了下来。整个东海道的行程，仿佛一只慢悠悠的毛毛虫，一寸一寸地往前挪，别说停车五十三次，我看一百五十三次都有。我简直怀疑是不是永远到不了大阪了。

车厢里其实挺空的，但身边三五成群的净是乡下的老爷爷、老奶奶，看样子是疗养旅行归来，一边喝着小酒，一边吵吵闹闹。我也冒出了独自去乡下温泉旅馆住一宿的念头。

夜里，列车行经某一站，摸黑上来一个工人模样的男人，走到我面前的座位，一屁股坐下。他左腕的尽头看不到手，一截白色绷带悬在夜车里，望之令人毛骨悚然。"其他座位明明空着……"我在心里嘀咕，故意和气地跟他搭句话。

男人以朴实到几乎散发着汗味的口吻，爽快地唠上了嗑，说自己在大阪的建筑工地丢了一只手。这时哐当一下，列车又停了。日本究竟有多少个车站啊？

男人冲向站台，买了两支冰激凌回来，递给我一支。就是那种旧时推着自行车叫卖的老式雪糕。徐徐前行的老火车，与现在的新干线比起来，速度慢得不可思议。从大阪至东京的新干线里，乘客仍仿佛身在办公室，继续低声交谈着工作话题。只需短短三小时，人们便跳上东京或大阪的站台，又匆匆忙忙赶回了办公室。这也就意味着，行车时间越短，人们花在工作上的时间就越长。

在我怀疑永远也不会抵达终点的慢车里，耳边旅客拍手悠闲地哼唱着小曲，每到一站，吃点站台上售卖的乡村美食，昏昏欲睡地度过一个个夜晚——换句话说，你会以为人生十分漫长，而日本是个很辽阔的国家。

"啊，糟糕，查票了！我是蹭车的。"

"蹭车，啥意思？"

"啊？你不懂啥叫蹭车？就是坐车没买票。谁那么傻，会花钱坐这种破破烂烂的火车。别担心，我去躲一下。"

望着列车员越走越近，我不由慌起神来。那个男人却动作敏捷地消失在车厢门对面。应该是躲进了厕所。等列车员一走过去，他便一脸坦然再次出现在我面前。

在金色的晨光与喧闹的笑声中，我睁眼醒来。据说列车已接近大阪，一只手的男人不见了踪影。我打算把挂在身后的皮夹克穿起来，却发觉拴在纽扣上的链子被扯断了，不禁吓了一跳——钱包不翼而飞。

斜对面的大叔大婶慢条斯理地抬头瞅了我一眼：

"坐你对面那男的，弄断链子拿了钱包逃走啦。"

"逃去哪儿了？"

"那谁知道啊。从飞奔的火车上跳下去啦。"

"您二位，既然眼睁睁瞅着，为啥不帮我抓住他呢？那人不是小偷吗？"

"话虽这么说，可瞧你俩聊得那么热乎，我们心想，兴许是两口子呢。"

先不提自己有多疏忽大意，在我看来，这一带的乡下人比小偷还要可憎，甚至让我有种错觉，连跳车贼都比他们强多了。来了好几位列车员，逮着我盘问了半天，结论是：由于我拿不出车票，不得不花钱再补一张。

"我明明买过票，还要再补一张？把逃票的惯犯给放跑的，不是你们国铁这帮蠢货吗！"我愤怒地咆哮。可惜国铁不是警察，我的抱怨并不管用，连我自己仿佛也成了逃票犯。

租时间的缝纫室和太阳码头

刚开始做内衣那会儿，我把面料交给仅有两三台缝纫机的代工大叔和专门打理内务的老板娘、小姑娘，委托他们拿回家裁剪、缝制。如此便已能应付订单需求。然而一两年过去，这种方式却逐渐无法满足了订单要求。于是我在工作室西边约二百米远的 D 百货公司斜对面，找到了一间约十三坪的空屋。

说是空屋，但也不在大厦里面，而是一户宅子的深处面对中庭的一间储物小屋。我添置了三台缝纫机、一张裁剪台，又雇了三名缝纫工、一名裁缝，在小屋的角落里堆满了面料、纸箱这类杂物。

谁知不到两年，这间小屋也狭窄起来，最后又成了存放布匹的仓库。

这家的屋主太太，我对她记忆犹新。

这位夫人靠着地产中介生意，在当时赚了有五千多万，是个超级有钱人。她丈夫去世很早，膝下又无儿女，一直过着独居生活。我只偶尔见到有个年轻人来投宿，应该是她的远房亲戚。

老太太日常总待在精心布置、擦拭得窗明几净的茶室里，即使是冬天，也仪态端庄地坐在不见火苗的火盆前，瞧见我经过，会点起一支香烟，用看女儿似的熟昵神情唤道：

"哎呀，过来坐嘛。"

接着为我倒上一杯茶。

我对这位夫人一向心存敬爱，但在她心直口快的性格背后，潜藏着某种一分一毫也绝不浪费的精明算计，以及尖锐、倔强的好胜心，不免令我有些畏怯。我只好一面努力回想早已模糊的饮茶礼仪，一面恭恭敬敬地啜着茶。明明没有客人来访，老太太却总是忽然想起了什么似的，目光炯炯地四下打量，检查着早已擦拭得光亮洁净的走廊、檐柱、茶柜、起居室以及内厅。

"婶婶，您要是去世了，这座大宅子怎么办？而且您超级有钱吧？无儿无女的，您要把财产留给谁呢？"

"嗯，我要是死了呢，就让一切自动充公，都变成国家的财产。"

"欸？"

"这些事，我早就委托律师办好了。只雇一名律师容易受骗，所以我还委托了跟这人交恶的另一个律师。由他俩同时处理才稳妥。"

"欸？"

想必这位夫人做生意十分精明，就连吵架看来也不会吃亏。我除了发出"欸"的惊叹，简直说不出话来。

"话说回来，鸭居小姐！"

"哎，哎！"

"你这个人啊。我不是说过吗？每次从玄关进屋，穿过走廊的时候，别老把碎线头呀、土坷垃之类的掉一地。总要我跟在屁股后面擦你的鞋印子。"

平时我的鞋底总会沾着一些碎线头。我羞愧地缩起身子，挠了挠头。

"每次从外面回来，推开那扇格子门的时候，要把身上的灰仔细掸一掸，脚底、鞋底沾的脏东西，也要好好擦掉。"

"好，好。"

我们每次从走廊刚一经过，老太太便会紧接着从障子门内探出头来，带着几分故意，当着我们的面擦拭起来。那副模样和长谷川町子[1]漫画里的恶婆婆有得一拼。我对她这种在小节处一丝不苟的苛刻劲儿感到不解。

"然后……"

还有然后？我吓得腰板直往后仰。

"里面那间小屋，只从早晨九点到下午六点租给你。六点以后的时间可没算在里面。每月六千，是早九点至晚六点的价格。你这阵子，常常亮着灯工作到很晚，必须多付一点租金才行啊。"

我大吃一惊，从没听说还有这样租房子的。可是，老太太既然提出来了，可能也有她的道理。况且，这段日子工作太忙，我确实经常加班。这么说来，岂不等于是从老太太手里租时间吗？嘿……我再次佩服得五体投地，震撼得连连摇头。

"然后，顺便说一句，你和那个男孩子，有时会在中庭里打包装箱，我可不记得啥时候把中庭租给过你。"

1　长谷川町子（1920—1992），日本第一代女职业漫画家，曾获文艺春秋漫画奖、手冢治虫文化奖、紫绶褒章、国民荣誉奖等，代表作是《海螺小姐》等。

"明白，明白。"

我垂头致歉，连忙仓皇撤退，再次发自内心叹服不已。

这位夫人，为人处世自不必提，更教会了我如何精确、细致地去记忆、判断和观察事物。稀里糊涂滥充好人是大忌，因此，在某种程度上，她越是说些挑毛拣刺遭人嫌的话，我越是与她意气相投，融洽相处。

追加的租金，我当然没有付，中庭也依旧在用着，但作为代价，我要在老太太面前表现得更加乖巧，一本正经地打扫庭院，故意用指尖拈起地上的草屑，让她看到我演得多么卖力。每当此时，老太太便会瞬间心情大好，从窗户里亲切地招呼：

"工作做完啦？来吃几块点心吧。"

谁知，别说端出点心给我吃了，只见她再次像是忽然想起了什么，拿出笤帚抹布，又忙忙碌碌、四下清扫起来。看样子，敌人亦非等闲之辈。我和老太太这种你来我往的大戏，便一直演了下去。不过，老太太打扫时的身影，终究还是渗透出几丝独居老人的寂寥。仿佛是为了扫去这份寂寥，她才如此热心于清洁。

那时候听她说她有六十五岁了，如今想必快八十了。这位老太太，有时为我提供帮助，有时严厉训斥，有时与我唠唠家常，有时聊些羞羞的事，有时闲话昔日旧闻……

而她那间"租借时间的简陋小屋",对我来说也渐渐不够用了,只好在南边五十多米远的横堀河边又租了一座独栋的房子。

尽管地方仍显狭窄,但工作室、缝纫室、裁剪室、打包场,全部集中到了一处。我去找老太太说明情况,她为我感到开心:"嗯,一开始我就知道,你早晚能做大。能看出来,你跟一般人不一样。"

分别之际,我结清了所有租金,算得清清楚楚。

虽说搬出了她家的大宅,每逢盂兰盆节和岁末,我仍会拎着橘子、内衣上门去玩。老太太每次都会鼓励我几句:

"你呀,前些天上了电视。嗯,侃侃而谈,说得越来越好啦。"

"在周刊杂志上看见你了。还是你本人更漂亮啊。"

"你做的内衣很结实,质量不错啊。我洗了好多遍,现在还穿着呢,真是好东西。"

在老太太家做房客总共两年多。工作的时候,我们总是打开便宜的收音机,一面干活,一面痴迷地听着神户一郎[1]或法兰克·永井[2]的歌曲,要么是大宅壮一与宫城音弥的

1　神户一郎(1938—2014),歌手、演员、实业家,曾出演电影《青春的山丘上》《海里来的人》等。
2　法兰克·永井(1932—2008),本名永井清人,著名情境歌谣歌手,以独特的低嗓音俘获许多听众。

时事谈话节目，无意间从中了解到不少时事与世情。此外，我还通过午餐时播放的"不伦广播剧"，一瞥到陌生女性的浮生异色。与我忙碌的人生相比，她们所在的时空仿佛发生了奇妙的逆转。听着她们的故事，就像有慢镜头电影在我眼前徐徐播放，那感觉十分不可思议。

我在横堀河边重新物色的独栋房子，那可真是破破烂烂。我只好花了比保证金还多的一大笔钱，做了一番彻底改造。首先，敲掉老旧墙壁，掀去地板，只留下柱子。而后，用钢筋对屋体进行整体加固。外墙横铺了一层瓦楞板，涂成鲜艳的橘红色，再把门刷成了蓝黄两色。改造进程意外顺利，既有了自己的个性，完工后的效果也极为出色。时而还会有年轻摄影师，把镜头对准仿蒙德里安[1]风格的外墙面。室内装潢我也大胆尝试选了一些实验性的颜色与材料。此外，从结构角度，作为一个起居空间，既照顾了居住性与工作室的功能性，同时保证与相邻的打包场的动线连贯。为此我可谓绞尽脑汁。

可是，町里的木工师傅，尽管见识过老式造船厂的施

1　皮特·蒙德里安（1872—1944），著名荷兰现代画家，非具象绘画的创始人之一，以红、黄、蓝、白、黑等原色的几何图形作为绘画的基本元素，对后世的建筑、设计等影响很大。

工方式，却对我口中的"工作室风格"毫无概念，只觉得不知所措。首先，这座房子的地板有些许倾斜，师傅必须趴在地上一遍遍地找准水平线。整修以后的房间，色彩颇为丰富，却缺少浪漫的女性气息。别看我是做内衣的，毕竟也是干粗活，所以工作室才会是此番面貌吧。

尽管如此，两层楼的工作室与打包场，依然像我赐给它们的名称"太阳码头"一样，漂亮地竣工了。唯独地下室的装修彻底失败了。我构想中的"沉思的房间"，最后成了"令人不安的灰色房间"，还不到一个月，它就沦为存放布匹的仓库。

这间仓库里长年沉睡着价值二三百万的布匹与材料。我在这阴森森、凉飕飕、散发着一丝霉味的地下室，沿着花了大价钱精心打造的铁质螺旋楼梯逐级而下时，总忍不住唉声叹气。生意开展得颇为顺利，与此同时，仓库里沉睡的原材料却动也没动过。赚来的利润全部化为面料，躺在那里睡大觉。

屋外每有卡车或翻斗车经过，地下便随之不停重重地颤动，如同地震一般。横堀河满潮的时候，脏水也会漫过来，几乎要灌进地下室。

在这里，我不由得陷入深思，并发现了一个事实——这不是我"沉思的房间"，而是"充满不安的房间"。

月末入账的现金，在手里几乎待不了十天就用于支付各种费用了。盈余？全都"长期住院"，躺进了这个"沉思的房间"。

我的做法是不是哪里错了？不过，供应商们见我每月痛痛快快地打钱，全都放心了。

这么多的原料，都是我定制的特殊材料、颜色与饰品。正因为它们具有巨大的市场前景，我这个毫无经验的人才能确定自己的商业模式。每周每月，我都要一次性囤积超出所需的量。

从我在朋友的公寓里为个展做准备，一口气定制了大批吊袜带用的金属扣开始，这种模式就始终没变过。

此刻，我不得不再次面对一堵更沉重的墙。不过，我并没有暂停特殊定制的打算。看来只能加快商品流通速度了。

我对自己说："你的生存之道，解决这个问题的途径，就是做出好设计，再将好商品推向市场，此外别无他法。"我从幽暗的地下室回到了明亮的工作间。

我那只名叫"艾伦"的奶牛猫，也趾高气扬地跟过来了。见我一本正经坐在工作台前，它也跟着"砰"地跳上桌子，神情冷漠地端坐在我面前。见我并没有搭理它的意思，便笨拙地甩给我一个懒洋洋的背影，往二楼的工作间爬去。

这只猫咪曾好几次从楼梯踩空，或在缝纫机的边沿打盹时掉落在地。我和它一起上楼的时候，会从后面推它的屁股一把，帮它使力。工作室的几个人，嘴上总刻薄地取笑艾伦，其实非常疼爱它，珍视它，甚至还参考它的黑白斑纹来画内衣刺绣的底图。

因为经费不足，二楼几乎没怎么改造。十叠榻榻米上只铺了一层绿色人造革，上面摆着裁剪台。其中的四叠半原本是晾衣场，改造后摆放了四台缝纫机。那段时期，郊外的外包工场往往是十二三台缝纫机同时开工赶货。

我忆起伊势台风那一夜，艾伦不见了，仿佛从世间抹去了踪影。

那天，台风比预警早到了一个多小时。晚间七点左右，老屋摇晃起来，发出吱吱嘎嘎的声响，令人发怵。八九点钟，摇晃得最剧烈。

大家从上午起便停下手头的工作，把地下的布匹像救火队接力递水桶一样挪到一楼堆放起来。大阪港的涨潮时间，恰好撞上了台风的最强时段，横堀河沿岸的地下积水深达一米，完全是被淹掉了。

在这种特殊时期，大家不仅养成习惯，早晚都会第一时间查阅报纸边栏里涨潮退潮的信息，而且来回搬运布匹这种大工程也干了好几次。

我让女工们趁天色还亮早早下班，自己和两个男孩留在工作室。大家都切身体验过台风的恐怖，其中一个少年嘴里虽念叨着"我家房子也很破，估计这会儿全家人都慌成一团了吧……"却执意不肯回家。

"不用，我家有老爹和老哥顶着呢……"

嘴上说着不要紧，稚嫩的内心似乎却极力压抑着对飘摇老屋的恐惧。

台风来时，晒衣场改造的缝纫区首当其冲，位置也恰好在街角。柱子嗡嗡震颤，瓦楞板搭建的屋檐在狂风席卷下，发出惊天动地的声响。屋门鼓起，弯曲如弓。我三人惊慌之下，死死用力抵住门。

屋顶的瓦楞板被风刮飞，像一张张扑克牌，以极其凌厉的速度腾空而起，最后又好似一枚刮胡刀片，"嚓"的一声，掉进因海水倒灌早已涨满的横堀河，沉了下去。

这座老屋的地基本身就建在泥土上，让人信不过。此刻，底盘似乎也晃动起来。我在脑中想象着晒衣场的四方形房间"啪唧"一下被台风拧断，连同缝纫机一起飞向空中的情景。

逃命啊！我三人犹如败退的残兵，从堆叠如战壕的布匹中间冲出来，恬不知耻地逃离老屋，奔到风雨交加、杂物乱飞的户外。外面已被漆黑的夜色围裹。家家户户落下了卷帘闸，大门紧锁，向逃命的三人表示拒绝。我们仨像没头苍蝇，盲目地向御堂筋大街跑去。银杏树在狂风凌虐下已枝残叶败，巨大的断枝散落一地。

我们冲进朋友开的洋装店，当晚被朋友收容留宿在店里。这里何其安静啊！简直换了一番天地。房子不晃，也没停电，在空调舒适的凉风下，缝纫女工们还在加班。

次日清早，我那橘红色的老屋沐浴在朝阳里，并未见太大损坏，只有屋顶飞走了。但是，艾伦失踪了。

给它取名"艾伦"，是希望它长成西部片明星艾伦·拉德那样强悍勇敢的美男子。当初，它是朋友祝贺我工作室改造成功时送的礼物，当时它还是一只小奶猫。工作室里长大的猫咪，会在傍晚时分大家下班后，一下变得格外孤独。每日，艾伦都会衔着它爱玩的那块橡皮，目送我们离去，这成了它的一种可悲习性。日常陪伴它的玩具，除了橡皮也就是铅笔了。有天，它在仓库装内衣的箱子里打盹，撒了泡尿，把商品全毁了。更多时候，它会卧在缝纫女工的膝头，一边荡着摇篮，一边呼呼大睡，时不时翻身滚落在地。就这样，还不足两年，艾伦还是个小少年，在成长为勇敢的艾伦·拉德之前便失去了性命……

工作室在"橘红屋顶"的那段岁月，堪称五彩纷呈。员工们也干劲十足，整个工作间充盈着青春蓬勃的朝气。而我个人的生活呢？跳出合租生活，好不容易在附近租了间小房子，刚开始独居，没过多久母亲便病情恶化，住进了医院。每晚下班，我不是回家，而是回医院。睡在母亲旁边的帆布折叠床上，次日清早直接从病房去公司。

所以，我同时须负担四笔支出：合租老屋的房租、新家小屋的房租、橘红色工作室的房租和病房的费用。仔细想来，真是在金钱等各方面都辛苦重重的时代，哪怕天天在长吁短叹中度过也不奇怪。但我从未有过一声哀叹，而是忘我地投入生活，很长时间里重复着从病房的折叠床到工作室的日子。

母亲会从病号饭里省下几口好吃的，用笼布蒙着，留给夜归的我填饱肚子。我不禁生出一种错觉，仿佛母亲仍在茶室等我下班，看着我大口嚼着她留给我的饭菜。

青春的热情足以吞咽一切。在悲伤、苦楚之中，往往浑然地掺杂着快乐。

某天，隔壁病房的女人去世了。她空出的病床被推进昏暗的走廊，一连几天摆在那里。尽管女人已不睡在床上，我仍吓得瑟瑟发抖，仓皇逃进母亲的房里。即使身处病中，母亲在我眼里依旧坚强、高大而温暖。

第三部

棒球与内衣

在常年为台风水灾而犯愁的橘红色工作室的斜对面，有座占地约三百坪的小公园。园内只有两座秋千，真是徒有虚名。街角还有个小警亭。我们经常在公园里玩投球。某天，我攥着骨碌碌脱手而去的小球，正要横穿公园前的马路时，小球撞上了对面的墙板，又跳回到我面前。围墙里面，竟然出现了一座三层建筑。

"啊！这么近的地方，居然冒起一栋新楼。"

我们手里拿着球，径直走了进去。楼门口写着"桥本大厦"。昭和三十五年（1960年）那会儿，尚未形成出租写字楼的风潮。桥本大厦的主人是一名钢铁企业家，在私人土地上建了这栋楼。租金押金便宜得让人怀疑是不是看错了。我正好嫌制作室太狭窄，便二话不说租下了此楼二层一间二十五坪的房间。

我顺便给业主介绍了一群开洋服店、做平面设计的朋友，获得了业主和朋友双方的感谢。受限于街道的布局，大厦楼体形状不是四方的，而是有个斜角。我租的房间一隅，也多出个三角形区域，利用不上，总觉得怪可惜的。

　　在艾伦消失的那个台风天，屋顶被狂风卷走，大楼业主从旁目睹了我们的一番苦战，并深表同情。我也向他倒了一通苦水。

　　"这样吧，在我这栋楼的楼顶，用全部面积给你加盖一间大大的工作室如何？"

　　趁此机会，我总算将整间公司搬进了桥本大厦。除顶楼之外，我还另外租了三间房。每天楼顶都高高飘扬着我的社旗。我一共制作了三种社旗，分别是：染成红、绿、白三色，上面印有公司名的旗；传统的鲤鱼旗，蓝色、形状细长，以白色线条描绘出鲤鱼纹并印有字样；黑色的四方旗，以白色线条勾勒出裸女半身图以及吊带衬裙的轮廓。

　　我还在顶楼建了一间浴室。炎热的午后，休息时大家可以进去冲个凉。由于写字间是在顶楼加盖的，空调制冷效果并不理想，制作室离太阳太近，一到夏季暑气蒸腾、闷热难当，能冲个澡是难得的惬意。

　　楼顶虽说挂了社旗，但我并不在旗子下面搞什么晨会或训话。三角形的建筑，顶端飘扬着美丽的旗帜，犹如一艘远洋的巨轮在海面航行，这种错觉十分有趣。况且那段岁月，堪称是我个人的"黑暗时代"。在阳光下迎风招展的社旗，寄托着我们所有人的希望。

制作鲤鱼旗的理由说来夸张。我记得读过的一本书中写道：古罗马时期的基督教徒为躲避执政者的迫害，会隐居在地下墓穴里，坚守信仰。他们为了识别彼此，会把鱼形符号作为秘密接头暗号。在非洲习俗中，据说将鱼形的布偶装饰在门上，便能招来滚滚财源。在我心里，鱼就是地中海文化的象征。我钟爱它们，于是特意在蓝色旗子上染制了鲤鱼纹样，祈愿自己制作的内衣能像鱼儿一样繁衍不息。我时常想象着，它们成群结队在大海里活泼泼四处游弋的景象。

至于写字楼里的其他租客，有卖床的，也有卖宝石的。宝石商总是锁着门，关在屋里吭哧吭哧打磨钻石，砂轮嚓嚓作响。我不时会去他家门口瞅一瞅，看看有没有掉落的碎宝石。

有一天，走廊里堆放的十来匹花布忽然不见了踪影。有个朋友平时总喜欢恶作剧，靠顺手牵羊来取乐。我打电话询问，朋友却慌忙否认："这怎么可能！"我疑心他在撒谎，逼问之下，朋友大呼冤枉，一本正经地跑上门来澄清，我这才相信果真是冤枉了他，遂向马路对面的警亭报了案。

来了名胖胖的巡警。一瞧见我的脸，便道：

"你啊，前阵子上过电视。在镜头前面，就不能多笑笑，说点好话，表现得讨喜一点吗？哦？这可不行啊，太不像样了。"

"是、是，不好意思。我以后注意。"

我对巡警实在应付不来，感觉自己像个超速被抓、被痛斥的肇事者，灰溜溜鞠了个躬。

"这个嘛……贵司内部，有没有会偷布匹的家伙？不，不，就算不是偷吧，是搬到哪里去，结果给忘了之类的，有没有这种不靠谱的家伙？"

巡警先生环视着众人的脸。我正心忡，这样描述不就是另一码事了吗？却听 A 君喊道："有！有！我司有个毛手毛脚的家伙。"

A 君揪来了一位绰号叫"懒鬼吉"的销售员。

懒鬼吉一脸坦然："我听开酒馆的老哥说，他在街对面的香烟铺门前好像见过有人把布匹往一辆轻卡上搬。"

"嗯，嗯，街对面的香烟铺是吧？"巡警在本子上记录着。

"巡警先生，这事跟香烟铺的婆婆打听一下，会不会有点线索？"

"香烟铺的谁？"

"那家香烟铺的老太婆，绝对是个见钱眼开的小气鬼。

我们天天在她家买烟，她一次也没给便宜过。"

"你小子，香烟的价格不都是国家定的吗？"

懒鬼吉和巡警先生的对话越来越脱线，你一言我一语，简直跟长谷川町子的漫画一模一样。反正到最后什么问题也没解决，布匹也没能找到。

二楼的平面设计师藤本雅也，自从弄丢了大门钥匙，就天天从窗户翻进翻出，像个耍杂技的。有天晚上，街角警亭值夜班的巡警，冲出来在楼下大吼："抓小偷！"吓得雅也险些摔下来。

这位酷似阿兰·德龙的设计师，工作能力极为出色。TUNIC COCO 的社旗、两种社徽、标牌、包装纸、塑料袋、纸箱等，都出自他手。他能精确捕捉我内心的想法，将公司徽章的核心理念整理、落实成具体的造型。

TUNIC COCO 为何会有两种社旗、社徽呢？我在这解释一下。不管是社旗还是社徽，设计原则是一致的：一种代表公司卓越的经营理念，一种祈愿个人自由意志的存在。公司的名称也有两个词：TUNIC 和 COCO。

藤本君的工作室在走廊对面，门上挂着他自己书写的标牌——DoDo 创意合作社。DoDo 据说是一种已灭绝的憨憨的鸟，体形肥大，失去了飞翔的能力，也叫渡渡鸟。每当他沉迷工作加班至很晚，我便会心急火燎，连门也不敲，径直进去催他下班。他工作疲倦时也会溜到我这边来，闲侃一阵再回去。有时，我俩从中午起，一聊就是四五个钟头，要么唠唠闲事，要么胡说八道，夜里不管多晚，也会一道去喝上几杯。深夜告别后，他会独自折返公司，再次投入工作。

藤本君每天到我的工作间来，从睡袍、睡衣裤和吊带衬裙的面料验收，到设计、裁剪、缝纫、出货，他都一一看在眼里。当然，他和我公司设计室的职员、销售、会计等人，也毫无架子地打成一片。

"好，好，贵社的订单就给我们吧。啊哈，原来如此，原来如此。那之后？啊哈，原来如此。贵社的预算是？不，不，非常清楚……那么改日再会。"

就这样，在藤本君出手相助下，我有幸逃脱会客室里每日了无新意的接待工作。

商品宣传方面，我没花什么钱。

在内衣秀上，虽说做了强势宣传，但没多少具体费用支出，相反，还从电影公司、百货店、纺织公司、夜总会那儿拿到了不少宣传费。此外，演出费、制作费、旅费……之所以痛痛快快从合作方那里拿到赞助，是因为我竭尽所能改变了业界的生态，重建了行业规则。况且，我并不急于让自家商品在短期内立见销量。

昭和三十三至三十四年（1958—1959）间，我曾将内衣作为奖品，赠送给职业棒球赛中击出全垒打、赢得胜利或勇于拼搏的选手。可以说，那阵子每有空闲，我必去观赏夜间棒球赛，站在观众席加油助威。可我对棒球一窍不通。不懂归不懂，但我深爱现场热火朝天的氛围和声势浩大的观众规模。我加入热情高涨的人群，几乎每晚都设法将当天的棒球英雄与自己内衣品牌绑定在一起。每当球手击出全垒打，观众们齐声赞叹时，场内的广播便会念出我和内衣品牌的名字。这真是个不错的主意。当打者立于垒上，扎好架势准备击球的瞬间，观众席里常会飞出奚落与调侃声："吊带衬裙一枚！加油哦！"棒球选手与内衣，多么神奇的组合。有时候，现场解说还会在全国联网的电台节目里播出。与高昂的宣传费相比，效果看似不尽如人意，因为球场里九成以上都是男性。作为女士内衣的宣传手段，乍看之下没什么实效，但其实，它的效果就像台球里的反弹球。

　　随着与球场、体育报社打交道的次数愈来愈多，我竟意外拿到了全明星赛球员表旁边位置的广告权。我傻傻不懂这是多大的恩惠。直到两三天后，N电器公司宣传部急乎乎地央求："把广告位让给敝社吧！"我才头一次了解到其中的商业价值。对方越眼巴巴想要，我越不舍得撒手，最后还是决定不让给他人。

当全明星成员山内和弘选手脖子上戴着用吊带衬裙编织的花环，照片和相关报道登上电视、报纸与杂志时，我心里美滋滋的。可扭头一瞧，N电器的冰箱、H电器的洗衣机、P公司的汽车，图片全都小得可怜，唯独吊带衬裙大出风头，我又有点过意不去了。

至于这波广告的宣传效果，则好似将划着的火柴凑近汽油。一根细小的火柴，便足以引发一场大爆炸。所以，不要光考虑如何增加自己手里的火柴，要先弄清楚汽油所在的环境和汽油的状态。消费者的欲望如同汽油，当中蕴藏着一种爆发力，名曰"潜在需求"。因此，错误的爆发，不仅将企业置于险地，可能还会欺骗消费者，甚至给市场造成恶作剧般的混乱，一方面，之前热销的商品一下无人问津；另一方面，打算推出的新品，但准备数量无法满足需求，也会收到消费者或市场的抱怨。

所谓宣传，就像餐馆诱人食欲的香气，一旦勾起了食客的胃口，就必须为之负起全责。激起了客人对牛排的欲望，馋得人家口水直流，端上桌却是一盘汉堡肉饼，那简直是岂有此理。

我回想起，一款名为"威廉衫"的男女通用贴身汗衫刚发售时，曾有一件趣事。

当时，TUNIC 制作室的女性，每见有男性单独走进屋来，也不管人家是员工还是批发商，都会两眼放光，请对方脱下裤子，然后一手拿着裁缝尺，嘀嘀咕咕品头论足起来。在迫切要求下，草率褪掉了裤子，上身还穿着西装，下面只剩条内裤的男人们，丈二和尚摸不着头脑，满面羞红呆立在原地。可惜，这群全神贯注的女手艺人，对男人的表情毫不在意。她们在思考，如何将男女内衣各自的优点融为一体。

制作室的女性，如此对男性的下半身反复研究之后，竟得出了一个结论——内裤正面的开口压根儿没必要。这样一来，取消前开口的男女通用款内裤便应运而生。

但话说回来，衬裤的前开口还是有必要的。于是，大家善解人意地在斜右侧设计了一道乍看像口袋的开口。由于位置像是盲肠手术留下的刀疤，因而得名"盲肠裤"。

这款衬裤的忠实粉丝永六辅[1]先生曾在随笔中为其巧言辩护：

"人有左右撇子之分，所以难免对它会有怨言。幸好，世间不是凡事皆反其道而行，这纯属生活里一点小小意外而已。"

1　永六辅（1933—2016），日本作词家、作曲家、作家和电视主持人，代表作有《大往生》《昂首向前走》《仰望星空》等。

我为这一系列内衣请了黑人模特威廉来做宣传。并取得了他名字的使用权，将运动型内衣统一命名为"威廉"系列。

谁知，在某百货公司却发生了怪事。店长巡店时，竟下了涉嫌种族歧视的命令："把这个黑人的广告牌撤了。"

店员只能遵命撤掉了广告。不过有这类奇葩要求的店铺仅此一家。黑人模特的海报在其他店铺反响热烈，不光增加了广告牌的数量，还放大了尺寸，且涌出一批批前来索取照片的粉丝，掀起了一股海报热潮。

我甚至曾在街头偶见一位乌冬面店的外卖小哥，身穿与威廉同款的牛仔裤，搭配横纹衫，戴着与威廉酷似的正方形草帽。

就连桥本大厦对面警亭的巡警也出现在我工作室，提出想买和海报里同款的内衣。每次，我们碰巧在街角撞见，巡警正逮着交通违规的司机说教，我便忍不住想象那严肃的灰制服下面藏着五颜六色的横纹衫或花内裤，嘴角便不自觉涌起笑意。

"威廉"系列也是日本内衣市场上横纹衫流行的开端。

如今，黑人照片、运动服、横纹衫皆已大众化，也不会再发生撤海报的事件了。

地中海与魔女露西之旅

一九六四年秋，我忽而心血来潮："去旅行吧！"便像个赤条条、来去无常的行者，将日本抛在了身后。

欧洲，地中海，美国、墨西哥、摩洛哥，一路走去，我离日本越来越远。

去国遥远，我与故土日渐生疏。异国阳光下，公司业务、客户需求，也在视野的远方变得模糊而依稀。日复一日，我连信也不写，在脚步所至的各个国家，生出一种已化身当地人的错觉。

日本之外的地方，确实如我在书中读到或从他人口中听闻的那样，也符合历史书、导游书的描写。但同时，它们又截然不同。

这趟旅程是阳光下的行走，所到之处，皆有明媚的阳光与蔚蓝的大海。

寄身漂泊的旅途，"自由"的风包裹着身体，我不禁思绪惆怅，深深叹息。此时此地的我，悠然品尝着咖啡的香浓，过着"完全像个人"的生活。与这个我相比，日本的我，到底算什么呢？我内心最初的渴望是什么？在国内时，单单是染个金发，走在街上便引来路人纷纷侧目，此刻置身异国，情况却反了过来，换成我坐在露台上，愉快打量着形形色色的路人。

有个从欧洲旅行归来的日本人曾说："怎么说呢，欧洲太悠闲了，那里的人天性懒惰。他们的民族正走向灭亡。瞧瞧美国吧。以日本人的勤勉，用不了多久，也会把欧洲甩在背后。"对此，我却有不同的看法。重视饮食、睡眠与享乐，把动物层面的欲求放在首位的欧洲人，他们单纯的生活方式，令我发自内心地为之感动，同时也意识到，自己早忘了如何享受生活。日本的那个我，根本不是完整的人！忽然间，我失去了前进的方向。与其说顿失方向，不如说这一丝困惑早已在我心底隐隐作祟……

"橘色工作室时代"后，紧随而来的是"黑暗时代"。日常工作之余，我还策划了多场内衣秀，拍了部电影。

还有什么事是我做不到的？我陷入了思索。我拙于金钱计算，在推销技巧上也谈不上高明。什么嘛！这岂非就是什么也干不好？在这样的念头下，我开始认真考虑起组建团队的问题。

首先要聘用懂得收支核算的人。其次招募擅长推销的人。在这些人的协助下，我废话少说，只要设计出好的内衣就行。

我只会以自己的方式思考。无论在工作中、日常生活中、恋爱或玩耍中，我从来不干涉我的灵感，任由它们从大脑中自动冒出来，所以，我的想法与结论在这个世界究竟处于什么位置？我不清楚。对于他人的想法，与其说我不在乎，不如说感到费解和有隔膜。

税务、会计、行政、销售……仔细想来，这些工作都需要依照世间通行的方法去完成。我办不到。就算我以自己的思路同样找出了解决方案，世间大概也理解不了我的做法吧。

从报社辞职时，我曾在心里偷偷立下誓言。

我要离开眼下这个组织。对这样的体系，我已深恶痛绝。我将尝试打造属于自己的团队，并希望它是一个结构健全、以人为本的微型社会。从此意义来说，内衣不过是我实现这一理想的手段。

我要创造一片沙漠中的绿洲，一个不必再体会昔日的厌憎与苦闷的乌托邦。我在过去的集体内尝到的痛苦有多强烈，这个想法就有多认真。它成了我正面迎击的人生命题。

这会是个幼稚的美梦吗？不、不，是与否都无所谓。无论是我还是大家，都不愿再经历我曾尝过的那些滋味。索性来个约定，只要我和大家身在这座名为 TUNIC 的城池与护城河内，就要保证它作为绿洲的纯洁。对于这一点，从公司仅有两三名员工时，我便如此打算了。

眼看人员越聚越多，一张组织网络初具雏形。我开始扪心自问："我有没有以守护绿洲的名义，以追求秩序与自律的名义，让大家忍受我当年忍受的痛苦？"

　　同时，我也深知，守护绿洲的我，与我自己也已渐渐割离。

　　内心的那个我，不分任何场合，总在我耳边急切私语："我是我啊！"但同时，"如此继续下去，也许某天我将不再是我"的念头，也折磨着我。

　　逃离组织后，心情大爽。厌倦了工作，视之如仇敌，我开始重新审视自己的生活。曾经整天满脑子组织、组织，像个小卒似的为之奔走，可自己明明才是组织里最大的牺牲者，不是吗？

　　为何讨厌与人打交道的我，却创办了一个由人组成的团体？当初我勾勒的人生图景，不该是一个人睡，一个人醒，悠哉享受着咖啡，独自从容地埋头于工作吗？在卡萨布兰卡的白色小镇，我坐在露台上，啜着咖啡，心中暗想。

　　不经意一瞥，却见一位戴太阳眼镜的中年白人女士，看样子应该是法国人，一脚搭在方凳上（搁脚的皮垫子），神态惬意地抽着香烟。身体动也不动，脸也不扭一下，好几个小时保持着这个姿势。就连卡萨布兰卡白色的阳光，也静静凝结在女人身旁，悄无一丝声息。我虽无法看到她瞳孔的颜色，却羡慕地眺望着这幅"灵魂深处的自由图景"。她身上散发着我早已遗忘的、属于人或曰属于女人的气息。

话虽如此，嘴上嚷着讨厌工作，我却又开始做起了内衣。

是内衣将我与日本联系在了一起。

每到一个国家，我总在咖啡馆里描描画画，设计内衣、睡袍的草图。

旅途中，我的头脑能够自由发散地思考。初见一个国家的印象，当地的风景、色彩与人，悉数融进了我的设计中。我构思的内衣、睡袍，以一种新鲜的面貌跃然纸上。

我将这些草图从各个国家寄回日本。令人惊讶的是，当我再次踏上日本的土地时，当初走笔如飞画下的草图，早已统统制成了商品。日本这国家，包括我的公司，是多么全力加速、马不停蹄啊！

迎接我回国的新商品如下：

从美国姑娘身上获得灵感的"查尔斯顿睡袍系列"；

阿拉伯王室风格的宽松款"阿拉比亚睡衣裤""穆罕默德晨袍""苏丹睡袍"；

北欧风、偏古典款的"萝丝玛丽晨袍"；

饰有华丽印花刺绣的"意大利晨袍"；

西班牙个性款"欧蕾小姐吊带衬裙""小辣椒睡袍"；

带有法国优雅风情的"摩根女巫[1]睡袍"……

回国时，我给公司带回了一抹夏日气息。

少女时代在"冰雪王国"金泽与朝鲜度过的我，是个热爱冬天的人。这种特质，也反映在过往的内衣作品中。

当时，恰逢社会上正迎来天然棉织品时代，于是，我比其他品牌抢先一步，采用了细棉纱宽幅波纹布以及棉绒材料。

下次若再旅行，"就去寒冷的国家好了"。我正在心里这样盘算时，便收到了飞往南斯拉夫的法航招待券，因此，毫不犹豫踏上旅途。

在南斯拉夫，有的是物质匮乏、百废待兴的清冷都市，空旷寒冷的大酒店，冬日国度里表情阴郁严峻的人们以及低廉的物价。与周围的意大利、希腊仅隔着一道国境，气氛却如此迥异。

随后，我又去北欧游历了一圈。美丽的女性、干净的街道、整齐划一的民居、优越的福利政策……但我，总觉得有些孤清寂寞，很担心会熬不住就带着冬天的厚运动服

1　摩根女巫，即摩根·勒菲（Morgan le Fay），中世纪欧洲传说"亚瑟王传奇"中的一个邪恶女巫，最早出自 12 世纪的法国神话。

逃回日本去了。

寒冷的国度里，残留着一种幽暗、深邃的浪漫。那些只有北国孩子才知晓的、凝练而压抑的北欧故事，躲在街边的屋檐下、睡床的阴影里或桌子底下，时不时偷偷探出它们的脸。

我在一家寂静的旅馆，独自在天顶高挑的石屋里侧耳细听，忽然心里害怕起来，急急奔向楼下昏暗的大厅。

坐进一把旧扶手椅，望着窗外淅沥沥的小雨，我焦急地试图思考些什么。正慌慌张张掏出香烟……

啪嗒！一只点燃的火机递到我面前。定睛一看，原来是一个阿拉伯裔的黑人朋友，咧着红红的嘴唇冲我微笑，似乎想约我去散步。我拒绝了。对方说着一口流利的英语，看样子是个学生。我望向窗外。

继续思考，思考自己该思考点什么。

斜对面坐着四五位绅士，侧脸仿佛老电影里的登场人物，在大堂里枝形吊灯的昏黄光线下，浑身散发出一种库尔德·于尔根斯[1]般的气质。

1　库尔德·于尔根斯（1915—1982），德国电影演员，曾获第16届威尼斯电影节最佳男主角奖，代表作有《英雄已倦》《最长的一天》《德黑兰43年》等。

在机场与市区之间，暮色四垂的荒野里狂风浩荡。我坐在机场的木椅上，耳边低低传来《天鹅湖》的乐声。忽然间，我有种此地与俄罗斯大陆紧紧毗邻的错觉。在日本听这首曲子，我只能联想起孩童扮成天鹅欢快舞蹈的画面；而在这片土地上，却有股荒原大陆席卷而起的狂野浪漫。

在酷寒国度里，每次望见当地人的脸，一方面会让人领略自然环境的严酷，一方面反而使人感到人所特有的"血液的温暖"。这块土地上孕育的文化，不会让人哼着小曲、恬静适意，而是某种直逼人心深处的、酷烈的东西。

南斯拉夫的秋日，天黑得特别早。下午三点，昏黄的暮色便携着不祥的预感，给我的眼瞳染上了一层异色。

南斯拉夫的魔女露西驾着夜风，翩然来到我面前。

"鸭居小姐，你到此有何贵干呀？"

"……"

"是寂寞吗？让我来安慰你可好？"

"嗯。"

"你是为了逃避忙碌的生活，才到这里来的，对吗？没错，我敢肯定。你讨厌那种一成不变、今日便知明日事的生活，于是从日本的平静日子里逃了出来。没错，一定是。"

"……"

"你可以不必回答，让我一个人来说就够了。你与其说是逃离了自己，不如说，意识到自己无法成为更伟大的人，已无力率领公司继续发展，于是不管三七二十一，先逃出国再说。"

"才不是呢。我不愿再过凡事追求合理、刻板律己的生活。我只是怕了身边那些千篇一律的人和事。"

"这和我说的不是一码事吗？你是个任性、孤独的漂泊者，一向独来独往。要不要我告诉你，为何你总是孤单一人？"

"请吧，我洗耳恭听。"

"别看谁也没有发觉，但你其实是个无可救药的娇气鬼，心肠好，怕寂寞。你很喜欢猫猫狗狗吧？这就对了。麻烦就麻烦在，你耐不住寂寞，骨子里却固执、爱逞强，有着强烈的自我意识。没办法啊，你扛不住寂寞，到头来便一走了之，逼自己踏上旅途，设法找个方便的借口，倔强地离开。还记得吧？做记者那会儿，你曾偷懒躲进纪州的深山，接连两周人间蒸发。那时候你没有空手而回，一到家就动笔写起了《野狗傻傻》的书稿。这一次你也希望能带点儿什么回去，心里在暗暗祈祷。"

"我可没打算带什么东西回去。你干吗总想让我把过去、现在那些有的没的全部背在身上？"

"啊，你又在自我欺骗了，还试图欺骗我。好吧，听我讲。

255

当时你看似在反抗报社那套体制，却并未意识到那其实是一种自我反抗，是否定他人也是沉溺自我。"

"少烦了。别一口一个自我、自我的。"

"麻烦你回想一下。正因为你的自我意识过强，才会有那样的反应。这个问题咱们不妨深挖下去。你试图通过自我否定来否定什么呢？你想否定他人、否定身边的现实。每件事情都理所当然、按部就班，你讨厌那种一成不变，终于忍不下去啦。"

"喂，露西。我现在考虑的是另一码事。虽说不方便大声宣布，但是……我完蛋啦！"

"完蛋？怎么完蛋了？"

"我从小就跟我妈嘴里那套'做人之前先做女人'的说教对着干，发誓反其道而行——做女人之前要先做人。可最近，我才意识到，自己的想法愚蠢透顶。做个完整彻底的女人，和做人不是同等重要吗？我终于恍然大悟，正因为和男人不同，女人才能成为女人啊。喂，露西，我好想做回女人，好想谈恋爱。可是工作重要还是做女人重要呢？难道只做半个女人，还要把工作干好？唉，我到底在说些什么啊。要是能拥有另一种人生该多好……"

"哼！随你的便吧！傻瓜。你这人，脑子稀里糊涂的。不愿当艺术家，非要去做什么商人。哦不，是做了商人，彻底投入到俗务当中，也因此生出了一份责任。可你害怕这份责任，索性从卖内衣的俗务中逃离，事到如今，还妄想恢复以自我为中心的艺术家身份，妄想变回谈情说爱的小女人，做着温馨的家庭梦。"

"开什么玩笑。家庭梦？管他俗不俗呢，我只想拥有能谈情说爱的人生。"

"自认是艺术家的人当中，也有一些虚有其表的家伙。在人们认可的艺术品当中，也有虚有其表的东西。无论内衣还是生意，我认为皆同此理。你试着做个不俗气的商人，卖不俗气的内衣，不就行了吗？"

"露西，你醒醒。咱们这叫鸡同鸭讲，说的明明不是一码事好吗？"

大人的玩具

和魔女露西打过交道的我，脊背生寒，慌慌张张径直回到日本。

在幽暗的旅馆里，魔女对我喃喃低语、密授机宜。我想，必须好好纪念她们。尽管魔女态度不逊，但所言都是不可否认的事实。为表示敬意，我决定制作一些魔女人偶。

"魔女一号"诞生了：灰色的头发，顶端插着三根像是天线的细铁丝；鲜红的阔嘴唇，看起来仿佛有毒；细长的眼睛、三角形耳朵、粉色的胸部，背上长着黑色的翅膀。

新娘装扮的魔女，白色头纱下面生着两只犄角，顽皮地吐着舌头。

我以最快的速度，在公司里给"魔女小组"开辟了一个单独工作间。既然老早就梦想制作大人玩的玩具，此刻便应该动手去实现它。除了人偶以外，我也开始做些"好玩但不讲条件"的东西。

"魔女"系列之后，我又做了"骗子"系列人偶。

作为内衣品牌，当然少不了内衣人偶产品——穿着薄薄的内衣，尾巴长长的，屁股里注入香水，我把它命名为"臭鼬人偶"。这个系列的每一款都取了和"屁"有关的名字——奈良古稀公主[1]、噗子小姐、废气管子、快乐喇叭、黄鼠狼公主、哧哧公主、喷花公主、屁屁子——全都是些古怪的名字。

魔女小组之所以要推出"大人的玩具"，目的在于通过制作贩售这样的商品，启发和活跃员工的头脑。为了捕捉消费者的兴趣，思考也会更自由、发散。如此无拘无束的头脑，想必对内衣也能具有出色的鉴赏力。所以，不如这

1　这里是两个谐音梗，日语中奈良（Nara）与"屁"同音，古稀（Koki）与"呼气"同音。

么想：我的内衣，既是一种角色扮演游戏，也是一种玩具穿的道具服。

孩子借由玩具孕育梦想，丰富生活，获得成长，提升思考力。因此，我认真地觉得，玩具对大人来说同样必不可少。我将玩玩具的活动称为"大脑体操"。

靠内衣不能触动的心，不能讽刺的事，不能取悦的对象，不能逗得哈哈笑的人……我决定换个方式去做到。我盼望，通过玩具唤醒人心与生活。

动物的幼崽嘴里衔着块小木片就能玩得不亦乐乎，可随着年龄增长，却渐渐不再顽皮、嬉耍，成天埋头打着瞌睡，变得越来越像它的主人。望着它们沉闷的模样，我总觉得惋惜。抚摸着不再啃鞋子的老狗，缅怀与它共度的青春岁月，难免会心生惆怅。

人亦如此。人一旦长大成人，会立即放下游戏，换上一副务实的嘴脸，凡事只认资历。我对这种资历至上的人生始终抗拒。三十岁该有的样子、该有的爱好，六十岁该有的平淡从容，十九岁该有的活泼开朗……这一切过于理所当然、按部就班了。所谓的"该如何如何"，怎么想都有种戴着懂事的假面具，努力扮演优等生的乖小孩之感。

要我说，索性连日历都不必遵守，推出那种一年一千五百天、日子倒数的日历，稍微乱来一点，大家说不定反而活得更认真。

　　说到大人的玩具，我还制作了"想事儿专用靠垫"、贝壳形粉盒、贝壳形香皂"海底蔷薇"、状如屁股的香皂（Sabon · la · Poo）、坐浴盆或马桶形的烟灰缸，还有长着金牙和虫牙的嘴型烟灰缸、小烧瓶模样的"眼泪壶"等。

　　然而，当我将这批"好玩却不讲条件"的玩具推向市场，才发觉原来人们给玩具也附加了诸多条件。换言之，出于实用主义目的，人们只买一些"能挂在车里的玩具"。同理，大家虽说挺喜欢人偶，但一直在思考能否挂在车里，就先排除了泥制工艺人偶。

　　和"该如何如何的人生"道理一样，我也反对"为了如何如何的人生"。

　　看到太多人将情感、友谊、学习或修炼的各种技能，全部与"为了如何如何的人生"挂上钩，我会忍不住觉得，人类已沦为"合理主义"这部巨大机器的一个零件。对内衣或睡袍，就更是挥舞着实用主义的算盘，把账算得门儿清。

　　我的内衣梦想是，在功能主义的基础上，醉心追求无条件的趣味、优美还有古怪好玩的事物。我想让人们把这些东西用于生活。

　　此刻，我手中有一款睡衣，用粗大的竖条纹与大波点面料拼接，装饰飘带大胆缀于领口处，飘带顶端缀有两个小纱球，整体看去好似小丑服。

我想，人生中再没有比穿着它睡觉更快乐的事了。但在世俗的合理主义考量下，这种"古怪好玩"反倒成了睡衣卖不动的理由。

面对着睡袍胸前的一根红色饰带，十个大男人紧蹙眉头，抱着手臂，争论了半天究竟缀上好，还是不缀好。这样的讨论，每天都在 TUNIC COCO 内部反复上演。

望着十个绞尽脑汁的大男人，我心里涌出两种感受：

首先，男人与花边、饰带向来无缘。购买此类商品的人皆为女性。女孩子大都喜欢这些玩意儿。那我索性告诉眼前这帮男人，做一款浑身上下缀满丝带的睡袍，掀起一股丝带的潮流，别再为一条丝带斤斤计较，想来必定很痛快吧？比如，法国制造的商品，有趣的地方就在于，哪怕是成人款式，也会夸张地缀满传统式样的优雅花边。

越是童装，越要简洁单纯，成人服饰反而要缀满花边！我常在脑中描绘这幅图景。

不过，另一方面，我对眼前这十个男人也充满敬意。

换言之，我欣赏他们素来与丝带无缘，却在一根丝带的设计上毫不含糊的客观态度。要是换成女设计师，恐怕会说："别纠结了，花边儿多可爱啊！"仅靠习惯性的一句话，就把事情给打发了，根本不会正视问题。女采购、女店主身上也有同样的情况，动辄往自己的口味上偏，将自己的喜好贸然断定为个性。如果她们的品位符合时代倒也说得过去，就怕偏离了时代，造成许多问题。在这一点上，男性会把"花边是否符合时代潮流，如今好不好卖"作为探讨课题，不会轻易掺杂个人好恶。对着一根丝带抱臂沉思——这恰恰该是男人的工作。

很久以前我曾琢磨过，女作家笔下的男人与男作家笔下的女人，究竟哪一个更真实？有位男作家说过："男人不懂女人，因此会以'不懂'为出发点。不懂，所以思考。思考后，再去动笔。"与之相比，女人却全凭直觉，自以为懂男人，写的却是自己理解中的男人。

这群埋头死磕丝带的男人，在我看来颇为值得信赖。其后不久，他们便琢磨出了一堆关于"丝带"的奇思妙想，连男人见了也会为之倾倒。

写字间、电话、制服、锁与印章

如今，百坪大的写字间内，有一张专属我的工作台。桥本大厦外墙采用银色不锈钢装饰面，在朝阳下闪耀着冷冽的白光。银色真是不可思议，在太阳照射下，会显出炫目的耀白；一旦被云翳笼罩，又会转为悲凉黯淡的灰色，像一头表情冷漠的动物。

　　不锈钢桌上的电话响了。电话铃作为一种反映工作节奏的声音，威严地回荡在每个工作者耳中。工作室在一坪小屋那会儿，什么像样的家具都没有，除了我桌子正对面装有的一台黑色电话机。这台电话，使我犹如掌握宇宙电磁波的统治者，它是工作人士的有力武器。小时候，我不明白那看不见的声音究竟从何而来，感觉像魔法道具一般不可思议。当时的那份心情，至今依然记忆犹新。眼前的电话不仅送来各类订单，催促业务进度，还会不时下达偿还欠款的最后通牒。日本各地的声音，皆由它传至我面前，我每日的工作，也随之不断膨胀。

　　可如今，桌上十几台电话响得此起彼伏，在我听来，犹如深陷恶魔的围攻，再也听不出宇宙的神秘电波，每天接收的净是都市里的噪声。有时，它们发出警笛般凄厉的鸣叫；有时则像哮喘病发，气喘吁吁持续尖厉地呼号，其躁狂的程度吓得人一愣一愣的。不管是正在思考，还是午饭时正惬意地享用美餐，它们都会旁若无人地突然炸响，用噪声打断我。有天，我和两三个员工把电话机开膛破肚，抄起螺丝起子，以外科医生般的手法小心摸清了蜂鸣器的部位，然后里三层外三层给它裹满了胶带。自那以后，电话铃声变成踩死青蛙式的闷哼，有时聊天分心，甚至很难察觉电话在叫唤。

每当铃声骤响，我的美梦便随之消散，我的心会被硬生生拽回不锈钢桌面上的文件里。

来拜访我的人，仿佛集体商量好了似的，全都穿一身西装制服。

制服这东西，我谈不上讨厌。幼儿园宽宽大大的制服，比设计过度、刻意凸显可爱的童装更能反映孩童的本性。护士和银行女职员的制服也非常强调穿衣者内在的女性气质。电影里的犹太女兵，军装下藏着美丽的身姿和丝绸内衣。想到这点，军装在我眼中也变得更有魅力。加油站的年轻员工，身穿牛仔布制服，头戴仿德军制式的帽子，因而他们加的油也让我开车时更放心。厨师长帽子的高度，左右着煎牛排的美味程度，帽子越高，味道越好，两者总是成正比。不管社长还是社员，清一色穿西装、打领带，会激发大家同为组织成员，抱着相同信念而努力的集体感。

但话说回来，这种着装的统一，在我眼里也意味着精神上的一致和单调。我甚至怀疑，轮流穿梭登场的每个角色莫非都是同一人的分身？原因大概是，我在商场上一个朋友也没交到。

从前的"一坪工作室"，除了大门有锁，其他地方一概未曾装锁。锁这种东西真是不可思议，任何人都对它至少产生过一次好奇，而我在对它好奇的同时也怀有抵触。如今，宽敞的写字间里，从文件柜、写字台到保险柜、印章盒，样样东西皆有锁来守卫。这是因为人人都要为自己承担的工作负起责任，管好手头的物品。然而，唯独我的写字台没上锁，理由颇有些孩子气，不过是"怕弄丢钥匙"罢了。此外，我总觉得，锁代表一种"防人如防贼"的不信任感。这也是我不愿装锁的一个理由。

当年，我生病的母亲若想存一件东西，首先把柜门钥匙放在某个箱子里，箱子钥匙又藏在隔壁房间搁架上的盒子里，而盒子钥匙不是塞在某只鞋里，就是压在枕头下面，搞得像解谜游戏。仿佛在小小的家中，把人挨个当贼防着，实在恐怖。这种思维方式，在工作场合往往会招来意外的麻烦。

吉卜赛人看到白人进屋后总是随手锁门，他们曾解释道："锁门这事，岂不等于告诉别人，自己藏在屋内？人家说不定会从锁眼朝里面偷窥。这样一来，你便很难守住自己的孤独与秘密。我们吉卜赛人的孤独，要放在蓝天下和人群里方能守护。"

不过，写字间里的锁到底该不该有呢？直到现在，我还找不到完美的答案。

我的案头有一枚染了朱红印泥的公章。公章这东西虽实用，但它既非艺术品，也不具备什么美感，与"灵魂""生命"这些词更是相去甚远。

我愿意将公章摆在案头，但从内心深处时时喷涌而出的真我，却对它嫌弃得很。

之所以反感公章，是因为它总以广泛实用的美名来麻醉众人，堂而皇之地占据我的桌面。大家的创意、匠心、努力、自由，岂不都被一枚公章掳去了？

假如滥用公章，权威主义、形式主义便会大手一挥，四下横行。大企业的臃肿病，总与公章和浩繁的文书绑在一起；企业的衰微与乱象，也一向和公章脱不了干系。

一家企业，仅靠表面形式和公章去运作时，人们往往就不会花费心血去探究问题的关键与本质，而是倾向于赖在往日成绩上吃老本。于是，组织的网格越来越细密僵死，最后只剩一套机制统治着我们。

届时，我所寻求的"企业之魂"，想必会被这张网筛掉而消失吧？组织日渐异化，使命被忽略，就成了不再被关注的问题吧？而我只能日复一日，机械地盖着章，眼睁睁目睹着一切沉沦吧？

只担心肉体的死亡，却不恐惧精神之死、心灵之逝、热情与灵感的寂灭，这样的体制，往往最容易与公章狼狈为奸。对此，我当有所警醒。

同时，也期望每位员工都能充分意识到这种危险。我心里这样祈愿着，用指尖小心翼翼拈起了那枚公章。

说来惭愧，区区直径一点四厘米的圆形公章，却硬生生塞进了我的全名。对这个父母赐予的，或者说先于我问世的名字，我发现自己至今依然未能习惯。

我不禁想起刻章师傅挥舞着凿子、近乎疯狂的手。想象正是它，将我的整个生涯强行封印在一枚公章里。甚至我担忧，就连我秘密守护到最后的幽暗内心，恐怕也会在身为社长每日重复的盖章操作下，被社会入侵、占领。

公章代表了不可侵犯的社会契约。同理，我是否有信心对他人宣称：TUNIC COCO 从任何意义上说都是鸭居羊子签下的一份契约？我之所以不敢如此断言，大概也是出于对印章的那种抵触吧。

我呆立在公章与浩繁的文书中，想到令人窒息的明天，不禁陷入了深思。

这份恐惧，与垂暮之人孤独蛰居在一间衰草荒芜、通风不畅、终日不见阳光的废宅里的那种凄惶的感受十分相似。

此刻，我与公司的结合，犹如一支中世纪《圣诗》。

我愿称之为公司的"伟大时代"。这种结合，有力地体现在探索或创意的方方面面。然而，灵魂层面的"鼎盛罗马时代"即将终结，接下来将步入力主扩张的"哥特时代"。所谓企业的哥特式架构，就是将大量的异质要素纳入自身吧。

我与 TUNIC COCO，今后将与新扎根的土壤努力融合，适应新环境，对以往的旧要素耐心提炼、唤醒、吸收内化，为自己的火焰染上一抹异色。正是在这样的时刻，我独有的"错误"——我的出生、启蒙与反思，才不应被遗忘。我必须将这"错误"也融入内衣之中。想来，正因为这一"错误"，公司在"哥特时代"才能发展得更加平稳吧？

为了使这家公司成长为我的华丽分身，或许就该抄起古时各种衙门关卡使用的巨型长柄公章，痛快、自信地，砰砰砰地，让盖章的声音不断回响在整个房间。

骑驴卖内衣的姑娘

我是个急性子。每当在写字间里全身心投入工作时，脑子里另外几个我便会心虚得发慌，总觉得自身有所欠缺，需要被什么东西填充。这种焦虑阴魂不散。

听着耳边此起彼落的算盘声，坐在窄小的办公桌前，为了安抚心慌，我画了几幅小画——穿内衣的女孩、骑驴的姑娘、水中游泳的淑女、长翅膀的小猪天使、坐在马桶上的阔太太、午餐时的狗与主人、杂技女郎与狮子、富士山与仙女、追海鸥的小狗。这些草图都是用我自己精心调制的颜料，涂抹在长二十二点七、宽十五点八厘米的小号画板上。

后来，我正正经经画了一堆这样幼稚的小画，还办了一次个展，取名为"骗子小姐展"。第一场设在东京银座五丁目的日动画廊。刚卖掉几幅画，我就一副新晋画家的模样，满心雀跃地憧憬未来。同时也暗暗担心，过阵子画上的颜料会不会起皮剥落。果不其然，购买《马桶上的阔太太》的客人，一年后来投诉，说"厕所的墙皮都秃噜了"。于是，作为售后服务，我赶忙拿着颜料上门修补。

弟弟的本职是画家，冷眼斜睨着我的作品，撇嘴而笑。

见状，我故意问他："一辈子只画画，如此单调的生活，你不嫌烦吗？"

"一事一生就够了，我没工夫再搞其他的。分散精力划不来。"弟弟答。

我想，这话不假。

我的贪心虽也是遵从事实，但东抓一把、西挠一下，人生所事之事，岂不样样皆是半吊子？想想就莫名地不痛快。

古怪又笨拙的社长，忙着画半吊子的画，而在她身后，公司的会计师正拿着财务决算报告和银行代表艰难地谈判。

把想做的事挨个做一遍，人生该多么短暂啊！

基本每天我都会感慨时间不够用，所以最讨厌手表这玩意儿。圆周只有那么小小一圈，一天时光转瞬即逝。那么小的腕表，像只鸟儿立于手臂，却全盘支配了我的生活，简直难以忍受。若是用过去硕大的挂钟，想必一天会缓慢流逝，长针也会落落大方地指向西下的夕阳，以此宣告夜幕降临吧。

只是，挂钟上粗大的数字，也直白地提醒我岿然不动的现实。当钟声"咣咣"不可一世地敲响，又是怎样的一番感受？它会一遍遍撞击你的耳膜，仿佛在得意、炫耀地宣判垂死之人的末日到来。

钟表店才是罪魁祸首。所以，我总在身边放一块稍微慢几分钟的手表。不过，一旦画起画来，现实的时间、现实的世界便会转瞬被我抛在脑后。

于是，我眼前是一个没有时间的世界，如同置身于无声电影中在蜿蜒的田野小道上，我边走边采路旁的野花。自忙乱的工作中脱身，面朝画板的瞬间，黄灿灿的油菜花与紫云英的花田便铺呈在眼前，这一切对我而言快乐无比。我做了无数个画也画不完的美梦。

此刻，我最憧憬的，不是现代化大厦里几百坪设计规整的写字间，而是放飞想象，在脑中描绘自己骑着毛驴，来到大海与田野环绕的工场，驮起刚做好的内衣，出门叫卖的古怪模样。

穿过一片薄雾，对面有座山丘。山丘上矗立着一座小小的白色城堡。山坡面向大海缓缓延伸，通往平坦的草原与沙滩。

城中有个半裸的女人，此时将手中读到一半的书扣在桌上，喝掉杯中最后一滴咖啡，披上酒红色罩袍，跨上马背，驰向山坡。

葡萄田里，摘葡萄的少年一面劳作，一面将果实大嚼特嚼。汁水染红了少年的脸，他一语不发，默默拿起一串，递给了女人。

谁知，女人凑上来亲吻他的瞬间，也将他口中的葡萄顺势掳走。少年从跨坐的矮树枝上跌落下来，怅然呆愣在原地，仰头凝望着女人的脸。

卷入一场小小背叛的青涩少年，在仰望的瞬间，眸子被阳光染成了柔和的金黄。未曾被知识或教育荼毒的少年，奔跑如羚羊的少年，女人将他视为珍宝，也视为世上另一个自己。忽然，她抽了马儿一鞭，向着山丘的另一面奔驰而去，不见了踪影。哪怕少年跑得飞快也无从追赶。纵使追上又能怎样，女人只会将他赶回葡萄园。

马儿奔到一处蔷薇园。戴草帽穿长靴的青年，怀里抱着满满一束蔷薇向女人走来。粗棉质地的衬衫下，鼓胀着饱满的肌肉。由于汗水的衬托，蔷薇看起来越发鲜艳。青年摘掉帽子，恭恭敬敬行了一个鞠躬礼。揽在右臂里的蔷薇令人惋惜地散落一地，左臂下的蔷薇也掉落在脚边。

"小心！"女人惊呼着跳下马，帮青年捡起蔷薇。青年的手被蔷薇刺出了鲜血。

女人命令道："下次再往小屋送蔷薇的时候，要用大篮子盛着，让尼诺帮忙来驮哟。"这简直是强人所难。"尼诺"是一只肥胖的杂交犬，性情懒散，唯一可取的就是脾气好。今天，这位尼诺君也在太阳底下张着嘴，睡得正香。青年咋了咋舌，"哼！这个懒家伙。"

蔷薇园旁边是一片花圃。几百种花儿喧闹盛放，争奇斗艳。当中，一群身穿宽大围裙的少女，正在采摘鲜花。稍后，它们会在小屋里被分拣归类，用于制作花束、干花或香水。

山丘下的小屋里，有四五名玻璃和陶瓷匠人，个个都是脾气古怪的中年大叔。对世上那些普普通通的物品，他们总是笨手笨脚，怎么也做不来。可女人看重的，正是他们这种笨拙。

面朝大海，有一间内衣工坊。女工们纺线、织布、染色、印花。男工们踩着缝纫机。这时，女人拿起一件刚做好的比基尼，向男工下达了什么指示。

女人穿起比基尼。一位青年举起尺子，正欲去量她的身体，却听女人道："拿尺子量是不行的。身体的肌肉有一定厚度。有生命的肉体，会不安分地动来动去。"闻言，青年用厚厚的手掌，战战兢兢去触碰女人的身体。

"不能用手摸！"

说完，女人跑向了海边。

一个用吉普车载着布匹的男人，冲着从海中走上沙滩的女人吹了声口哨。女人浑身湿淋淋地跳进了吉普车。

假日的海边热闹非凡。带有暖炉与厨房的小屋里，挤满了年轻人和动物。除了胖狗尼诺以外，还有擅长狩猎的猎犬缟吉。野狗出身、混有狼血的雅克负责在草场上巡逻，以惊人的速度四处奔跑；还有它的伙伴、葡萄园的年轻羚羊；还有倔强的驴子巴基塔和小马尼罗。

此外，还有几名少年和女孩，分别牵来了自家养的山羊、食蚁兽、小猪、鹈鹕、鸭子等。

节祭之日，动物们从鼻尖到耳朵、尾巴，都用花朵、彩带或白色面粉装饰得五颜六色。

一名女子在暖炉旁手握响板跳起舞来，黄色的棉裙子裙裾飞扬，晒成小麦色的身体不停律动。少年抱着吉他，亮起歌喉，在女人身后，迈着轻快的滑步，随之华丽旋转。这是一个吉卜赛少年，全身皆是起舞的兵器：打着响指，弹着舌头，甚至磨得牙齿铮铮作响，双脚拍打的节奏，携着激烈的杀气。吉他在空中飞舞，少年也在狂舞。

假如客人中有邻村来的渔夫或船工，他们还会拿出亲手烹饪的佳肴来款待大家。夜晚，把原本用来给小屋围墙的干草糊成簇新笔挺的垫子，给客人躺卧……

……这样不知行不行……

正当我在桌边恍恍惚惚、心荡神驰之际，啪嗒！一份文件重重撂在我面前，打断了我的美梦。

文件里罗列的让人费解的数字，纵使瞧上一百遍，我也下不了判断。

而且，就算玩儿命盖章，盖到手指疼，我也不觉得这算什么工作。

我曾强烈渴望，拥有一个梦想中的写字间。它是我参加工作前，从少女时代起便已憧憬的世界。为此，我小时候还在稿纸上写过一篇名叫《果冻物语》的小说，并配了插图。为了把一个名叫"果冻"的女孩描写得悲惨一点，我先把她设定成残疾人，后来左思右想，又改哑巴，一个耳聪目明,方便我安排情节的哑巴。她养了一只巨大的牧羊犬，而且她的小提琴拉得优美，每天牵着狗出门卖艺挣钱。牧羊犬会在音乐间隙加入几声狗叫，还会追赶那些听完演奏不付钱的家伙。傍晚，女孩和狗会带着微薄的收入回到山间的小屋，家中有个生病的母亲在等她归来。匪夷所思的是，当下我的境况竟与之如此雷同。

当时上中学的哥哥看到小说的封面图，给我泼了盆冷水：

"啊哈，果冻是涂的那种凝胶药膏吗？哦不，是吃的果冻啊。原来如此，那你这个故事，可以拿去推销给零食店啊。"

这篇《果冻物语》，后来我厌倦了它的"玛丽苏"味道，丢进灶台里一把火烧掉了，换得神清气爽。何曾想到，成年后的今天，我却仍在不懈追逐一个少女般的梦想。

它会在何时、以何种形式实现，我不清楚，但心中的火焰却愈来愈炽烈。每当置身冰冷的不锈钢写字楼内，坐在桌前一次次确认这个梦想，我就越发意识到，心中的那个世界有多温暖。最近，我自费出版了一本画集《骗子小姐》，四四方方，厚墩墩的，像一块豆腐。

如今，每个周日，我都会在自己家做一场小小的梦想彩排。

周日，我最讨厌在这一天安排工作了。凡是有谁委托我在这天举办演讲或内衣秀，我都会有种吃大亏的感觉，仿佛因此浪费了一段人生。也很难相信，有谁愿意在这个日子放弃玩耍，跑来听我的蹩脚演讲。

我的白色卧室被布置成林间小屋的模样，在我家房子最西侧。周日早晨，当我无忧无虑地赖在床上，享受着美梦的最后一丝余韵时，家里养的大狗鼻吉，会用它的长鼻子拱开房门，偷偷来瞅我。通过主人在睡懒觉，它马上嗅知今天是周日。为了弄醒我，它不停舔我的鼻子，或用鼻尖戳我的下巴。末了会"扑通"跳上床，将五十公斤重的身体压在被窝上。我故意闭着眼睛去揉弄它的毛，通过毛发的温热，用触觉来感知当天暖洋洋的日光。想到狗子早早享受到了周日的日光浴，我会猛地抱住它，和它开心地厮磨，从床上滚落在地，这才咬咬牙睁开眼睛。

我用慢镜头式的悠闲动作，在庭院里品尝着咖啡。告诉自己：今天一整天，都是我独享的时间。

穿上喇叭裤，挎上帆布包，拿起菜篮子。鼻吉马上察觉到要去逛市场啦！仿佛去赶集的小朋友，欢快地蹦蹦跳跳。身为一只柯利犬与德牧的串儿，它对事物异常敏感。

任何国家的街市我都很喜欢。最值得日本人自豪的事物也许就是市场了。每条街上都琳琅满目，各种新鲜的商品应有尽有，多么丰富的世界啊！

走在市场拥挤的通道里，左脚、右脚……步伐不慌不忙。水果、蔬菜、肉类、鲜花、点心、面包……每间小店的东西都堆得满坑满谷，溢到店外来。大叔与小哥的叫卖声，回荡在耳中，格外动听。每家店我都想进去买买买。

鱼店的小哥手法流利地把鱼块剁好，搁在秤上，然后拿报纸麻利地包好，口中还不忘冲我搭讪，"今晚干脆跟我跳舞去吧！"结束了一天的劳作，擦擦汗，冲个澡，换上干净衣服，出门玩喽——鱼店小哥的生活，有一种扑面而来的新鲜气息。我在脑中联想起索菲亚·罗兰主演的意大利平民电影，里面的市井画面与眼前的市场风景重叠在一起。

我在门外炫耀家传的长崎生鲷鱼茶泡饭如何美味，闻言，老爷子从店堂深处拎着菜刀跳出来：

"啥，啥？俺家的芝麻拌菜味道不一样？从没听谁这么说过啊。"

他多少有些遗憾地歪歪头，向我夸口起自家的配方来。这期间，鼻吉东走走，西嗅嗅，在各家店门前讨人喜欢地溜达，忽然发觉主人不见了，这才大吃一惊，到处寻找。鱼店的小哥赶紧把我藏进剁鱼案板下面，一手握着菜刀，一面乐不可支地拍手："哈哈，它走过去啦。一副慌里慌张的样子。"

鼻吉哭丧着脸，无助地"汪汪"大叫，歪斜着身子往一旁跑去。别家店的店员纷纷伸手给它指点："在那儿，在那儿！"我忙从案板下面爬出来。

肉店的西施"雀斑姐"，一面把包好的肉递给我，一面隔着柜台匆匆交代我做奶油炖菜的秘方。

貌似有点怪毛病的干货店老板，每见我从店门前经过，就会从近视眼镜后面，竭力讨好地打招呼："嘿！来啦！今儿天气真不赖啊！"要是我买下一块鲣鱼什么的，他便会千叮咛万嘱咐地教我烹饪方法，"配鲣鱼干的话，一定要把豌豆仔细煮软了放进去哟，稍微加点生姜也好吃。"听口吻像在模仿电视烹饪节目。估计干货店和蔬菜店是一伙的，但我还是遵命去了蔬菜店。

我没上过厨艺学校，虽只在逛市场、买东西的时候匆匆忙忙学过几手，会的却全是神奇又新鲜的烹饪方法。逛完一圈后，若我请教一句："今天吃点什么好呢？"蔬菜店和鱼店老板就会拣对自己有利的料理拼命推荐，听得我脑子一团糨糊，不知买什么才好，只得自己从头考虑。

鸡肉店的老板娘是个沉稳优雅的女士。每次都会给我便宜五块、十块的，要么给狗子丢一片肉吃。年轻的老板则在一旁埋头苦干，给拔了毛的鸡剔骨头。推开障子门，从里间慢吞吞走出来的，是这家的老祖母，胖胖的身材、高高的个子，一身黑衣服，长得像法国男影星路易·茹韦[1]，站立时两脚呈外八字。无论男女，我只有极偶尔才会碰到传说中"人见人爱的长相"，而这位老太太恰好属于这种天生讨喜的模样。她操着沉沉的女低音道："我在电视上瞧见你啦……"

而后照例又是对我上节目时"讲话不讨喜"一番忠告。我对自己的母亲不时会顶撞几句，但对这个人却会绝对服从。

花店的小姐姐，个子娇小，微微龅牙，但格外能干。水桶里无章法地插满了各种鲜花，枝枝皆散发着生活的气息。小姐姐招呼客人的间隙，会灵巧地给佛坛做一捧供花。先用叶片打底，扎成平面的椭圆背景，好似佛陀头顶的背光，而后她不假思索地，飞速将各种花朵点缀其上，仿佛在给一盘什锦寿司做装饰，最后，拈起草绳"骨碌碌"绕几圈，再"噌"地扎紧，令我再次对日本的佛花之美叹为观止。弗拉明戈舞者的蔷薇花头饰也宛如佛花，呈扁平形，以正面佩戴，背后没有任何多余的装饰。

市场的鲜花相当便宜，偶尔我要是买个一千块钱的，

---

1 路易·茹韦（1887—1951），法国著名演员，曾获法兰西荣誉军团勋章，代表作有《天堂电影院》《北方旅馆》等。

整个人都会被花给淹没。小姐姐拿出自暴自弃的狠劲，胡乱给我打折。有些快要败的花甚至白送。从那以后，我总会买一堆便宜的临期花回来自己制作干花。房间的梁柱、天花板上，琳琅吊满了晒干的玫瑰、雏菊、贝壳草，布置得好似山中小屋，散发着干草的清香。水产店的小哥帮我攒下鲍鱼和蚶子的壳，我拿回来涂上金粉，装入彩色的干花，撒上香水，用玻璃纸包起来，放在店里售卖。

因为鼻吉总是从鸡肉店的老板娘手里讨肉吃，我有时会把便宜的内裤当作礼物偷偷塞给她。

这样一来，她又会从花店买下大捧姹紫嫣红的紫罗兰，走到酱菜店门前，二话不说默默往我怀里一塞。我双臂抱着这番盛情美意，呆呆怔在原地，好一会儿说不出话来。

我发现，奇怪的是，与我投缘的蔬菜店、花店、鸡肉店、鱼店，和其他商家比起来净是些寒酸小店。就拿花店来说吧，隔一条街对面也有家卖花的，规模大三倍，花的品类更多，摆放也秩序井然。可惜，店主老爷子凶巴巴的，十分吓人，就连枯萎的残花也不肯送人。还有家鱼店，每次我精打细算，想按克数买点儿鲭鲨肉，老板切肉时必然会多切，一定要多挣我几块，摆明了在耍心眼。另一家蔬菜店，品种齐全，应有尽有，总是顾客盈门，可在里面多逛几圈就会担心被轰出门来。我平素去的小菜店，总是会缺货，假如想买青豌豆什么的,会让老板先从隔壁买来再转手卖给我。老板这人,总让我想起读女校时候的老师。他还教会我如何腌渍薤头。

尽管我手里抱着沉甸甸的东西,狗子鼻吉也不懂得帮忙,屁股一扭一扭,兴高采烈跟在我身后。

我走进市场里的咖啡店。周日的店里一派轻松氛围。我坐在窗边,晒着早晨的太阳,享用一杯咖啡。狗子像个误闯宫殿的乡巴佬,眼睛瞪得溜圆,打量着店内陈设。我若切块烤松饼丢给它,它会露出震惊的表情,叹声长气一口吞下去。就算带个孩子来,这会儿只怕也早就尝腻了各种美食,不会为一口好吃的轻易开怀。傲娇的宠物狗也早已向人类看齐,甚至能分辨各种食品的商标,如果不是特别美味的东西,连睬都不睬。而我家鼻吉却是散养的,丢给它任何食物,它都会受宠若惊,仿佛得了天大的恩赐,一副好奇的态度。我喜欢看鼻吉惊喜交集的样子,故存心拿食物在它面前显摆,一粒花生米、一勺冰激凌……故意一点点地喂它。

仔细想来,与人类种族完全不同的动物——一只四脚兽,慢条斯理地迈着步子,支棱起三角形耳朵,浑身布满毛发,长鼻子到处嗅闻,龇牙嗷着牛骨头。这样的动物,却肯察言观色,领会我的意图,时而轻笑,时而伤心,时而畏缩惶恐,为了独占我的爱,终日围着我打转,多么不可思议!

它虽不会人类的语言，我却与它不知聊过多少心里话。反而是一只狗子，强势入驻了我的内心，直击我最深处的情感。日常我只是带它逛逛市场，一起散散步，它便开心到上天一样。这样的动物，我怎能不由衷怜爱。性情好战的我，面对外部世界，总一副剑拔弩张的架势，是它让我收敛起棱角与锋芒，去注视生活中的小确幸、小和平。在我看来，它们都是和平的动物。

我模仿电影里的慢镜头，端起咖啡杯，优雅地送至嘴边，啜一小口，让褐色的液体在舌尖打几个滚，再流入胃囊。堪比豪华度假村的美味，自口中蔓延开去，浸润了五脏六腑……

假如给我一个街角或一片草原，我愿支起篷布摆个摊儿，也搞一个自由市场，卖些内衣、水果之类的新鲜货。乡村农妇款的宽松棉睡袍，浆得笔挺，特意饰以白色的粗棉宽边蕾丝；肉铺老板爱穿的围裙，肥大得几乎能盖住整个身体，帆布质地，上面印有美味诱人的肉类、蔬菜和水果；宽大的枕头、放脏衣物的大帆布袋、修道袍式样的牛仔布厨衣、寄宿生式样的肥大短衬裙、一个世纪前的复古款黑色针织短衬裤……这些商品，统统装在一个巨大的藤筐里，堆得像小山一样。"新到货的厨衣，瞧一瞧看一看喽！"我高声吆喝，招揽客人。顷刻间，藤筐里的东西便被抢购一空——当我兀自浮想联翩时，狗子却已舔着嘴，从不知谁家后厨逛了回来。不必猜，肯定又被大厨勾引去吃喝来着。

可惜，哪怕和鼻吉享受这一点微不足道的快乐，有时都会造成"公害"。早晨我牵着狗在海岸边散步，和幼崽时期一样，鼻吉晃着肥屁股，身体微微向左歪斜，施施然迈着小步。

但这一天，我的心却愁云惨淡。

为何要与病中的母亲那样激烈争吵呢？连我自己也不懂。整天病啊、死啊，把丧气话挂在嘴边的母亲，她的心情我不是不理解，但同时也深感被拖累而心有不甘。难道为了母亲，就要将我的青春、自由与人生，葬送到不知何处？我夸张地叹着气，故意演给她瞧。其实，心里也确实这样想。在母亲与病魔抗争的痛苦岁月里，我深知勤快能干的她有多么懊恼，但尚未来到母亲的年龄且健健康康的我，为何非得陪她一道过着暗无天日的卧病生活呢？我羡慕那些与父母分居两地的朋友。

然而，说归说，我又忍不住后悔：自己微不足道的快乐与工作，与一个人的性命，究竟孰轻孰重？长年看护卧病的母亲的确有些疲惫，但也真没操劳到应该如此疲惫的程度。我在心里反省着。

然而，下一个瞬间，若是母亲说了我某个朋友的坏话，我又会正义感爆棚，出于愤慨而冲她怒吼，骂她没人性、卑鄙小人，哪怕她是我的生身母亲。

一通狂吼之后，心中反倒更加气恼，各种怨言骂语随之倾泻，抱怨给母亲收拾便盆臭死了、烦死了，甚至赌咒要先她一步去死。

只是，骂过之后，听着母亲熟睡的鼾声，想到有天将再也听不到她的鼻息时，又会放声号啕。

我在海岸边摘起了三叶草开的小花。草丛里怕有蛇，于是让鼻吉从旁保护。我想，至少摘点野花冒充紫云英，拿去给母亲闻闻田野的清香，说不定能哄她开心呢。但转念又觉得自己是拿冒牌货洗脱之前的不孝之举，便放弃了。

野花很美，蝴蝶很漂亮。就连这么想一想，都有种沾沾自喜。只有自己沉浸在快乐里，而对身处不幸的他人，却硬把花递到人家眼皮底下，显摆道："瞧，是不是很美？"我意识到，人在不幸的时候，用花之类的东西来掩饰痛苦是卑鄙的，索性彻底躺倒在不幸的泥淖中，露出鼻孔苟全呼吸即可。我想起有位作家写道：不去想象樱花树下埋葬的死人，便无法体会樱花之绚烂。

初夏的阳光清澈明媚，我却恰恰相反，漠然阴郁地走在洋槐树下。这样的心境也并非此日所独有。母亲卧病十数年，我从未有一日逃脱过黑暗的阴影。

洋槐树绽开硕大的白花，形状宛如泪滴。自天空洒落的泪滴，天使之泪。不，不，天使只需插着翅膀开心飞翔就好。她们不会有哭泣的眼泪。索性跳起来摘几朵回去吧，正这么打算时，一辆白色轿车忽然分毫不差停在我身旁。

一位戴太阳镜的中年女士冷不丁从车窗探出头来。

"这位小姐，你遛狗不牵绳，会给别人添麻烦哦。想必你也晓得吧？最近有个小孩被狗咬死了，还上了报纸呢。你这么做已经构成了公害。"

"我讨厌把狗拴着！"

我冲女士大喊，声音把自己也吓了一跳。

"遛狗不牵绳，是不允许的。"

"养狗就不该成天拿链子锁着它！"

"待会儿就会有小朋友到这儿玩，我的孩子也在里面，难道不危险吗？！"

"你的小孩？你怎么不想想别人的孩子？"

"所以啊，我不是告诉你会很危险吗？"

"熊孩子才应该拿链子拴起来呢。鼻吉，过来！"

听到我的怒喝，鼻吉吃了一惊，瑟缩着蹲到我脚边。我使足力气，朝它狠狠踢了一脚。没办法痛揍那位太太，我竟把气撒到了狗子身上。

"我见你三天两头在附近遛狗。你这人，懂不懂道理？我要报警了。"

"要报警，随便你！"

"这么大的狗，连我一个成年人见了也害怕呢。"

"屁货。"

就这样，为了维护爱犬，我和路人干起仗来，杀气腾腾，莫名其妙开始口不择言。原本想辩解说这条狗如何立下汗马功劳，却意识到鼻吉也没什么值得夸耀的功勋。又想说，这条狗帮助过醉倒在路边的人，再一想那醉酒的人正是我本人，只好闭上了嘴。

脑子里一团乱麻，满腹愤愤之词，我却愣在原地哑口无言，最后只能冲说教的太太大喝一声："少烦我！"

然后迈着气哼哼的步伐，沿洋槐大道走掉了。

那位太太大概平生头一回遇见如此恶声恶气的女子，吃惊地停车望着我离开的背影。过一会儿，那辆轿车才"嗖"地从我身边驶去。

爱报警就请便吧。我心想，到头来连自己和狗子的自由也要被剥夺。被母亲夺走了青春与恋人，又要被世间夺走爱犬。忽然，我在草地上蹲下身去。每当我哭泣时，鼻吉必定会努力钻到我胸前，用鼻尖拱我的下巴，柔和的眼神似乎在劝慰说"不要哭"。

"咱俩是被通缉的犯罪同伙哦。"

我静静倚在宽大的犬背上，拍拍它的脊梁，好孤独啊……

那位太太的话或许也有道理。

假如爱蛇的人牵着他的蛇四处散步，我恐怕会吓得端起枪来，跟他好好干一仗。

"可是，我的蛇很乖呀。"

就算蛇主人这样辩解，我这人见了保健品里的蛇粉也能吓得半死。真是个利己主义的变态啊。

咦，这话不对。狗与蛇不同，它们大多是人类的好朋友。小孩子就像向往大象一样，也渴望与大狗交朋友。早晨去学校的孩子们，总会满心喜爱地凑到鼻吉身边来。我也会细心守在一旁，保证孩子们用合适的力道去摸狗，狗子也绝不会张口咬人。它把小朋友视作与自己差不多高的同类。原本胆怯的小孩，自豪地抚摸着鼻吉，而后满足地叹口气，约定："明天还在这里见哟！"有时也会和鼻吉一起玩捉迷藏，然后挥手道句"再见"，才往学校跑去。

攻击小孩的狗，要么一定是长年被链子拴着，变得焦躁不满，要么就是纯血统、没驯化好的恶犬。在孩子们逐渐失去了泥土、草地、蜻蜓的今天，通过与大狗接触，也能使他们敏锐感知到遗失的大自然气息。每次我牵着狗从孩童身边走过，都在带给他们一份自然的馈赠。有的孩子甚至会问："去我家玩好不好？"总之，鼻吉是只爱护小朋友的好狗。

对嘛，这番话方才当着那位太太的面，怎么无法侃侃而谈呢？那位太太的小孩，说不定也是我家鼻吉的好朋友呢。

正因为有家校联合会[1]这群愚蠢的父母，如今的教育才沦为一口装满赝品的宝石箱。到处是过度保护的肥胖儿童。希望家长们也给小孩拴上链子，多牵着出来遛一遛。

我和鼻吉依旧没牵绳去了市场。和鸡肉店的奶奶讲了讲方才吵架的事。花店的小姐姐和鱼店小哥也凑过来，深切寄予了同情："我们鼻吉多乖啊！"

那情形，仿佛在安慰我和鼻吉这对即将被押往监狱的罪恶二人组。

蔷薇之乡

再写点卖内衣第五年的事吧。由于经手的布匹、商品

1　家校联合会，美、英、日等国常见的非营利组织，由家长、教师和学校工作人员组成，旨在促进家长参与学校教育，类似中国的家委会。

越来越多，我动了念头，想买一辆运货车。正试着寻觅有没有便宜又好玩的车，随后在一家汽修厂淘到一辆小吉普。据说它曾在朝鲜战争时期参与过仁川登陆，后被美军淘汰下来。

眼看车体已残破不堪。修理厂的师傅仔细把它修复一新，刷上银色的涂漆，五万块卖给了我。

我在车里堆满了彩色的布匹，驾着它往返于缝纫工厂。有时它会像头倔驴，突然在御堂筋大道正中央停下，死活不愿再跑。巡警先生嘴里一面唠唠叨叨，一面帮我把车推进旁边的小巷。吉普的车身太高，每到拐弯时，如果不加小心，人就会险些摔下来，任它自行脱缰而去。掀开敞篷全速奔跑时，我仿佛觉得自己变成筋骨强悍的男人，正在工地上卖力地运土方。

休息的日子，我会掀开敞篷，落下前风挡，只驾一座铁板车，一群伙伴纷纷挤上车来，去泉南的海边消闲。

从海里游完上岸，浑身还湿漉漉的，便再次跳上车驾着它到处奔走，直到身体被吹干。

在泉南郡的新家附近，奔驰于偏离国道的山路时，我曾撞见一辆卡车往山谷里倾倒海量的洋葱，那是在丢弃产量过剩的库存。

我们大吃一惊，重操故技，像消防队似的接力捡起了洋葱。袖珍的晶体收音机里，此时骤然响起了歌曲《太阳下的十八岁》。伴着喧闹的节奏，我们捡了一大车洋葱，仿佛扛着战利品一般运回了家去。扔掉真的太可惜了，明明可以用这些洋葱做成洋葱汤罐头，发展出各种产业。我愤愤地想，要么直接扔到孤儿院或养老院门前也好啊。

接下来的周日，我们又从那条山谷边驶过，可这次既没有伴奏的音乐，也没再去捡洋葱。毕竟大家分到的洋葱已够每个家庭吃半年了。

我在南泉郡的新家恰好位于和歌山与大阪的中间地带。这里除了我自己的房子，还有全心栽培蔷薇的津志本先生的温室。

每当我怀念乡村生活，便会跑到津志本先生家串门，好似回自己的老家。这样的来来往往，已在我生活中持续了十五年。

他家的房子是一栋迷人的、带法兰西风情的别墅，孤零零而建，左右不见人家，背后藏着泉南的洋葱田与松林，正面是一条尘土飞扬的大路，阪和线的铁轨从路上横贯而过。每当电车驶过，木制平房便会颤动着发出声响，打断人们的谈话。

瘦削的老狗被拴在玄关旁的含羞草树边。它原本是流浪狗，终日在原野上游荡，不知何时却在这座蔷薇园定居下来。刚来家里时，它岁数尚小，是一个捉蚱蜢、虫子、蜻蜓的高手，除了昆虫什么都不吃，那便是它幼年的家常便饭。后来它又吃起了花骨朵，这才被主人特意拴了起来。

我们每次一踏进津志本先生的家门，便抱起脱下的鞋子，忙不迭地穿过房间，再次把鞋穿好，走进院子。宽敞的房屋，竟像是通向庭院的一条走廊。冬天也与夏天一样，穿堂风在家里呼呼刮过，总有点西部片里小镇木屋的意思。蔷薇花田无尽延绵，一直铺呈至山脚。田里常年泥泞，若不借穿先生的大胶靴，只靠平日的鞋简直寸步难行。

原本在我的印象中，蔷薇花是富人沙龙里的点缀。它的花瓣过于规整，少了些自然风味，威风凛凛，仿佛华贵盛装之人。出于这个缘故，我早先对它并无太大兴趣。我有点不分理由袒护弱者的心态，只怜爱与蔷薇呈鲜明对比的寒酸草花，认为千日草、贝壳草、麦秸草或金盏花之类的方才最美。这种偏见在遇到津志本夫妇后方被打破。野性与文明，在这座蔷薇园里相生相息。

每当津志本先生头戴草帽，脚踩胶靴，两臂抱满大束蔷薇，背朝太阳，出现在我面前的一瞬间，我便会鼓起鼻翼，贪婪地呼吸田园的清香。

这时，我会换一种眼光，重新审视这幅"男人与蔷薇花"

的和谐图景。

少女与蔷薇、贵妇与蔷薇、断袖男子与蔷薇——这类组合，映在我眼中，意味着多愁善感、诌媚、自恋等虚矫的品质，与"美"无缘，只属于一种"风气"。

然而，不妨想象一下阿拉伯的劳伦斯手捧蔷薇、立于沙漠的画面。还有埋头细嗅蔷薇的恺撒大帝，手握蔷薇花束、岿然屹立的陆军上将，掩在蔷薇花下的贝多芬的死亡面具……无不令人联想起力量、优雅、克己心、思考力、执行力等可贵品质。蔷薇将他们的男子气概衬托得越发鲜明。

至于津志本夫人，则会率领几只青蛙出现在我面前。它们并不蹦跳，而是左右脚轮流迈着步子，乖乖走在夫人身后。"蔷薇花田里的青蛙，连趾甲都会染成粉色呢。"夫人道。原来青蛙也有趾甲？夫人抬手喂了它们一些面包屑。用她的话说："毕竟青蛙们好不容易跟我回了家。"平时，她总用力搅拌着厨房里的一口大锅，孜孜不倦制作着玫瑰酱、玫瑰花泡菜，以及用来涂抹身体的玫瑰水等。

我踩着沾满泥巴的长胶靴，去参观夜晚的蔷薇花丛。花朵在夜色下，依然呈现出明艳的红、黄、橘色。蔷薇树站成排，长得比巨杉、松树还要高大，在星空的映衬下开得喧闹而烂漫。我从未想象过，漆黑的夜空与星辰，有一天竟能成为蔷薇花的背景。眼前的景象，岂止没我成见之中"流于伤感媚俗的美",相反显得强悍、坚韧,是阿拉伯沙漠的绿洲里,深夜回荡的一首狂诗曲。

某天傍晚,津志本先生挎着大篮子,攀着梯子爬上高高的蔷薇树,用摘水果的随意手势,掐下花朵,丢进篮里。

"好可惜呀。"我在树下叹惋。

"可惜什么啊,不摘掉的话,后面的花儿就不会好好开。"

蜜橘般硕大的蔷薇花朵堆满了篮子,约摸几百朵。

将它们统统倒进铁质的浴桶,烧一锅热水,来个"蔷薇花浴"。津志本先生在外面劈柴烧火。

就像阿拉伯苏丹王奢豪的款待,只不过这里并非阿拉伯宫殿,而是草木葱茏的乡野田舍。也唯其如此,反倒有种新鲜的豪华感。

我小心翼翼,尽量不踩到蔷薇,将身体轻轻浸入热水。大大的铁皮浴桶内,水面覆满了一层花朵。有初绽的花苞,有珠圆玉润、瓣片肥美、昵称为"胖太太"的大朵花轮,色泽浓艳如有毒的胭脂红、仿佛巫婆头发颜色的灰……我从蔷薇花的缝隙间探出头来。

光线自玻璃窗撒入室内,伴着蔷薇芬芳的水汽,在浴室的墙上摇曳。此情此景,感觉像在意大利南部的乡间游玩。

这恐怕是梦吧……我恍恍惚惚地想。当梦境显现为真实,梦里的人又会怎样?

让心飞翔，留下脚踏实地的肉体——这是古人的生活。与之相比，此刻我的日常却是连心灵也一道被现实房获，且肉体萎缩，心境沉沦，思想受挫。

我到底为什么辞掉了记者的工作呢？我在蔷薇簇拥之中思索。

因为我不愿向沉沦的生活妥协。这缘于我的坚强还是软弱？我不知道。潜在花瓣下的蜜蜂已经飞走。清甜的香气缓缓渗入肌肤。浴室之外，天光渐暗，薄暮降临。我的心，却无意捕捉黄昏的微光，仍像白日间那样，驱车奔驰在初夏明亮的阳光下。

说起财富，当一个人以财富为目标孜孜以求时，必然会一心搬弄财富，而丧失令自身圆满的能力。尽管如此，人们还是热衷将财富这种丰富人生的工具，当成人生最终的目的。

不过，眼前这间浴室，却将人世的财富视为一种工具，驾驭得十分完美。

此刻，这一瞬间，大概会成为我个人生涯中最值得记录的美好一笔吧。这十几分钟，来得不露声色，走得若无其事。于我而言，却如同我的降生，是生命中一个重要纪元，流淌在当下的蔷薇香氛与氤氲水汽之中。

厨房里飘来朋友的笑声与饭菜诱人的香气，我的胃开始剧烈地叽咕作响，急切希望快点回到餐桌边去，身体却懒得动弹，不愿放走眼前美妙的时光，生怕动一动就会弄碎水里的蔷薇。

几乎每天，在晨曦的静谧中手捧咖啡杯时，我都祈祷着能在这般幸福中沉溺得再久一点，哪怕多几分钟也好，因为预料到几分钟后我便将被迫踏上战场。在春日的紫云英花田里，采摘着鲜花，连指尖都被染成了葡萄色。而当紫云英凋谢，哀叹春光易逝也是我每一年的伤心功课。夏日接近尾声时，人气寥寥的沙滩上，空虚的心叹惋着大海里绽放又湮灭的一段恋情，亦是夏末时节必有的愁思。闪亮的时光，从来只是短暂的"一刻"。

我憧憬的"草原梦想"，仿佛也潜藏在眼前的蔷薇浴中，我静静地不敢惊动。驾着吉普车四处奔走的疲惫，在热水中缓缓散去，连身体最后也会染上蔷薇的颜色吧？

这间浴室自从建成之后已过了多少年月？瓷砖上到处可见细小的裂缝，挂毛巾的黄铜架子也生出了锈迹。一家人的牙刷共五六支，散乱地插在白色搪瓷缸里。这些日常生活用品，映在我眼中，恰是一种证明，提醒我此刻的辰光并非幻梦，而是现实。

突然，我试着放了一个屁。

浮在水面的蔷薇似乎被臭气惊扰，一朵接一朵翘起头来，噗、噗地蠕动。没错，眼前确乎是现实。

我深知，在日常平凡的举动中，总有灿烂飞扬的精神，波澜不惊地蕴藏其间。祈求，便求得；寻找，就寻见。不去寻找，它便等同于不存在。

作为证据，我掬起一轮硕大的玫红色蔷薇，双手捧住。

"这，便是我寻寻觅觅的、高贵灵魂的化身。它清清楚楚掌握在自己手中。"

蒸汽熏得人面颊发烫。我站起身，迈出浮满蔷薇的水面，没有擦干身子便穿上了衣服。内衣湿乎乎紧贴皮肤，手脚无法活动自如。用毛巾擦去蔷薇的香味，未免可惜。

大家围坐在餐桌边等我。桌上满满一盆水煮小虾，还摆着野草莓和牛奶。啊，对了，这里靠近大海。送小虾过来的是津志本家一位当船主的亲戚，人很年轻，正拘谨地端坐在席间。

从餐厅的窗子眺望暮色中的庭园，风景尽收眼底。隔着玻璃，满眼皆是蔷薇树，花团锦簇，犹如大教堂镶嵌的玻璃花窗，美丽逼人。餐厅对面的整整一面墙，皆攀满了名为"黄金雨"的蔷薇花藤，喧阗盛开，似乎能听到雨声淅沥。花朵迸射出雨丝般的金光，令我不禁屏息。

美得近乎疯狂——我忍不住浮想，自己裸体兀立在花丛中的模样。

一九〇〇年

　　鸭居羊子，是我在正式场合用的大名。许多时候，我会像听到别人的名字一样，常常听到自己的名字。走在街上，路人总指指点点，"快瞧，那人就是卖内衣的鸭居羊子"。每逢此时，我就像个被指名通缉的逃犯，心里"咯噔"一声。幼年时，别在胸前那条绣着我姓名的手帕，早已不知踪影。然而，纵使几十年过去，我对自己的名字依然不大习惯。到了公司，人人都喊我"社长"。这只是个工作上的称谓，倒也无须在意。但我总会情不自禁联想起社会上那些留着胡子、衔着烟嘴、不停过目各种复杂文书的所谓的"社长族"。

　　每当被人称呼"鸭居老师"，我更是心头一紧，甚至紧张得想吐，话也说不出来。

　　仅仅十来年的工作经历，有资格被称为"老师""社长"吗？我觉得自己仿佛昨天方才出生，不过是个刚上路的菜鸟，与人们口中的我恰好相反，压根儿没什么自信可言。

　　对那些谈起工作便踌躇满志、底气十足的人，我总怀着一种虚幻之感，远远听得出神。充实的工作！满足的人生！人们越是这样宣扬，我越想选择不满足的工作、不幸福的人生！每当在众所瞩目的场合，占据着光鲜、尊贵的席位，我总巴望着时间能快点过去。

仔细想来，我才发觉，岂止是对自己的名字，就连自己的公司、朋友、恋人，我也绝对谈不上"习惯"。任何派对、聚会或群体活动，于我而言一概等同于折磨。总有种"墙外的异邦人"之感，挥之不去。

当这份疏离感愈演愈烈，我对自己亲手创立的组织也会生出格格不入的心理，怀疑自己正被它扼杀。

我，不是鸭居羊子，也不是什么社长。明明身为女人，可谁也不承认这一点。我的名字被他人窃取。或许，我早就死掉了也未可知。就连恋人都不肯轻易亲近我。

在一坪工作室的年代，我与市场的接触程度很高，而现在是公司在与市场对接。被撇在一旁的我，尽管在市场的种种风浪中得到了保护，却也只能通过公司去了解市场动态趋势。

我的人格一分为二。面对公司、寄情工作的鸭居羊子，现在有了一份哈姆雷特式的烦恼：一个我挖沟筑壕、坚壁清野；另一个我柔软随和、灵活行事。两者时常发生冲突——顽固防御的我总试图压制随机应变的我，而后者却死活不肯屈服。在我的内部，上演着昼与夜的交锋。

这种抵牾，如同一个疯狂的发明家，驾着自己发明的飞机试飞，却被它的原理、它的轰鸣与震动吓得大惊失色，失去了操纵飞机的勇气，企图跳舱逃生。

刚开始工作那会儿，我的体内尚存几分试图与社会取得融合的功能，内心住着一个誓不与周遭妥协的我，以及一个拼死也要与社会和解的我。正是后一个我创办了内衣公司。

如今，公司插在我与社会之间。我期待在市场里大卖特卖的商品，却因毫无销量而积压，那么纵使其他品类销售一空，月末营业成绩飙升，我也像个在擅长的学科上考了低分的学生，愁眉不展。

这种莫名的忧郁状态，根本无从向他人诉说。我终日闷闷不乐。正当这时，我收到邀请，登上了一艘十八吨的白色渔船型游艇。

"黑潮丸号"游艇，载着十多名男性和我这唯一的女性，驶向奄美大岛，开启了为期一个月的往返航行。我虽讨厌集体活动，但心想，如果能离开陆地，哪怕被海潮与轮船送往任何地方都可以，只要能离开陆地就好——我穿着沙滩人字拖，内心一潭死水般地来到游艇停泊的小码头。

五月初的黎明，小船迎着晨曦驶出了海港。

伴着突突的马达声，港口在视线中逐渐远去。我仿佛望见，陆地上的生活、工作、人际、电话铃声、朋友、恋人、失恋……世间的种种羁绊皆扬着浪花渐行渐远，我内心不禁有点窃喜，好似从"我"这个躯壳中脱壳而出。包裹在乳白色晨曦中的港口，正是我褪下的蝉衣。

　　陆地上的"女社长"，是一种神奇的存在。每次和公司里的人去喝酒，对方总是满口"社长"地叫着，殷勤地为我斟酒。酒吧的老板娘则会一连声地喊我"老师，老师"。

　　我自认不过是个年轻女性，却在对方的称呼下猛然想到了大腹便便、坐拥钞票的社长族，以及戴着花镜、满头灰发的奶奶教师。

　　"老师！近来好久不见嘛，老师！"

　　"求您了，千万别喊我老师。"

　　"哎呀，不好意思。平时光顾小店的，很多都是作家、设计师，所以嘴一滑就喊出来啦。抱歉，老师！"

　　"你家干脆改名叫'老师酒吧'得了，像在学校里喝酒似的。"

　　"那怎么行呢。哦，想起来了，前几天啊，老师……"

　　我一声不吭，手指在吧台下面掐算着，数数老板娘到底能连喊多少句"老师"。老板娘的寒暄大多没什么意思，就像叫喳喳的麻雀，"老师老师"不离口，仿佛嘴巴的形状，生来只是为了发出"老师"两个音节。她当初开这间酒吧之前，一定没少练习"老师"两字的发音。当她喊出第二十三声"老师"时,我终于忍无可忍。这老板娘怕是真的疯了吧。我劈手抓过帽子,夺门而逃。

"哎呀,您的伴手礼!老师!"

原来被女人纠缠不休地追赶,是这样一种滋味啊。我像个年轻小伙,在黄昏的街角四处逃窜。话说回来,身为一个女人,我曾在哪个男人的追逐下如此东躲西藏吗?

船身的震动,会令人头脑昏昏,呈晕船状态。于是陆地上那些破事也就渐渐被我抛在脑后,随它们去了。

首先,在船上,陆地上那些头衔统统被取消了。我那讨厌的公共用名——"卖内衣的鸭居羊子",也被新名字"伙食班长玛丽奈·卡马列罗"取代。这个名字来自西班牙语 Marine Camarero,意为"海上厨师长",是大家绞着脑汁想出来的。后来我查了词典,卡马列罗的意思是"服务生、清洁工",而且是个男性称呼。

就算"玛丽奈"三字听来还算可爱,可被人呼喝:"喂!卡马列罗,来杯咖啡!"从发音来说,简直像在使唤家奴,语调生硬粗暴,听来仿佛在说:"咬死你算了!"[1]

"是,是,马上送来。"

我慌忙跑进晃悠悠的厨房去烧咖啡。船上的厨房又狭

---

1 Camarero 与日文中"咬"的被动语态谐音。

小又晃个不停，连烧壶开水都很麻烦，对我而言是一项艰难的工作。

厨师长，这个称谓听来威风，可每天不分早晚，要做十个人的饭菜。在狭小的厨房里，一面东倒西歪，一面被热腾腾的蒸汽熏着，一面做饭，技术非同小可。拜它所赐，我在上岸回家之后，由于地板不晃，连炒菜都不来劲。

才过了一周，我便体力衰弱，衣服泛出盐花，手皴得裂满口子，连牙也懒得刷，早上一爬起床，便挣扎着直奔米箱。一天也不知要打开它多少遍！当初为了干点力气活，体会一下流汗的快感，我才登上了这艘船。可一天天下来，我的身体消瘦下去，火气却噌噌往上涨。怎么说呢……这帮男的，可真是群饭桶啊！我这边才刚做好，一扭脸就被吃得盘光碗净。起初，我做饭时闻着水汽和食物的味道，被船一晃就阵阵恶心，于是把饭菜一端到甲板，便立刻回到舱底躺倒睡觉，尽量不让大家知道我会晕船。自己明明晕得七荤八素，见到男船员里有谁惨白着脸吐得一塌糊涂，我心里却很鄙视，还默默给人家排名次："这家伙真不够男人，就是城里来的奶油包。"

小睡一觉后，海上清新的空气充盈全身，仿佛气球再度注满了气体。站在梯子上望去，白色的甲板与蔚蓝的天空，犹如另一个世界，熠熠生辉。登上梯子，向着蓝与白的世界敞开身体，以前所未有的舒畅伸个懒腰，顺便发现，大家已经吃光了饭菜，一点没给我留。肚子忽然咕咕狂叫，我气不打一处来，嘴里嘟嘟囔囔，发起牢骚，可在海浪声中几乎什么也听不见。一帮男船员在这方面异常不知体恤，压根就不在乎我的感受。没办法，只得从自己管理的罐头仓库里拿出一罐煮豆子，站着就吃了起来。这个时候，若还有谁敢来偷我的罐头，我就会化身一只野猫，冲他嘶吼。

在陆地上时，我做饭的手艺就很差，此刻到了船上，费尽千辛万苦做好的料理，谁要是敢说句难听的，我会火冒三丈，恨不能掏出折叠刀捅他。相反，谁要是夸一句好吃，我会激动得几乎落泪。

原本对我来说求之不得、巴望许久的"挥洒汗水的劳动"，如今却因为身体疲累，反而让我神经紧绷、情绪暴躁，很想把这些不满朝谁身上尽情发泄。我撒气的对象首先是啥活儿也不干，整天睡大觉的电器店老兄。这位兄台声称要去高野山修行，便离开了家。结果上了船却说不能晒太阳，白天都在睡觉，一到晚上便在港口四处饮酒游逛。每到一座港口，他就摆出一副自来熟的神气，跟当地的居民说笑逗趣。这种嬉皮笑脸的德行，就已先惹得我万分不爽了。那副"老子船上岸上都熟"的架势，委实可憎。有那能耐，来帮我做做饭怎么样？谁知这老兄一派轻巧地胡乱搞了个炸猪排，大家却吃得直咂嘴，"厉害！""好吃！"赞不绝口。事实上也的确好吃。可是，偶尔做一回饭，成就自然突出。船靠岸的时候才下厨，那是肯定轻松的好吧？我兀自愤愤不平。

为了节约盐和淡水，我尝试拿海水煮意大利面，结果咸得全体船员一蹦老高。"真要命！"我手忙脚乱用清水冲洗了好几遍，可面条依旧咸得不可逆，且用掉了三倍的淡水。我把一刀未切的裙带菜直接丢进味噌汤，结果呈现了一幅"船员集体站着吃捞面"的图景。由于鸡蛋放的地方不靠谱，大风暴来时，一口气摔碎了两百个。接下来许多天，早中晚三餐全是鸡蛋料理，船员吃得求饶不止，纷纷患上了"鸡蛋恐惧症"。采购的长面包也长满了霉菌。

接二连三的失败下，丧失了自信的我，在某个洗完盘子的午后来到了前甲板，边晒太阳浴，边沉浸在一种奇妙的悲伤里。

单纯以一个女人的身份来到海上，我竟混成了这副模样。这才明白，原来在这里，我当真一无所长。难道当初还真以为有两下子不成？若说有什么不输别人的，也就只剩"百人一首和歌"的纸牌游戏了。摔跤虽说还不错，但那帮男的肯定更强。料理方面，岂不也是男的更在行？顺便再把我不能向他人启齿的缺点，也坦白一下吧。首先，我怕点煤气。每次划火柴，"啪"的一下火苗亮起来，我就吓得要死。十五岁那年暑假，经过一番练习才总算学会。可每次点燃煤气之前的那一瞬间，我会怕得喘不过气来，和动物怕火的道理差不多。不管人家怎么说，我都会答："这是遗传的。"擅自编造了一堆遗传学说，每次点火做饭，还是无法逃脱这种恐惧。我之所以不结婚,恐怕这也是一个理由。在船上时，如果有谁为了什么事恰好从我旁边经过，我就会抓住人家帮我点煤气。扎辫子的皮筋和气球也让我害怕。啊，世界上为何充满这些可怕的事物？

我想起，公司里女孩很多，她们总会因为欺凌、嫉妒等与工作无关的事情争吵、烦恼或找我哭诉。我一面安慰，一面对女孩的脑回路感到不解。"你呀，去喝上几杯，哇哇地发通牢骚，会不会好受点？"说完，我就会把她们带到酒吧去。我总觉得，女人啊，干吗总为芝麻大的琐事哭哭啼啼？可如今在这条船上，筋疲力尽、受挫连连的我，神经质的程度不正像个灰心丧气的小女人吗？我想起会计部的女孩哭泣的模样，望着体重不到四十公斤的她，我总感慨这么娇小一姑娘，真亏她能搞懂那么难的会计问题啊……瘦嶙嶙、弱不禁风,工作太过疲累时,大概就会变得歇斯底里吧？我常对她报以同情。然而，此时的我呢？六十多公斤的块头，却落得何等狼狈。我开始憎恨其他船员，原本的海上梦想也败尽了兴致。我又想起在公司仓库里默默打包、搬货、驾着卡车运送商品那群男孩的背影。他们从不谈论"梦想"之类的幼稚话题，只默不作声，干着单调又不起眼的装卸工作。有个曾在大学打拳击的年轻人，表现尤为出色。和社团活动时严苛的训练比起来，装卸货物简直小菜一碟，他对艰苦的工作，也干得分外起劲。还有个男孩，打包装箱时捆绳子的方法，可谓是天下第一的独门绝技。尽管在谁看来，这些都不过是仓库里的孤单作业，不，也正因如此，我才用观赏舞者表演或杂技绝活的心情，从旁注视着他们的身影。

此刻，我身为一名终日劳作的船员，以前所未有的视角，甚至带着一丝尊敬，回想着那群男孩的工作。

仰躺在甲板上，眼前只望见一片蔚蓝世界。海面与天空，被一道白色船舷分割开来。陆地虽遥远，但我却异常怀念，在心中描摹和回味着公司仓库里的一切。

属于大海的男人

船上这帮男人很不可思议，就像某种传动齿轮，毫不费力地各司其职、各守其位，鼻子里哼着小曲，就能完美搞定工作。

有两位九州来的年轻人，船长一声令下，他们便如杂技团的空中飞人，从船帆顶端，一溜烟直奔到船底。其中一人名叫"阿龙"，后来曾只身驾驶游艇，来了个太平洋往返之旅。还曾登上某条捕捞金枪鱼的渔船，抵达墨西哥，亲手宰过二百条鲨鱼，获得了"鲨手龙"的绰号。

阿龙会一面清洗甲板，一面夹杂着渔夫的俚语，跟我讲捕鱼的逸事。

通常渔夫提起鱼，都会用一种谈论自己的朋友或守护神的语气，但阿龙不太一样。

尽管对方不过是条鱼，他却会用夸张的口吻大肆批评。

"鲨鱼长得挺瘦溜，体形不错。跟作为人类的我搂在一起，无论长度还是手感都刚刚好。砍掉它们的脑袋，毫不费劲。那家伙，脑袋都掉了，嘴巴还冲你一张一合，够可爱的吧？它们的鱼身会蹦起来折成一个锐角，尾巴还拼了命往海里逃，全身都在跟你较劲，好像天生就有个叛逆的灵魂，所以呢，杀掉它们我没有一点歉意。可怕的是虎鲸。风暴的日子，我见过和滔天巨浪一起跃向空中的虎鲸。正因为它的狡猾和才智、它的凶残和狰狞，或者说那种无懈可击的杀戮天性，反而叫人感觉不到走投无路的疯狂。换句话说，它没有鲨鱼那种殊死搏斗的感觉。虎鲸出没的日子，渔船就会休息。因为那东西会把附近海域的鱼都吃光。"

"欸……那金枪鱼呢？有多厉害？"

"别一提到枪鱼，就是一副馋生鱼片的口气。有一种枪鱼叫旗鱼，里头有种浑身黑的，日语叫黑桅木。每当和船体一样长的巨型黑桅木从船舷一侧猛然浮出海面时，就像它的名字一样，海上瞬间会化为一片漆黑。枪鱼性情憨直、胆魄刚强、盲目冒进，所以，正如那支锋利的剑喙，它只晓得用自己的身体，从正面向着命运横冲直撞，朝着死亡勇往直前。这是属于大海的悲壮。"

"啊哈。那鲸鱼呢，厉害不？"

"那家伙啊。除了个子大没别的了。你用手捧起小鱼、青鳞鱼啥的，越过它的牙齿缝，往它嘴里呼啦啦一通猛填，它就会鼓着腮帮子，用满口牙齿咕哝咕哝咀嚼起来。海豚的心眼，对我来说比较捉摸不透。惊涛骇浪中，它们会向着天空垂直跃起，要么发疯地嬉闹，摸不着任何规律，就是一群调皮的捣蛋鬼。不管怎么看，这玩意儿肯定有一套乐天的生存哲学。"

枪鱼船时代的少年阿龙，沉迷在与黑桅木的搏击中，还曾遭遇过意外，被大鱼拽进了夜晚的大海里。在夜间的海上救人，是难上加难的任务。但这位少年，不停踢腾起白色水花，从海面向渔船发送方位信号。以最快速度捕捉到信号，掉转船头将阿龙救起的，是一名体格精悍的独狼渔夫。阿龙从上鱼的入口被吊回船上，迎来了师傅劈头盖脸的一顿臭骂与嘲弄。

"在船上，确实每个人都会上演一幕幕精彩的好戏。人和鱼的对决，不容一丝一毫的纰漏。正因为没有观众，凌厉的攻击才一波一波袭来。有时候，同伴明明救了我一命，却会把我一顿痛揍，揍完扭头便走。望着那小子离去的背影，我会像个感慨的老人，眼神里满是欣赏。男人的爱，从一开始就不求回报，所以才神清气爽、毫无负担。男人对自己的付出，抱着愿赌服输的心态。恨的时候，也会恨个彻底。"

阿龙的口吻，越来越像海明威《老人与海》里的老船夫，深刻而悲凉。与他沧桑的描述呈鲜明对照，跟鱼一道落进太平洋的少年，肉体依旧美得令人心口发疼。

当身体的疲倦到达极限时，少年阿龙会穿上外出专用的雪白衬衫，向鲨鱼挥起刀子，让鲨鱼的鲜血迸溅到白衬衫上。据说每当此时，他总会满心欢喜。对他来说，这是最高级别的严肃仪式。阿龙热爱仪式，只身闯荡太平洋，也是他给自己的一场仪式。

此外，每到下午，在甲板上接过掌舵的任务，他会面朝大海，表情姿势活像哈姆雷特，口中高吟着铿锵的独白。

对阿龙的描写似乎太多了。

在游船这个与世隔绝的世界，的确，每个成员的人格都会如浮雕般清晰显现。我在这艘船上，始终在"看男人"。

当然，我从观察中了解的东西，远远不及阿龙口中形容的一滴鲨鱼血。审视这帮男人的同时，实际上，我或许也正因自己的无力而掉电短路。

还有一位少年——十九岁的阿保。和身材颀长如鲨鱼的阿龙不同，他体格短粗精壮。自称柔道三段的九州男儿，擅长打架和做菜。每次捕到鱼，我就用下巴指指阿保，把活儿推给他。他便一副信手拈来的模样，潇洒地抄起菜刀将鱼杀好，片成刺身或煮成鱼汤。不过他的缺点是喜欢无节制地瞎放味精，有时会失手把鱼掉进海里。他干活麻利痛快，吃饭也是如此，每次又看到锅里空空，我就会一阵火大，冲着他怒吼。他也会痛快接受，再麻利地忘到脑后。

目光灼灼的船长，好似毕加索，他的眼神格外犀利，与在陆地时判若两人，是个令人畏惧的角色。地上稍有掉落的米粒儿或烂菜叶，他便会训斥："这些垃圾万一掉进地板缝儿，会导致机器故障。"说完便拿起笤帚，三下五除二给打扫干净。我的心情却是：自己职责上的错误又挨了批评。"这下完蛋了。"海上风平浪静的日子，船长会从壁橱里取出瓶一升装的烧酒，在浮桥上一个人美滋滋地啜饮。我跑去给他做伴，他就抠门地给我倒上一点儿，嘴里还兴奋地叨叨：
"啊，游过去一只海龟。在那玩儿呢。骨碌碌转圈圈。"要
么是："快看蝴蝶！""蜻蜓，蜻蜓！""海蛇曲里拐弯在那
儿游呢。""噢，看见鲨鱼鳍了！"可我什么也看不见。我
看不见的那个海上世界，却映在船长的眼睛里。

　　船上还有一个堀江老头，是个钓鱼发烧友。明明毫无
所获，整整一个月里却钓个不停，最后一条也没上钩。他
戴着副深度近视镜，厚厚的镜片一圈又一圈。有人偷偷向
我传话，说船长有令，千万不能让老头帮忙做饭。意思是，
担心饭里吃出饭铲或炊帚，要么喝到放盐的咖啡。见老头
钓不上鱼实在太可怜，船长甚至下令："喂！阿龙，要么阿保，
你俩叼着鱼潜到海里去，给他挂到鱼钩上！"

　　除此之外，船上的二级航海师，也是发明狂人的牙医
先生也会轮班掌舵。空闲的时候，他会向我宣传自己发明
的塑料便携坐浴桶。有一天，堀江老头和电器店老兄发现
了这只桶，两人给桶里倒上啤酒，摆在桌上，抱着胳膊琢
磨这是个啥玩意儿。"不可思议啊，稍微按一下这个钮，啤
酒会喷得四处都是，压根儿喝不成。"闻言，医生一阵愕然，
"真是乡下来的土老帽啊！"遂对二人展开了科普教学。

　　平面设计师藤本雅也，从日常的烦琐工作中解放出来，
欢欢喜喜干起了体力活儿。

作家石浜恒夫先生，嘴里总念叨，"不写不行啊，不写不行啊……"可越念越写不出来，索性待在机房里，把每台机器仔仔细细擦得锃亮。这成了他每日的功课。他一直葆有暴走族[1]"战车队长"的名号，可我不曾亲眼见识过，表示难以置信。身为船上的"机器班长"，却在港口起航、马达启动的一刻就一直呼呼大睡。不过，以一种偏执的劲头，在船底一连几个钟头擦拭机器，沉浸于自我满足的时候，是他最优雅的一刻，而且他一旦登上甲板，便会发挥诗人本色，即兴吟诵起风流短诗："向海面无垠的湛蓝中，随手丢进，三片柠檬。"

眼前所见，样样皆有属于男性群体的优雅。若是换成一帮女人又会如何呢？恐怕不消多大功夫，便开始吵闹、疲倦、分裂、恶言相向了吧。

航海途中遇到的船只，即便是货轮，看起来也浪漫、从容而优美。陆地上的居住小区或公寓楼，之所以一下便令人联想到"生计操劳""拖家带口"的愁苦气息，大概因为家家都有个女人一日三餐、烹煮煎炸的缘故吧。轮船与任何建筑相比，都美得无与伦比。

---

1 "暴走族"，即飞车党，20世纪50年代在日本城市中出现的一群狂热摩托车爱好者，为追求个性，改装摩托、占用道路、私下竞赛、轰鸣引擎"炸街"，带来许多的道路安全和噪声污染问题。

如此一想，世上若只有男人，岂非万事都会进展得更顺利平滑？女人岂非显得多余？要是做饭再不拿手，女人还能做什么？难道只有生孩子这一项专长……

脑子里胡思乱想着，我在阳光和煦的包裹下，打着呼噜在甲板上昏昏沉沉睡着了。

船到港口后，我磨磨蹭蹭爬起来，发现大家好似四散飞逃的小蜘蛛，一下便不见了踪影。港口与火车站、飞机场比起来，就像一个供人随意出入的便门，哪怕这人浑身破衣烂衫，一样畅行无阻，村里人从不大惊小怪。

船员们各凭嗅觉，寻找自己喜爱的小酒馆，泡在里面畅饮，也是一桩悠哉美事。

在奄美本岛的古仁屋港，由于暴风雨的缘故，我们逗留的时间尤其久。一家简易吧台式小酒馆，装潢颇似大正年代的咖啡屋。推开薄薄的门板走进店内，一反港口的阳光明媚，眼前骤然昏暗下来。颜色诡异的红、蓝电灯，把墙上塑料的假红叶照得宛如戏剧中的一幕。唱机里播着美空云雀的名曲《赤红的太阳》，但不知为何，听起来有种手摇唱机播放古早歌谣的老土音质。

洗手间里樟脑丸的刺鼻气味不断弥漫出来。我们在吧台边落座，点了最便宜的威士忌，或奄美本地出产的泡盛与烧酒。

和服打扮的老板娘，发髻梳得高高，有两个脸那么长，有着类似阿伊努族的浓眉与深眸，亲热地凑上来与我套近乎。许是旅途漫长之故，我在这里体会到了远离故土的异国海港风情。老板娘喝酒比我这个客人还生猛，一杯接一杯灌着泡盛，和店里的姑娘说话时，会切换成奄美方言。那姑娘喝酒也很厉害，两人滔滔不绝，渐渐成了奄美方言专场，我们这帮内地人一句也听不懂。这些我一窍不通的土话节奏越来越快，听在耳中越发像是胡言乱语。老板娘已彻底将我们撇在一旁，灌酒的速度也随之加快，我开始担心起自己穷酸的荷包来。

我胡诌自己是西班牙混血，在港口被人捡到养大，取名玛丽奈·卡马列罗，并骗得老板娘深信不疑。每次跟我讲话，她都把身体凑过来，手臂环住我的腰或胸部，嘴上唤道："哎，小卡马列罗……"有时还把我摁在墙边，我便绷着身子，以贴在墙上的造型来喝酒。不知什么时候，卡座里身穿短裤、头戴渔夫帽的本间老哥和近视眼堀江老头，活像一对拜把兄弟，在那儿推杯换盏。每次上岸，两人总会不知不觉结成好哥们，搭伴饮酒，深夜再一起回船。

连珠炮似的奄美土话，不断刺激我醉酒的头脑，令我如坐针毡。终于，我忍无可忍，掏出钱包，抠开暗扣，呼唤结账。钱果然不够。坐我对面的船长明明有钱，却坏坏一笑，把头扭向了别处。"上船来找我收钱吧。"丢下这句话，我便仓皇逃了出来。心忖，这家八成是个拉拉酒吧。

翌日清晨，船员们正享受早间的咖啡，自栈桥对面，传来了一个女人的呼喊："玛丽奈·卡马列罗！"是酒馆老板娘。有人牵起她的手，扶她渡过了栈桥。老板娘从一只大包袱里掏出红薯干和花林糖，道："给大家的慰劳品。"却也没忘记索要昨晚的酒钱。

港町规模太小，不管去哪家饮酒，船员们总会聚在同一家酒馆，毫无理由地感到意气相投，都觉得对方"是个不错的家伙"，之前的疲惫焦虑一扫而空，彼此勾肩搭背地回船去。

港口里急性子的粗人太多。好些时候，一点鸡毛蒜皮的小事，便会爆发莫名其妙的争吵。我们这艘船上，也有不少人自诩武功高强，可每逢在港口与人产生摩擦，就会把事儿往船长头上一推，脚底抹油。关于这点，我作为女人感到颇为费解，十有八九是与争地盘有关吧。

这艘船上装载了不少内地人给物资匮乏的奄美岛民带来的礼物。塑料拼装玩具、儿童杂志、方便面、学习用品等，全部堆在船舱里。卖内衣的我，也带了些睡袍之类的做礼物。谁知，船员们无意间瞥见，便齐齐要求："给我们每人分一件吧。"并提出了交换条件——作为给大家发内衣的报答，他们会穿上睡袍,演一场内衣秀。原以为这帮大男人会害臊,不料他们争先恐后地瓜分一空,还脱掉毛衣,换上了睡袍。经过近一个月的海上航行,男人们个个晒得皮肤黝黑,脸上蓄满了邋遢的胡子,此时却穿起波点或花朵纹样的棉布睡裙,要么是质地柔软的粉色尼龙睡袍,随即办起了酒宴。近视眼堀江老头身上,是一件淡蓝与粉红相间的波点睡袍。他用水手服的领巾包住秃头,一手端着大茶碗,痛饮着冷酒。石浜先生一本正经反穿着草莓印花绣的睡袍,脸上露出笑眯眯的神情。

甚至,老头喝醉了酒,还在睡袍外面罩了件毛衣,跑到村里的公共澡堂去,在满屋客人面前出乖露丑。

我带这些内衣上船原本自有企图,是期待他们能在酒局上,把内衣当礼物送给中意的女孩,博得美人欢心。

深夜,大伙睡不着,聚在甲板上胡侃。堀江老头自信满满地一遍遍念叨:"今晚,绝对会有女人来喊我。"

黑暗中,栈桥对面传来两三人的话语声。

"来啦!快瞧,那边!"

堀江老头拿出远超老人的麻利劲头,哇哇叫喊着,朝船头跑去。然而,不消一会儿又垂头丧气地拐回来,嘴里嘟嘟囔囔:

"说啦,人家不找俺。"

紧跟着，摄影师 P 君和 T 君又喊："是我！是我！"忙不迭跑了过去。可惜，也耷拉着肩膀，铩羽而归。"说是要找更黑、更结实帅气的男人。那女人挺凶的，不知哪里有点像猫。"

不知是谁，去叫醒了船长。"哎呀"一声，船长一跃而起，披上外出的夹克，朝栈桥飞奔而去，一分钟也没耽误。像猫的女人和他一同消失在黑暗里。被拒的这帮男人，个个张着嘴，眼巴巴眺望着。

有时候，本间老哥会从自己枕边的篮子里摸出香气诱人的咖啡粉，背着大伙偷偷冲给我喝。这个男人凡事总沉默不语。而且，枕边那个大大的篮子，仿佛窃贼常用的背篓，里面貌似藏满了好吃的东西，他却绝对不肯示人。咖啡浓郁、够劲儿，混合着大海的香气。好喝极了。老哥三更半夜不知打哪儿捡回一只野猫，让它睡在前面的客舱里。

某天，爱干净、爱洗衣的摄影师 P 君大呼小叫地，跑到客舱来找我。

"救命啊！那俩家伙简直不是人！"

"那是啥？"

"谁知道。动物呗！反正不是人。地上不光有一摊摊猫的呕吐物，那对拜把兄弟里年轻一点的家伙，还满不在乎地吃腐臭的鸡肉，把滴滴答答淌着油水、像猪肉不是猪肉的玩意拿刀扎着晾在楼梯上。那个老家伙，呼噜打出了女高音的效果，带着浓烈的金属味儿……让我睡在你这屋吧。求你了！"

接着，P君找出一口煮饭的大锅，洗起了他的内衣。这是个只要干干净净，就能心安理得的男人。

由于日子太过无聊，船员们全部分头去岛上游玩了。他们兵分两路，一组人坐巴士上山，一组人乘船去邻岛。我留了下来，慢条斯理地洗我的衣裳，呼啦啦晾满一甲板。玫瑰色迷你衬裙的布料微微有些磨损，洗过后焕然一新，瞬间鲜艳起来，在白色游船和各种臭男人的物品映衬下摇曳生姿。我换了种眼光，对它刮目相看。瞧上去，犹如"女色"二字在随风招展，美不胜收。若能在这种"女性之美的荒地"中做设计，说不定反而能拿出更有女人味的作品？我从包底翻出一件棉质连衣裙，脱去泛着盐花的长裤，套上裙子，打扮得清清爽爽，平生第一回感到自己穿上了迎接初夏来临的盛装。

脚踩白色帆布鞋，海风有点冷，我又披上大红色运动夹克。鞋是老头的，夹克是本间老哥的，容我借来一用。独自来到港口电影院前的咖啡馆，我点了咖喱饭和咖啡，悠然度过一个漫长的午后。周围当地人说的奄美土话，比英语还难懂。

这个午后的优雅时光，就像平生初次经历一般，或许全拜这件隆重的连衣裙所赐。我不禁想起自己在兵库县芦屋市的家，柜子里乱七八糟塞满了衣物。这一件、那一件，净是从来也不穿、发愁何时会穿的玩意儿。正因为它们，我的人生越来越贫瘠。索性一把火烧掉，从头开始思考："好吧，现在我该穿什么？"

扬帆出海，正是为了脱掉并丢弃在陆地上的那些衣服。

船至高知港时，由于下雨，我借了件旧时的陆军长大衣，累累赘赘地披上，去我的十年老主顾A洋装店晃了一圈。别看大衣长及脚踝，穿起来却有股外国乞丐的气质。见到我，老板娘眼睛瞪得溜圆。而一个月后，我穿起时装再次拜访这家店，办了一场内衣秀。

船抵港后的另一项乐趣，是找公共澡堂以及去上干净的厕所。有一天，我跟着阿龙去上厕所，沐浴着晨风在防波堤上散了会儿步才回到船上。谁知阿保却吃起醋来，气哼哼地两眼望天，操着九州方言阴阳怪气地抱怨：

"您俩人上哪儿快活去啦？赶明儿也抽三个钟头，跟我去上趟厕所呗。"

这是属于大海的男人特有的约会请求。从那后，为了公平起见，我决定带两人一块儿去上厕所。每次从厕所出来，只见两个彪悍的九州男儿，手拿粉色草纸，乖乖地等在外面。

我们还会去奄美的村民家里排队洗澡。院子角落里，有个木栅围出来的露天浴室，里面放着圆形浴桶，用老式的手动压水泵汲水。桶下面烧着木柴，涌起阵阵浓烟。我便浴着青烟在热水里泡澡，像极了西部片里那种露天澡盆。想洗澡已经想疯的我，饥渴地往身上涂满肥皂，沉醉地泡在热水里。肥皂的泡沫，犹如新鲜的珍珠，又像满溢而出的欲望，叫人简直想把洗澡水一饮而光。

　　连日的台风，使归航的日子不断延后。我钱包里只剩下八块钱。每当有谁赞助我手纸和香烟，我就觉得对方好似救命菩萨。原本性情懒惰的本间老哥，天一亮就去鱼市帮忙，把店家作为回礼的鱼分给大家吃。据说这种鱼的品种叫"顺手牵鱼"。

　　当地的孩子提出上船参观，我会让阿保宣布："参观不免费哦，必须拿点吃的东西来。"于是，孩子们纷纷抱来似乎是从自家地里挖的土豆和卷心菜。

　　停靠港口的相邻渔船上，一群渔夫在甲板上摆酒欢闹。厚着脸皮混入其中，就能蹭吃鲣鱼刺身，喝到泡盛酒。兑了开水的温热泡盛，在船上喝尤其美味。生于天草市、满头白发的鲣鱼船船长，无论怎么打量都像过去的葡萄牙混血，有几分传教士的味道。

　　"哦，哦，一群大男人里，咋还混着个姑娘呢。是不是做饭的活儿都让你一人给包圆了？真了不起啊，太能干啦。"
不可思议的是，老船长一直用亲切的话语和嘉许的眼神，对
我赞美不止。

"那，你是谁家的媳妇啊？"船长追问。

石浜先生嘴里叼着生鱼片，一边顺口胡诌："啊，是那
边那个摄影师的媳妇。"

在这样一个男人的世界里，能被清清楚楚当作"女人"
来看待，令我心情大好。

少年渔夫一派天真，用切成薄片的鲨鱼崽躯体擦洗着
船板。原来如此，是因为鲨鱼皮长有鳞纹啊。鲨鱼崽的灰
色瞳仁泛着调皮，里面又暗藏一股睿智与彪悍之气。少年
渔夫从一条船流浪到另一条船，在渔船里，终于成长为健
美的青年。

当我身无分文，破衣烂衫走在港口时，即使肚子饿得
咕咕叫，内心依然坚定而充实。

爱琴海少年

人总是有许多件衣服，穿着它们可以建立良好的自我
感，同时也能滋生出对衣物的亲密感，养成某种习惯，或者
给穿衣附加一套规则。所以过去，当我刚脱去学生服，穿

上母亲买的套装，穿上自己笨拙地一针一线缝制的连衣裙，或恋人赠送的朴素小礼服时，高兴得就像要上天。那种天使般的心情，是我绝对无法忘怀的。

船上的生活虽说短暂，却与汗水一道，将我打回赤身裸体的原形。

同属"做东西"这一行为，我选择设计内衣，和艺术家努力创作一幅绝美的画作、一尊出色的雕塑，其实大有不同。

艺术品，是在孕育它的民族及国家的诸多具体条件制约下诞生的。艺术品会将这些条件悉数化作自身的养分，成就至高的艺术性。

而我，这十几年间恐怕早已忘却初衷，并未从一个艺术家的角度去捕捉和利用这种矛盾。倘若果真如此，这种自我放任，能否体现在内衣之中？

况且，就算不能从艺术家的角度去解决矛盾，那么，作为社会活动家呢？作为知识启蒙者或团队领袖呢？我是否曾斗志昂扬地从观念层面去解决这个问题？

我并不是手握话筒的社会活动家。作为内衣设计师，我代言大众的心声，塑造人的生活，是大众的缝纫机。想必，我这台缝纫机会咔嗒咔嗒地为大家吟唱他们梦想中的生活之歌、内衣之歌。

回到陆地的我，再次憧憬起南方的大海。于是，我与朋友圣子结伴，又去地中海与爱琴海旅行。

谁知，才过了两三天，我二人游遍爱琴海的计划便戛然中止。

似乎是在风、潮水与太阳的引领下，我们登上了克里特岛，旋即被它征服。

这是一座光之岛。

我们在面朝大海的双层白色小酒店里醒来，眼前的世界过于雪白，两人都吃了一惊，一跃下床，地板是粗糙的大理石。体会着足底的"希腊触感"，两人慢悠悠享受起早晨的咖啡。此情此景，犹如某部地中海电影里的一幕，我俩都产生一种化身女主角的错觉，装模作样地抱着本书来到沙滩上，背对阳光翻阅起来。游泳，打盹，醒来。静止的时间没有刻度，安然宁谧地充溢于我们身边各处。

琢磨了半天，我二人为何会身在此处？没有答案。接着又讨论，为何非要马不停蹄地走遍爱琴海的每一座小岛？聊着聊着，却犯起困来，身上还穿着比基尼，谈话便骤然打住，又趴在沙滩上睡了过去。肚子饿了，就赤脚走去村里的餐厅吃饭。喝希腊特产的热茜娜松脂酒。站在厨房饭锅边点的料理，有橄榄煮豆子、茄子肉酱千层派、章鱼炖菜，以及掺了黑色橄榄果的沙拉。填饱了肚子，我俩就买一大堆橙子，抱个满怀，回到午后的沙滩去。

如此单调的循环，我们却专注地花费时间，天真地重复着。我们决定下面哪儿也不去了，还有什么必要再去别的地方呢？

　　有天，从沙滩午睡中醒来的我，迷迷糊糊、睡眼惺忪地四下张望。圣子正和村里的一名少年学说希腊语。希腊语音韵优美，比如"我爱你"这句话，发音是Sagapo，宛如向大海发出的呼喊。

　　村里的少年们围成一个圈，斜躺在沙滩上。用不可思议的眼神，望着两个东洋来的女人。圆圈越来越小，圣子问："你们在看什么？"对方答："就只看看。"我从左至右逐个打量这些少年。在离圈子稍远的地方，一个仿佛荫翳的忧郁身影，吸引了我的目光。

　　那份忧郁，或许是绿色毛衣带给人的错觉，抑或来自少年眨也不眨的灰色眼眸。他在注视哪里？我扭头望望身后，只看见一片蓝色的爱琴海。他应该是在看我吧。

　　右眼犹如风里飒飒作响的树叶，没有表情地一眨一眨。这是少年在邀约的表示。那眼里仿佛昭示着不吉的命运，但我还是恍恍惚惚起身，径直走到少年身旁，学着他的样子斜躺在沙滩上。

　　他在沙子上写下自己的名字——科斯塔斯·克利斯提。

从这一日起，和少年每天手牵手在村外漫步，便成了我的必修课。少年貌美，却总默默无言。于是，对我来说，连村庄的风景也仿佛无声电影的画面，静静铺陈在眼前。白色墙壁的房屋边，希腊东正教的牧师戴着黑帽、穿着黑袍，忽然出现，又倏然消失。一身黑衣的老婆婆呆立在原地，用狐疑的目光望着我和少年渐渐走远。微微隆起的山丘上，布满茂密的星辰花与乱石。光脚走路时，脚底会硌得要命。我一向总在比基尼外面，罩一件希腊产棉质连衣裙，近乎赤身。连衣裙领口以一道直线裁剪，只缀了圈皮筋，这是我在村头小店买的，共有白、蓝、葡萄色三款。和我的随意装扮相比，克利斯提却是全副武装，纤瘦的身体用毛线衣、厚袜子和皮鞋包裹得严严实实。

遇到山岩时，少年会拿出成年男人的风度，率先跳下去帮我。当我在岩壁边小便时，他又像条小狗，东张西望帮我放哨。

我常常翻开希腊神话书，指着诸神画像给他瞧。但我对神的名字发音不准，总是被他纠正。由于希腊语里的名字与我学的英文发音相差甚远，他便像个小老师一遍遍地训斥、订正我。

有时，我和他坐在冷冷清清的沙滩上吃橙子。外表越是其貌不扬的橙子，果肉越饱满，咬一口汁水四溅。有时，我们会将果肉混着细沙粒，一块咽进肚里。

少年抛起一块雪白的银币，再用手心接住，让我猜："是正还是反？"在希腊语里，正面是"Embros"，反面是"Pesso"。于是"Embros""Pesso"这样的提问翻来覆去，一玩儿就是几个小时。银币在太阳下闪着光翻滚，落在沙子上，又打几个滚儿。傻兮兮重复这游戏的我，若是置换到日本的背景中，又会是什么样呢？纵是想破脑袋，我都无法把这两者联系在一起。

少年带着希腊口音喊我"Yoko"[1]。灰色眸子里映着爱琴海深邃的蓝绿，呈现出一抹微妙的荫翳。

少年将闪烁的银币扣在手心里。

"Yoko，结婚吧。"

"呃，谁和谁？"

我从沙滩站起身，惊讶地问。

"你和我。"

"日本太远啦！不行啊。"

我垂首，摇了摇头。

"我能自己去日本。我是机械师，走到哪里都能找到活儿干，还能养你。"

1　即"羊子"的日语罗马拼音。

少年伸出沾满了沙粒的手心，向我展示他身为机械师的手。与他本人的纤细外表截然不同，那只手既结实又粗糙。少年才十八岁。

"谢谢你啊！"

我内心涌起单纯的喜悦。一切简单明了，少年把我当一个女人来对待，和日本男人完全不同。成人的算计、复杂的社会气、奇奇怪怪的教养……在他身上一概没有，只能看到天地初开时，亚当的那份素朴。不可思议的是，连我似乎也一下子回到了十八岁，我便是夏娃。

面对那个属于公众的鸭居羊子，正是碍于名气的壁垒，男人们都不敢贸然靠近。少年却仿佛一阵透明的轻烟，径直潜入我心魄。他高洁的双眸流露出不改的坚定，向我身边蹑足潜来，兼具着希腊神祇的美貌和日本武士的风度。少年在我眼中，充满了异域风情。

沉迷在他宽广而单纯的世界里，我几乎无法自拔。或许是葡萄酒与太阳的魔力使然，可谁又能说，这份白日梦皆是浮光幻影？人们一向是在葡萄美酒中，培育着太阳与梦想。

我暗自期望，少年能浑身浴血、破釜沉舟，将我构建起来的旧世界彻底摧毁。

一天午后，我和圣子坐上巴士，按少年指示的路线，来到克里特岛最大的城市——伊拉克里欧。所到之处白墙环绕，街道干燥洁净。密集林立的小店将五颜六色的希腊土特产从店头一直摆到外面，占去半边街道。迎面走来的希腊女子，个个戴着蓝绿色的太阳镜。蓝中泛着绿，恰恰和爱琴海的色调一致，感觉女孩们人人眼睛里都荡漾着爱琴海，向我款款走来。我和圣子二话不说，直奔眼镜店，开始淘与爱琴海同色的太阳镜。戴着它走上街头，我的眼瞳也神奇地变了颜色，连克里特岛上所有的风景也染上了爱琴海色调。我买了条染织的羊毛毯和希腊传统纹样的手织毯，价格只有日本的三分之一。亮晶晶闪着光、呈硬币状的耳坠与项链又映入了眼帘，我索性又入手了一批薄薄的硬币状亮片，上面刻有阿拉伯语的花纹。

一家礼品店的主人尼克斯先生，每见我买下一样东西，便会端出土耳其咖啡或乌佐酒来款待，欢喜地搓着手，用无微不至的招待向我们表达取悦，甚至盛情难却地邀请我俩去他家的工坊玩玩。尼克斯驾着车，颠簸在狭窄、雪白、凹凸不平的街道上。车子哐啷哐啷，忙碌地转过一个个街角。

耳边流淌起布祖基琴舒缓、绵长的声音。这座城市的出租车，座位旁都有唱片机，只要放上密纹唱片，便会像手摇唱片机一样奏出音乐。车行至坡道时，唱片还会倒放，发出奇怪的声音。

布祖基琴、白色街市、忽而呈现在眼前的蔚蓝大海、上坡下坡……终于，车子咣当一声，停在了尼克斯自家兼工坊的门口。推开沉重的木门，里面是昏暗的仓库，尽管如此，歪歪扭扭的地砖也是大理石的。两三台手织机和试织的横纹棉布，杂乱地堆在桌子上。

忽然，一名裹着黑衣、束着黑色发辫的女子，怀抱婴儿出现在我们面前。尼克斯介绍，这是他的姐姐，也是一位手织工艺名匠。我惊奇地瞪大了眼睛。女子虽是希腊妇女常见的五官样貌，但散发着一抹烟火气息，脸庞微微丰腴，皮肤泛着细小皱纹的美感，却是货真价实继承自希腊的古典传统——米洛的断臂维纳斯。我轻轻触了触她的脸颊，代替了握手。皮肤的温暖，证实了我眼前的女子并非一尊大理石雕像。

我的心情，犹如在暗影之中偷偷触摸了厨房里的维纳斯。女子很难理解我对希腊的这般向往，只能莞尔一笑。

在这小工坊里，凝神细思，反复琢磨，而后将织就的布匹，拿到自家的小店内出售——我羡慕这样朴素的、一条龙的商业模式。

廊下的角落里，掉落着一团碎毛线。水洗手感的原色粗毛：绿色、玫瑰色、紫色、黄色……全是爱琴海与地中海岛屿上独特而浓郁的田园风色彩，仿佛被残忍丢弃在垃圾箱的蔷薇花束，凌乱地散落着，令我不忍目视。我蹲下身去，像捡宝贝一样，将毛线团珍惜地收集起来，抱在胸前。尼克斯说："这种东西，那边还有好多新品呢。"我却抱着不肯撒手，仿佛从恋人手里接过花束。

我回到少年的身边，回到了沙滩上。

将近黄昏的海风拂过我们的皮肤与头发。真希望将少年嵌进大理石铸模，使他的血液、眼眸……悉数凝结成一具雕塑。但恐怕这美，不能由我一人独占，索性就让那皮肤下徘徊着少年冷酷残暴的恶之魂彻底释放。

少年的下颌右侧有条遗留的伤疤。我会浮想，那伤疤染着一抹残忍的血色。这么说来，与他交往的过程中，也不知何故，我总有种不断舔舐伤痕的感觉，又像带有某种罪恶意识的预感。

然而，世间果真存在心中没有伤痕的人吗？就仿佛有一张平坦的脸，没有眉毛，没有眼睛。少年的爱，最残酷，也最伤人。对此，我心知肚明。

爱，本身即是伤。

一切尚未开始，我已舔舐起伤口。

手边的草帽，被风卷起，翻滚着，向海面的彼方飘飘而去。在我眼里,如同无数的野花,飞舞着,四散在一阵风里。克制住追逐草帽的冲动,我眼光迷离,目送它远去。少年也静静地,并未奔上前追赶。感觉仿佛藏在草帽里的夏天,也一同随风而逝。

夏日终结时,往往一段恋情也随之落幕。逝去的夏天,尝起来有股失恋的味道。夏天,将永不再来了吧?

同时,我心底也盼望少年来到克里特岛的海边,阻止我乘坐的渡轮起航。

然而,告别终究要来。

码头等候室里的巨大时钟,指针指向确凿无疑的现实,也为光之岛的一切敲下了休止符。少年并未前来送行。

我带着一团海岛的毛线、一袋刻有阿拉伯文的亮片,回到了初秋的日本。

随后,以这团毛线装饰的手袋,摆上了店面;亮片也化身为一串串项链;而毛线的色彩,则被我用在了长睡裙与短衬裤上。

希腊、西班牙与内衣秀

忙碌又熟悉的日本。

轮回的春、夏、秋、冬、连身衬裙、三角内裤、睡袍。

又是一年去而复来的春与夏。

一九七〇年夏末的某个午后，我办了一场内衣秀。

我试图通过这场秀，再现克里特岛那段闪亮的纯白时光。我将当时的解说词摘录如下。

　　去年夏天，在希腊和西班牙，太阳与蔚蓝的大海俘获了我的身体与心灵。我时常追忆起孤岛那份纯白的印象，与漆黑深邃又璀璨华美的夜晚。正是这份追忆，为我迎来了一次转机。

　　我尝试将对心灵与身体的记录破译为一系列服装，并命名为"EVE808"。

　　……

　　一个个纯白的日子紧连着华丽的黑夜。为之心醉神迷的我，究竟在渴望什么？

　　内心的喧哗与骚动，是对在日本一成不变、迷失自我的每个夜晚所涌起的愤怒，也是对逝去的"美好日本"、对故乡的一分缅怀。这样的心情催促我踏上旅途，去寻找能再次撼动我的东西。

　　……

　　身处异乡，在希腊白色的海滩上，在夜晚漆黑的街角，我忽然胸中涌出一念——我要做我自己。可"我"究竟是什么？我这才意识到，自幼年起，从来没有谁教过我这一点。

日本这个国家与它的风土文化，难道并不鼓励每个人和一个名叫"自我"的东西彼此相认？异国，对在日本长大的我来说，是若不主动向外探索就什么也体验不到的一段段空白时光与一个个陌生场所的集合。在那里，我将目光投向自身之外，与人产生沟通与联系。

……

向外探索时，我呈现一种心情与状态。

向内蛰伏时，我又呈现另一种心情与状态。

"那么，你究竟想怎样呢？"

我扪心自问，又如此回答：

"我要在向内蛰伏的同时，也向外探索。"

"我要既自闭又开朗，在群体中独自潜伏。"

……

创造出形形色色服装的民族与个人思想，并跨越它们所在的时代——这一想法不断向我发出呼唤。我希望在EVE808系列强势、华美的亮相中，悄悄注入几分"女人的幽暗心思与情感"。办这场秀的目的是"让我回归我，让你回归你"，让人们从服装的社会性中暂时逃离。

······

与十几年前一样，办这场秀，我也并未坐在观众席里欣赏，而是待在化妆间里。舞台背后一方狭小的斗室里，我和半裸的模特、负责穿衣的年轻工作人员，一起挤挤挨挨、气喘吁吁。

但如今的我，对待观众的态度已冷却下来。单说"冷却"或许不太确切，不知自何时起，我刻意疏远了观众席。不再试图通过办秀将观众作为我发掘自身的媒介，或将自身作为即兴表演中的一个环节。当"即兴表演""偶发艺术"之类的词汇开始在社会上流行时，我却已远远将其甩在身后。

办秀这件事，已然冷却定型，落实成我的日常。我的心，虽做出一副向外扩张的姿态，实际却在向内收敛。而在"一坪工作室"时代那会儿，我在向内注视的同时，却也在向外张望。

从前举办内衣秀，开幕和尾声之后，我会刻意寻求一种舒适的隔离状态；在秀的高潮时段，则沉浸在一种吸烟的陶醉状态中。如今，我不再这么做。

现在办秀，从制作、准备、开幕前的瞬间、高潮，再到尾声，每一阶段都如掐表般精确、安静，仿佛被一根直线流利地衔接起来。

即便不通过办秀来观察或审视自己，我也早已把自己的里里外外检视了无数遍。秀场上观众涌起的反应，再也不像从前那样撼动我明天的想法与作为，更无法预测我未来的走向。观众与我，不过是两种毫不相干的存在。我只是默默从旁注视着观众看秀时的种种反应。

曾经的我会勇往直前，和观众一起兴奋，携观众一起飞翔，同时，也期待观众席上的人能化作我工作的热情、我事业的先锋。

如今，我不再与之嬉戏、亲密，也不再畏惧与观众席保持隔绝。在我看来，内衣秀并不能解决我与市场之间存在的问题。

正因如此，我会在内衣秀中要求更多属于自己的"纯度"。我所期待的"完成度"与"纯度"，哪怕无法获得万人的赞同，我也不觉胆怯。

我想让内心的"普世之爱"先休眠一下，把自己囫囵献给内衣秀，以及花时间来"爱自己"。

今天的后台化妆间也与十几年前无异，一片骚乱的景象。有我最中意的模特——特地从广岛赶来的 A 子、东京来的 B 子、大阪来的 C 子、D 子、E 子。此外，还有弗拉明戈舞的"名旦"萨拉·莱萨娜。本次她是友情出演，身材高挑的她，一派落落大方，有种不同于模特的别样风情。

我刚开始制作内衣那会儿，恰好看过她出演的歌舞片《巴塞罗那物语》（1963 年）。望着银幕上遥远的国度与美丽热情的舞女，根本连做梦都没想过，今生能有机会与她产生交集，像此刻这样，与她身处一室。

在舞台两端的金屏风前，右侧是歌舞伎新内流的三味线与手鼓名师；左侧是吉他乐手帕克·莫莱诺与萨拉的舞蹈老师米格尔·桑多瓦尔。

主角萨拉定然是目不斜视地从她老师身旁经过。

"羊子，我上场喽。"

我沉默地点点头。

舞台上，响起了吉他曲和米格尔清脆的响板声。萨拉自由奔放地踩着既像舞步又像是走路的踏步，舞得满台风雨不透。

紧接着，新内流的三味线与手鼓声汇入表演。几位日本模特与萨拉形成鲜明对照，全部一副东洋式的面无表情，以能剧的姿态直线式地从前后、斜侧、左右，有条不紊地穿过舞台。

出人意料的风格组合，与希腊式的服装，这，便是属于我的舞台。

"会构建出一个怎样的世界？"我试着这样问自己。

第一幕，第二幕，随后是萨拉·莱萨娜与米格尔的弗拉明戈舞。在加洛汀舞曲[1]的伴奏下，整场秀落下帷幕。

酒店俱乐部的遮光帘幕被拆下来，原本昏暗的场内忽然注满了午后明亮的阳光。我的自恋游戏，一个小时便结束了，接下来是庆祝酒会。

置身人群，我紧紧跟在来看秀的"黑潮丸号"船长与阿龙的身旁，不离他们左右。个中理由我自己也似懂非懂。船长还是老样子，一副糙汉劲儿，一年穿四季的白色牛仔裤，搭配一双船夫的工作鞋。尽管如此，今天他也特意套了件藏青双排扣西服，金色的纽扣闪闪发亮。

阿龙局促地穿了一身皮尔·卡丹西服，脸上蓄着络腮胡，露出异乎于往常的羞涩神情。这段时间的阿龙，只身驾船闯荡太平洋，归来已有一段时日，但他却一脸若无其事，仿佛刚去隔壁或哪儿办了件小事回来。

萨拉来到了我们身旁。米格尔却兀自在舞台边弹着钢

---

1 加洛汀（Garrotín），一种即兴创作歌曲，曲风欢快，以大调模式和简单的2/4乐器演奏或演唱，通常用于弗拉明戈舞的吉他伴奏，于19世纪末在西班牙北部的阿斯图里亚斯发展起来。

琴，仿佛要弹到地老天荒。望着他略显寂寥的背影，我有点担心。每次内衣秀结束后，总有那么一两件堵心的事。

大概，米格尔性格中自恋的一面、强势的一面与腼腆的一面，都无法爽快地应付这个场合吧。平时一向担当主角的他，此刻却沦为派对的旁观者，想来必定是十分不适了。萨拉在这里倒是个一脸天真的可爱女孩。

友情出演 EVE808 内衣秀的萨拉·莱萨娜和米格尔·桑多瓦尔，每晚都在大阪南部的一间小酒吧表演弗拉明戈舞。一九七〇年春天，我正是在那里结识了他们。

二人每晚跳舞的酒吧，是一家西班牙风格的餐馆兼小剧场。光线昏暗，天花板与整面墙壁都被装饰用的蔷薇花覆盖，整体呈现一种地下仓库的感觉。舞台好似昔日的小戏棚。每一晚，台上都回荡着踢踢踏踏、透着怒气冲冲的足音。舞者彩色的裙裾，在空中沸腾翻飞。裙褶好似女人的执念，比愁肠还要长，掀起一朵朵鲜艳到仿佛有毒的大花。音色时而晦暗、时而明艳、时而激越的吉他乐曲，高唱着吉卜赛人的哀欢。

萨拉犹如一朵盛开的大丽花，舞得华丽铺张，米格尔则在空中描绘着一个抽象的世界。

吉卜赛少年歌手疯狂拨着吉他弦，以近乎咆哮的方式高歌，同时用力踢腾着地板，浑身皆是艺术的武器。

舞者与歌手向着同一个世界，声嘶力竭、无所保留地呈现，令我格外倾心。我时常这么想：当我面对自己时，能这般倾尽全力去吼叫，执着地咬着一个问题，直到找到答案吗？

终于，我下定决心拜米格尔为师，学跳弗拉明戈舞，并从秋末开始了密集的课程。我虽是个零起点的门外汉，他却浑然不以为意，每天安排一个小时斯巴达式的严格训练，执行彻底到虐待狂的地步，反反复复纠正我动作的准确度，不断叱骂。

在舞台上，米格尔像个陀螺，能以脚尖一连旋转十几个圈，在空中划出令人惊奇的弧线。这样的他，对刚入门的我却手把手教得极有耐心，在一旁不断示范，纠正我的舞步。假如我呆呆地看得入神，他会立即爆发怒吼："干吗，干吗？别愣着！要更有力，更缓慢，好好给我记住。"

人在发自内心地呼喝他人时，会呈现一种绝对的自信。通过弗拉明戈舞，我深刻领教了什么是"一物降一物"。

一天一小时对身体的残酷驱使、汗水，以及对自我的鞭打，可以说，紧张，绝对是有必要的。就像有一天丑小鸭将化身美丽的白天鹅，振翅高飞，究竟何时，我才能褪去汗水浸透的练功服，换上真正的弗拉明戈舞裙，拥有一副清脆响板和强大的节奏感，头上簪起蔷薇，倾尽心中所有热情，投身至舞蹈中去呢？我一面做着穿裙子的天鹅梦，一面竭力在地板上踩出节拍，挥洒汗水。渐渐地，我看到一个被净化的、改变的自己。不可思议的是，我忽而意识到，从前一直扰乱心绪的"穿衣""打扮""时尚"，竟被我悉数抛在脑后。

我的心与身，眼看着变成另一副模样，而我知道，正有某种崭新的体验即将光顾这具崭新的身体。

它的足音，宛如浓雾之后射来的一束光，搅得我内心诸念萌动，节节攀高。

三个月里，我的体重减了十二公斤，感觉好似回到了十多年前的年轻时候。

一九七一年正月，米格尔丢下一句"天暖了我再回来"，便和萨拉离开了日本。

对这位"虐待狂"老师，我曾一度心怀怨恨，此刻却由衷感谢：是他给我的身心吹送了一股革命般的清新活力。

练习弗拉明戈舞

利用工作的空当，我坚持着一天一小时的舞蹈课，这需要付出极大的努力。然而，一年、两年持续下来，反倒成了但凡哪天不动一动，身体仿佛便不听使唤似的。

即使练习不辍，我的水平却未见长进多少。尤其是几种连续击踏的舞步，课堂上不知练了多少遍，累死累活，可一旦老师不在，剩我自己时，我便哀号着停住了脚步。要么地板有问题，要么鞋底太别扭，或者是我心脏太虚弱，总之不怪我。反正，总有一天，双脚会自己踏出正确的步伐吧。

舞者是否都长着一颗异于常人的心脏呢？"机关枪似的双脚"，拥有这一美名的王牌斗牛士马诺莱特[1]，步法堪比魔术师，令人眼花缭乱、叹为观止。尤其吉他声戛然顿止，只留足音来一段独奏时，足音本身便是出色的节奏，也是动人的乐曲。少年般的纤瘦身体却洋溢着力量感，汗水滂沱，沿额头流下。一曲舞罢，如潮的掌声渐渐止息，少年依旧鞠躬垂头，一动不动，保持双腿微张的姿态，压制着剧烈的喘息——这正是舞者的常态。高潮后的这种感动，如此汹涌，貌似哭泣。

我的老师米格尔，在舞台上展示着一套严酷的舞蹈哲学。他是那种竭力不让观众察觉到"肉体"存在的舞者。绝

---

1 马诺莱特（1917—1947），原名曼纽尔·罗德里格斯·桑切斯，西班牙最具传奇色彩的斗牛士。

不为肉体而迷醉，只醉心于精神的鞭笞。昏暗舞台一侧的幕布后，刚舞完的米格尔表情痛楚地喝着水，嘴里小声嘟哝："我老了。"即使刚强如他，身体依然痛苦。

啊，连他都这样，其他人自然更甚，像白痴一样，让身体饱受折磨。尤其是我，感觉要死要活。由于大腿上肥肉太多，为了支撑这部分体重，心脏格外受累。于是给自己找借口，都怪音乐节奏太慢了。

肚子、双腿，都被我用洗衣袋之类的塑料膜裹紧，一副不可见人的丑陋模样。也是这个缘故，必定导致我呼吸困难。用手巾擦去瀑布般的汗水，紧接着便哇哇大哭，这种事对我可谓家常便饭。又不是什么专业舞者，何必哭成这副德行？连我自己都觉得费解，大约是汗水不小心从眼睛流了出来吧。

流了一升汗以后，喝下的水也格外甜美。我从舞蹈课得到的最高收获，或许便是懂得了水的甘甜。积满灰尘的舞蹈教室里，我像骡马一样累得嘶嘶喘气，喝着美味的清水，心中会觉得：鄙人这朵花，终究还是要绽放在练功房里啊。

刚入门那阵子，我曾冒失地向酒吧老板乞求，让我晚间登台表演，就跳一周时间。当套上从吉卜赛人那儿求来的红色波点旧舞裙，却和憧憬中的感觉大相径庭，衣服沉得要命。我仿佛摇身一变，成了自己曾梦想成为的歌舞伎花旦。当时，在酒吧里表演的吉卜赛小女孩罗茜和卡门，都曾在化妆间里帮我上妆，态度亲热又友善。然而，这份宝贵的友情不久便因我的愚蠢行为化为泡影。当我在舞台上正要来个旋转时，一只舞鞋却势不可挡地飞了出去，飞过客人的头顶，差点掉进剧场一角吧台后的平底锅里。旁边的吉他照旧在卖力演奏，呆呆杵在舞台中央的我，蹲下身去，重新穿上客人帮忙捡回的舞鞋，甚至举止诡异地窸窸窣窣去摸索指尖缠的练习胶布。尽管我又重新跳了起来，但全程笨手笨脚，还没回过神来伴奏便结束了。作为"打赏"，某位客人同情地塞给我一只封了千元钞票的纸包。我把赏钱分了一半给吉他少年，权当"封口费"了。

自那以后，我再也不愿走出练功房。然而"没有观众的化妆间内，那份孤独的荣光，倒也不坏。"我满嘴噙着酸酸的夏季柑橘，自我安慰地想。比起精进舞技，我更是为自己而跳，砥砺淬炼自己——这件事本身，或者说每日的练习本身，才是最重要的。不过，为了使这一小时的练习不再充满痛苦，就必须从早晨开始，一整天，或一辈子，都把自己献给弗拉明戈舞。我与专业舞者的差距便在这里。

所以，在排练场上，我永远是个初学者。在他人看来，我的舞步或许已经有了非常大的进步，而在自己眼中，我依旧是个汗流浃背、狼狈不堪的学徒。

其实，我最大的愿望是在体内藏进一副武器。犹如月夜旷野的狼磨着它的尖牙，我也独自在积满灰尘的练功房里，将地板当作对手，磨着自己的武器——我的指尖与双脚。

这么做，的确有效果。

由于要出差，哪怕一周荒废练习，就会觉得手脚浮肿，皮肤下面的肌肉哭闹起来，脂肪仿佛窥伺到主人的疏懒，迫不及待大喊："冲啊！"执拗地卷土重来，将肥肉裹满身体。

某位芭蕾舞者曾道：

"哪怕我这样的专业舞者，只要停顿一周，身体也会散漫下来。所以，那些自觉聪明过人的普通家庭主妇，假如什么练习都不肯做，即使再苗条也依然会有松弛的赘肉。变成所谓的大妈身材，也是理所当然。所以，要好好上课哦。一直坚持到死……"

某位游泳老将曾道：

"水中的训练，是一种无声世界里孤独的修行，如同禅僧的苦修。就算如此刻苦，一旦哪天中止锻炼，身体也会回到旧状态，甚至更糟。肉体是一个残酷的东西。"

类似这样的话，我们时常会听到，却不可轻率地得出结论："肉体这东西太蠢了。"正因它的不持久，我们才必须为之拼搏。

换成头脑,可以说也是一样的道理。停止了思考与探索,人便会愚蠢。许多人早已变蠢,奈何连何谓愚蠢的标准也不懂,还自以为不蠢。

肉体的堕落,会以各种形式或颜色,向人明确发出提醒。它有切切实实的反应。

或许,我是为了将无形的精神换作有形的肉身,以此来确认精神的存在吧。

仅靠足尖鞋顶端那一点面积支撑的身体——或者说,逗留指尖的小鸟般轻盈缥缈的精神,对它们的注视,总会激起我的紧张感,引得我为之赞叹。连脚尖都能随心所欲地驱使,何其令人惊叹!优美的双脚不见一丝媚态,充满了旋转世界的迫人气概,何其值得赞美!

能够自由驾驭内心,改变思想,矫正错误,将自己清空,重新回到白纸状态的人,世间罕有。心是不可见的,自以为勤勉精进,实则一事无成、荒废懈怠的日子,恐怕多得很。

即使是清楚可见的身体,倘若太过肥胖,连洗脚也会感到吃力;体内的平滑肌,更不肯轻易听从我们的命令;就连一向笃信是自己心腹奴仆的手脚,也不会完全遵照主人的意思行动,何况是心?心更是如此。我之所以羡慕专业的舞者,是因为至少他们有一种自负,可以自在地支配自己的身体。我想去亲身证实这一点。

每次舞蹈课结束，浑身已被汗水浸透。我一面介意着湿漉漉的头发，同时一溜烟跑回写字楼。人人都在自己的办公桌、裁剪台与缝纫机前，全神贯注地工作。我尽量装出在外面跑业务的模样，厚着脸皮回到公司。可冒着湿气的脑袋和头发，却总让我不大自在。心怀愧疚也是我每日的一节必修课。不过，我已训练出一项本领，一旦坐回桌前，便可瞬间切换至一小时前的工作状态。

母亲与鼻吉之死

昭和四十七年（1972 年），我痛失了人生中的两大珍宝。三月三日女儿节，母亲走了。秋分那一周，狗子鼻吉也回了汪星。

也算应了女儿节的景，母亲的棺椁内堆满了人偶。鼻吉亲眼目送了母亲出殡。

弟弟从西班牙发来电报："永别了，我的母亲。叩谢今生养育之恩。"

葬礼当日，鼻吉也煞有介事地端坐在亲戚代表席里。

这只老狗，半年后便追随母亲后脚，离世而去。

那天，我还是同往常一样，趁休息时间去练舞。下课后，我正在擦汗。教我跳舞的老师是中川玛丽。在我看来，她是日本数一数二的弗拉明戈舞者。自小与母亲相依为命的中川，曾被派去马德里，经历了七个月的专业训练，无论身体曲线还是五官神情，皆宛如脱胎换骨，出落成了一位杰出的舞者，方才归国。

她与其他舞者最大的不同在于她白天精彩纷呈的舞蹈课。一身牛仔装扮的她，比在台上舞得更炫美动人。每次与她一同进行脚步的训练，我都会生出一股自卑感。她那饱经历练，呈现钢铁意志的双脚，让人感到嫉妒。据说，"累死了"三个字，在她那里是绝不允许挂在嘴上的。

如此坚强的玛丽，母亲明明年纪尚轻，却在一个月前猝然去世了。孑然一身的她，在大杂院简陋的棚屋里哭了一宿，然而，当着我们的面却从没落过一滴泪，诉过一句苦。那双脚，依然不改节奏地默默地起舞。我猜是年轻的生命力与舞蹈本身，给予了她支撑的力量，又或者是那份豁出一切的努力也未可知。

朴素寡言的玛丽也给了我不少支持。比我小好多岁的她，却一向是我的依赖。能同她一起像学生那样跳舞，是我一项隐秘的快乐。

那天下课后，我一面换衣服，一面开心地向玛丽报告："鼻吉动了一个腹部的大手术，不过进行得相当顺利。"

事情原委是，鼻吉前一天入院接受了开腹手术，急症引发细菌感染了子宫，必须立即切除。全身麻醉对狗来说太危险了，因此只用了局麻。当医生打来电话，通知我开腹手术做得非常漂亮，圆满收官时，我恰好在出差途中。这次手术在我出差时进行，等我回家已经结束。医生笑着向我汇报，术后鼻吉打了好几个喷嚏，医生想去抱它，还差点被它咬了手。

次日一早，我便赶到了动物医院。

后院的小木屋，便是鼻吉的住院病房。

奇怪的是，鼻吉一脸沮丧地躺在那里。"太好了，太好了！"只有我自言自语，狗子却一声不吭。我把鼻尖凑上去，它却面无表情，只缓缓舔了几下我的脸颊，仿佛在给我轻柔的安慰。之所以面无表情，大概是之前病情太重的缘故吧。我真想一直陪在它身边，与它脸颊偎着脸颊，哪怕花一整天也行。可医生就站在身后，向我宣布鼻吉很快便可以出院。

"这种手术，对大型犬来说特别危险，可我家鼻吉轻轻松松就挺了过来。"我向玛丽炫耀道。

"等它病好了，我要捏点饭团，带它去山上郊游。"我站在镜前，兴奋地拔高了嗓门。正在此时，练功房的电话响起，是找我的。

电话由医生打来，通知我：鼻吉死了。

瞬间，我感觉浑身血液如被抽空，一阵呕吐的冲动。

我嘴里喃喃重复了一遍那四个字，可恶的四个字。医生一定是脑子有毛病。

"你胡说些什么……"

玛丽从我身后走来，话只说到一半。至今我还记得当时的情景。自己母亲去世，都不肯在人前掉下一滴眼泪的玛丽，却为了我的狗，在我身后恸哭起来。真的太感谢了，我心里想。但我却把玛丽忘得一干二净，一门心思想着鼻吉，孤单地走开了。

我来到动物医院。鼻吉横躺在那里，依旧睁着眼睛。它暄软的皮毛，宛如我的故乡，曾经那么温暖。漆黑的瞳眸总是湿漉漉的，美丽而晶莹。我蹲下身去，将脸凑到那双眼睛前，奇怪的是，它的眼神却一片涣散，没有看向任何地方。

我屈下身，几乎是趴在玄关地上，拿脸颊蹭蹭它的鼻头。

想起每天早晨，狗子安静地亲吻我的脸颊。那个时候，要是多亲亲它该多好。身为人类的我，跪在一只动物面前，拼命乞求："再亲亲我吧。"然而，鼻吉早已魂归自然，去了一个仅有动物的世界。

较之母亲去世，鼻吉的死更使我遭受孤独的折磨。院子里，秋日的花草开得一片烂漫，瞧在我眼中却很奇怪地有种风暴过境后的萧索。我采了些小花，用丝带给鼻吉扎了只花环。编花环原本是件快乐的事，此刻却成了暗夜里空虚无着的工作。

我有一幅祈求渔业丰收的锦幡，由红、灰、黄三色染成，是从奄美大岛带回来的，一直珍藏着。拿出来给鼻吉做裹身布，实在再合适不过。

我要将鼻吉装扮成华丽的凯旋将军。脖子挂上花环，系上铃铛，我的照片也一并塞进去。如果可能的话，好希望跟它一起走。万一真的殉狗自尽，想必会成为世间的笑谈吧。

鼻吉已闭上了双眼。脸上还挂着平时那副笨兮兮、睡迷糊的神情。真想给它一脚，把它踢醒。手术后那股伤口溃脓的气味，虽已用清新的菊花香消去，但对我来说，脓血的气味反而更亲切，并不觉得它臭。

鼻吉怀中揽着鲜花，脖上戴着花环，手里抱着我的照片，身上裹着锦幡，被运往了动物的公共墓园。

母亲去后，每周我都请和尚来诵经超度。

我不信佛，但对人类创造这套死亡的赞美仪式感到格外满意。诵经之前，和尚会换上专门用于祈祷冥福的袈裟。那袈裟熠熠生辉，看得我十分欣喜。人类用绘画、音乐、诗歌与小说构筑起无与伦比的架空世界。而面对自身的死亡，人类将"来世"这个架空世界设想为绚烂的天国,在我看来,这恰是人类的一种天赋特权。

可惜,我虽如此认为,末了一想到并没有什么来世,却不禁无限怅然。

我像个傻子似的问道:

"我母亲究竟去了哪里呢?""所谓来世,到底存不存在呢?"

年轻的净土宗和尚极为爽快地回答:"不存在什么来世。"

这……怎能随口乱讲?好希望他能回答"有啊"或者什么的。

给母亲诵经期间,我半睡半醒打着小盹儿,同时舒服地跪坐着。鼻吉坐在和尚身后,座高比和尚还高。听着听着,由于诵经的声音太美,狗子便一翻身歪倒在地,大声扯着鼻鼾睡着了。

有一天,从院子回到家里的鼻吉,钻进母亲房间里柜门半开的壁橱,忐忑不安地用鼻子这里拱拱,那里嗅嗅,努力辨识着母亲的气味,似乎在寻找消失的母亲。"真是条傻狗啊。"我心里这么想着,又寻思,"莫非真有什么?"忍不住也四肢着地,把头扎进了壁橱。"母亲说不定藏在里面",这种动物式的脑回路,也是鼻吉赐予我的。

"果然还是不在呢。"我俩面面相觑。

思念母亲的悲伤，总也无计消除。我想，这便是所谓的"烦恼"吧？却何曾想到，鼻吉一死，我对母亲的悲伤却顿时一扫而空。

鼻吉没有葬礼。我只给它的老家写了一封信。

谁知，竟收到农家寄来的田园诗一般的回信。

"……不可思议的是，鼻吉死前一天，它的母亲滚滚也安静地往生了。世间有个说法：春秋分时节去世的人，往往德行高尚。而鼻吉母女俩生前都是善良的好狗，对吧？如今，它们大概正在天国的樱花下欢快地蹦跳，嘴里喊着'咱俩都遇到了好主人，太棒了'吧。

"狗是人类最好的朋友。

"它的母亲滚滚如今正长眠在院子里的樱花树下。我为滚滚取了个戒名'木露'。此刻，滚滚果真如一滴露水永远消逝了。不过，鼻吉的灵魂回归故里，想必母亲会特别开心吧。鼻吉长得和它母亲像一个模子刻出来的。望着鼻吉的照片，想到是您代替滚滚，将它养育得如此出色，在此请容我表示衷心的感谢。我家的狗子，当真是性格温柔又善良，关于这一点，我总是十分自豪……"

这朴素的文字，出自最懂动物心思的人，字里行间，蕴藏着美好单纯的情感。然而，我却像个不明事理的孩子，总不肯相信，鼻吉已不在这人世。至于"去了天国"之类的安慰说辞，我也像一根筋的孩子，不愿置信。

我想象在荒野中挖出深邃的动物墓穴。墓穴的入口修成了歪斜的坡道，诱导着死去的魂灵，向荒野深处，即内部幽暗的地下世界前行。我愿与鼻吉一起，沿着那条坡道，缓缓步入另一个世界。这样的想法，始终拖拽着我。这晦暗、孤寂的心思，宛如甘美的诱惑，无数次蛊惑着我。只因当中有一种纯粹到近乎荒唐的动机——只要是和鼻吉在一起，我愿意同往。

我俩曾那么喜欢去附近的市场闲逛，如今鼻吉不在了，一想到会被人问起，我便心如刀绞。

为我磨咖啡的老爷子一向态度冷淡，长相酷似画家夏加尔，却既不风雅又粗鲁无礼。今天见了我却问："今天你的小伙伴呢？"

"死了。"

"呃？那可真伤心吧。"

我养成了不和他人聊狗的习惯，只点点头。

接下来一周，老爷子又问："那么一只大狗竟没了，心里挺难受吧？"

"嗯。"

原本寡言的老爷子，每周都要冲我搭句话。我很清楚，即使只言片语，也是为了安慰我，怀着心痛之情，温柔吐露的肺腑之言。

我画了一堆以鼻吉为主角的画，想为它办一个安魂展，主题是"鼻吉赞歌"。

我特意在陌生行人最多的地下街，选择了面朝通道的一间小画廊举办了这次个展。旁边很近的地方，就有我的内衣店。

小小的花环、关于狗的诗歌、看画的感想、吊唁电报等，小小的桌子上，摆满了与我素未谋面的陌生人给予的悼念。

其中有位鼻吉生前的好朋友，放下了一枚信封，内有千元纸钞和一张字条。

"请给馋狗鼻吉买点它生前爱吃的东西吧。希望时间快点流逝，在我将它遗忘的日子到来之前，能尽量少一点思念。此刻我的心情，有如失去了一位远方的好友。

"致鼻吉——懒吉敬笔"

另有一首懒吉写的小诗，文笔笨拙得像一封大正年代的情书。可诗越是蹩脚，反而越是将狗与人相亲相爱的心情，表达得悲切、伤怀，让人生出"人间哪得几回闻"的感慨。

我将这些东西一一放入了祭品箱。

个展卖出去一幅画，价格一万五，就当是从鼻吉那里得了一笔零花钱。我抽出一张钞票，买了三瓶红酒答谢来宾，大家怀着"是鼻吉请客"的心情喝掉了。

卖出的那幅画名为《他界》，内容描绘的是我将鼻吉抱在膝头，为它戴上花环的情景。我哭着依样重画了一幅，交给了订购的朋友。对方又送我一大瓶很棒的迪奥"悦欢"香水作为回礼。

每天清早，当我涂香水时就会想到，那条傻狗，终于学会送这么时髦的礼物了。

图书在版编目(CIP)数据

内衣觉醒记 / (日) 鸭居羊子著; 匡匡译. -- 太原：
山西教育出版社, 2023.1

ISBN 978-7-5703-2908-3

Ⅰ. ①内… Ⅱ. ①鸭… ②匡… Ⅲ. ①鸭居羊子—自
传 Ⅳ. ① K833.135.72

中国版本图书馆 CIP 数据核字 (2022) 第 210520 号

内衣觉醒记
NEIYI JUEXING JI

(日) 鸭居羊子 著
匡匡 译

责任编辑　李梦燕　任　苑
特约编辑　张　妮
装帧设计　少　少
内文制作　李丹华　陈基胜
出版发行　山西出版传媒集团·山西教育出版社
　　　　　(地址：太原市水西门街馒头巷7号　电话：0351-4729801　邮编：030002)
印　　刷　山东韵杰文化科技有限公司
开　　本　787毫米×1092毫米　32开
印　　张　11.5
字　　数　191千
版　　次　2023年1月第1版
印　　次　2023年1月第1次印刷
书　　号　ISBN 978-7-5703-2908-3
定　　价　68.00元
如有印装质量问题，影响阅读，请与出版社联系调换。电话：0533-8510898。